# Die Enzyklopädie der Mythologie

Die geheimnisvolle Welt der antiken
Griechen, Germanen und Kelten

tosa

# Inhalt

# Vorwort

Warum üben alte Sagen und Geschichten aus grauer Vorzeit, die wir gemeinhin als Mythen bezeichnen, eine so große Faszination auf uns aus? Längst wissen wir aufgeklärten Gemüter, dass es sich nicht um Tatsachenbeschreibungen handelt, sondern um Erzählungen, die in der religiösen Tradition einer Kultur wurzeln. Die Forschung betrachtet sie demnach als Ausdruck der Identität einer Gemeinschaft, als Summe der Glaubensvorstellungen, die eine Sippe, ein Volk oder eine Nation auf geistiger Ebene verbindet und zusammenhält. In ihnen werden Werte bildhaft dargestellt, wie der Mut der Helden, das Verhältnis der höheren Mächte zu den Menschen wird erläutert und es werden Erklärungen geliefert, wie der Mensch auf besondere Weise in die Natur eingebettet ist. Wir erfahren in den Mythen, was es mit der Welt auf sich hat, warum wir hier sind, wohin alles strebt und was am Ende aller Tage geschehen wird. Mythen stiften Sinn und weisen allem einen bestimmten Platz zu. Mythen schaffen Ordnung.

Diese Ordnung fehlt uns heute zuweilen, da Werte relativ geworden sind und die Zukunft mit jedem Tag, der verstreicht, unsicherer wird. So wundert es nicht, dass Mythen gerade jetzt eine Renaissance erleben, denn sie verbinden uns mit einer Zeit, in der diese Ordnung noch greif- und spürbar war und ihren heiligen Ausdruck in den Geschichten von Göttern, Helden und Wunderwesen gefunden hat. In modernem Gewand tauchen sie nun alle wieder auf: Fantasyromane greifen tief in den Sagenschatz und erwecken die Kämpfer des Guten gegen das Böse, die Fahrt des Helden auf der Suche nach der Erlösung und die fantastische Welt der Elfen, Drachen und Zwerge zu neuem Leben. Vielleicht betrachten wir die Mythen heute mit einem aufgeklärten Auge, aber sie ziehen uns immer noch in ihren Bann und sind allgegenwärtig – nicht nur in Buch und Film, sondern auch in unserem Alltag. Das ist beispielsweise der Fall, wenn wir von „Cerealien" sprechen und dahinter Ceres, die alte Göttin des Getreides, steckt. Oder wenn ein Schokoriegel den Namen des römischen Mars trägt und uns verspricht, uns mobil zu machen ... Wir müssen nur die Augen offen halten.

Das Bedürfnis, diese Gestalten besser zu verstehen und mehr über sie und ihre Geschichte zu erfahren, will dieses Buch stillen. Es bietet Ihnen eine große Auswahl an mythologischen Figuren aus drei großen Kulturen, die für uns Europäer besonders interessant sind: die griechisch-römische, die germanisch-nordische und die keltische Mythologie. Alle drei haben Gemeinsamkeiten, weisen aber auch Unterschiede auf.

Die Götter der Griechen und der Römer sind uns vertraut, weil sie vielfach Eingang in unseren Sprachschatz gefunden haben und dank des regen Interesses, das die Antike in den vergangenen Jahrhunderten genossen hat, das Bild unserer Städte an vielen Stellen noch heute prägen – seien es die Neptunbrunnen, Venusbilder oder Merkurstatuen. Dabei steht die Mythologie Griechenlands im Vordergrund, weil die Römer – zumeist in Ermangelung einer eigenen zusammenhängenden Mythologie – die Charaktere der griechischen Götter übernommen haben und lediglich den Namen latinisierten beziehungsweise eigene Götter mit griechischen Vorbildern überformten. Die ureigenen lateinischen Gottheiten sind fast alle verschwunden. Dort, wo sie länger kultische Bedeutung neben den ursprünglich griechischen Göttern genossen haben, werden sie erwähnt.

Die germanische und nordische Mythologie sollte uns vermeintlich näher sein, doch tatsächlich ist sie weiter aus unserem Bewusstsein gerutscht als die griechisch-römische. Das ist dem Missbrauch geschuldet, den die Götter, Helden und Symbole der alten Kultur Germaniens während des Dritten Reiches erfahren haben. Ein trauriges Beispiel dafür, wie die fantastische Welt der Mythen zur Ideologie umgeformt wurde, um Menschen zu manipulieren. Zugleich ist es aber auch eine Mahnung, sich sorgsam mit den Überlieferungen unserer Vorfahren auseinanderzusetzen. Daher werden Sie in diesem Buch immer wieder Hinweise auf den neuesten Stand der Forschung finden, auch wenn der Schwerpunkt auf dem erzählerischen Aspekt liegt. Überhaupt ist das Erzählen der Sagen ein großes Anliegen dieses Buches, auch wenn dies manchmal nur in Umrissen möglich ist.

Die keltische Mythologie fand vor allen Dingen durch das verstärkte Interesse, das diese geheimnisvolle Kultur in den letzten Jahrzehnten erfahren hat, Eingang in unsere Lebenswelt. Sie unterscheidet sich stark von den beiden anderen, da es keine homogene Götterwelt, viele verwirrende Erzählungen und kaum Struktur gibt. Doch vielleicht macht genau das den Reiz aus, denn wir finden eine Bilderwelt vor, die unsere Fantasie wie kaum eine andere anzuregen versteht. Hinzu kommt, dass die Feen und Elfen der Kelten – im Gegensatz zu den antiken Göttern und nordischen Helden – unsere Welt nach wie vor bevölkern und lebendig sind, zum Beispiel in Irland.

Natürlich besteht Europa nicht nur aus diesen drei mythologischen Strömungen. Es gibt noch das weite Feld der osteuropäischen Mythologien wie die der Balten und der Finnen, doch spielen diese in unserer Lebenswirklichkeit kaum eine Rolle. Ihre Namen sind uns ebenso fremd wie ihre Geschichten. Das Gleiche gilt für die großen Mythologien anderer Kontinente. Es sind die Gestalten und Wesen der Antike, der Germanen und der Kelten, die uns bewegen, denen wir begegnen und nach deren Bedeutung wir fragen.

Viel Spaß auf dieser Entdeckungsreise
wünscht Ihnen

*Christopher Weidner*

# Die Mythologie der Griechen 1

Kaum eine Mythologie hat uns bis in die Jetztzeit so sehr geprägt wie die der griechischen Antike. Zeus, Aphrodite, Ares und Hermes – sie sind aus der Kultur des Abendlandes nicht mehr wegzudenken und der Schlüssel zum Verständnis vieler Meisterwerke der Kunst. Zwölf Götter residierten im Olymp und führten ein ganz eigenwilliges, unsterbliches Leben. Sie hassten sich und liebten sich. Sie betrogen sich gegenseitig, führten Kriege gegeneinander und verbündeten sich. Sie standen über den Sterblichen, aber glichen ihnen in ihren Bedürfnissen oft aufs Haar. Hin und wieder mischten sie sich in die Belange der Menschen ein, zeugten Kinder mit ihnen, die zu strahlenden Halbgöttern wurden, schickten sie auf Irrfahrten über Länder und Meere und stellten sie vor schier unüberwindbare Aufgaben. Doch immer wieder fand sich ein unerschrockener Held, der es mit ihnen aufnahm …

## Die Erstgeborenen – Urgötter

Die Urgötter der griechischen Mythologie, die Protogenen, das heißt Erstgeborenen, waren Verkörperungen der Grundbausteine des Kosmos: Erde, Luft, Wasser, Himmel, Tag, Nacht und Unterwelt, in denen sie auch verehrt wurden. Sie waren also weniger Götter mit eigenen Persönlichkeiten als Manifestationen der Phänomene des Universums.

Am Anfang, so beschreibt es der Dichter Hesiod in seinem Bericht über die Entstehung der Götter, war das Chaos. Es bestand aus reiner Materie, nur fehlte dieser die Ordnung. Das Chaos gebar die erste Generation der Urgötter: Gaia die Erde, Tartaros die Unterwelt, Eros die Liebe, Erebos die Finsternis und Nyx die Nacht. Die Finsternis und die Nacht brachten Hemera, den Tag, und Aither, die Luft, hervor. Die meisten Urgötter aber wurden von Gaia geboren, zum Teil ganz aus sich selbst heraus wie Pontos, das Meer, Ourea, die Berge, und Ouranos, der Himmel. Mit Ouranos, dem ersten Herrscher der Welt, zeugte Gaia weitere Götter, darunter das Geschlecht der Titanen, die wiederum die Stammväter der olympischen Götter waren – aber auch die Kyklopen, einäugige Riesen, und die Hekatoncheiren, Ungeheuer mit hundert Händen.

*Die Göttin Gaia, Mutter Erde und Mutter zahlreicher Urgötter, aus der Sicht des berühmten Malers Paul Klee*

### Gaia – die Mutter Erde

Gaia ist die Mutter Erde, sie stand am Anfang der Schöpfung. Zusammen mit ihrem Sohn Ouranos (▶ Seite 10 f.) zeugte sie die Götter des Himmels, mit ihrem Sohn Pontos (▶ Seite 11) die Götter des Meeres. Mit Ouranos zeugte sie auch die Titanen, Kyklopen und die schrecklichen hundertarmigen und fünfzigköpfigen Hekatoncheiren. Letztere waren dem Vater so verhasst, dass er sie an einen Ort unter der Erde brachte, an den niemals das Licht der Sonne gelangte. Da wandte sich Gaia an ihre Titanenkinder und bat um Hilfe. Einzig Kronos (▶ Seite 13) wagte es, sich seinem Vater entgegenzustellen. Bewaffnet mit einer Sichel aus Adamant stürzte er sich auf Ouranos, als sich dieser Gaia voll Begierde näherte – und entmannte ihn. Das Blut, das aus dem abgetrennten Geschlechtsteil auf die Erde fiel, gebar die Giganten, Erinnyen, aber auch die Meliaden, die Eschennymphen, die später das Geschlecht der Menschen hervorbrachten. Nach dem Sieg über seinen Vater wurde Kronos zum Herrscher der Welt. Wenn Gaia dargestellt wird, dann als ehrwürdige Frau, die zur Hälfte im Erdboden verankert ist, dem Element fest verbunden, über das sie regiert.

### Eros – die allumfassende Liebe

Eros, nicht zu verwechseln mit dem jüngeren Gott Eros im Gefolge der olympischen Göttin Aphrodite, entstand zusammen mit Gaia aus dem Chaos. Er ist die allumfassende Liebe, der Schönste unter den Unsterblichen, eine Urkraft des Schöpferischen. Es heißt, dass alle Götter und Menschen sich seiner Macht zu beugen hatten.

*Dieses Gemälde von Adolf Senff zeigt Nyx, die Göttin der Nacht, mit ihren Kindern Thanatos (Tod) und Hypnos (Schlaf).*

## Tartaros – die personifizierte Unterwelt

Tartaros, Bruder der Gaia und des Eros, war der Urgott, der dem dunkelsten Ort unter der Erde, an den niemals ein Sonnenstrahl drang, seinen Namen gab. Angeblich brauchte ein Amboss, der von der Erde zum Tartaros hinabfiel, neun Tage, um ihn zu erreichen.

## Erebos – Urgott der Lichtlosigkeit

Erbos war der Urgott der Lichtlosigkeit. Er herrschte über die Finsternis und war mit Nyx, der Nacht, liiert. Seine düsteren Nebelschwaden verhängten die Ränder der Welt und erfüllten die Tiefen der Erde. Nyx zog diese Nebel wie Vorhänge über die Welt, damit das Licht des Äthers nicht mehr scheinen konnte und es Nacht wurde, während Hemera, der Tag, sie auflöste und das Licht wieder freigab.

## Nyx – Urgöttin der Nacht

Nyx war die Urgöttin der Nacht und aus dem Chaos geboren wie Gaia. Sie verband sich mit Erebos, der Finsternis, und brachte Aither hervor, das Licht, und Hemera, den Tag. Aus sich selbst heraus erzeugte sie eine Brut nächtlicher Geschöpfe, darunter die drei Moiren (► Seite 59 f.), Hypnos (► Seite 60), den Schlaf, und Thanatos (► Seite 60), den Tod. Sie wird manchmal als geflügelte Göttin dargestellt, ihr Haupt dunkel umnebelt.

*Auf Drängen seiner Mutter Gaia entmannt der Titan Kronos seinen Vater Ouranos und wird selbst zum Herrscher der Götter.*

### **Aither** – Urgott des Lichts

Erebos und Nyx brachten Aither hervor, den Urgott des Lichtes. Er war die Verkörperung der Lichtsubstanz, die man sich als helle, blau leuchtende Schicht unterhalb der festen Himmelskuppel vorstellte, welche sich über die Erde spannt. Darunter befanden sich die durchsichtigen Schichten der Luft. Abends zog seine Mutter, die Nacht, einen Schleier zwischen Aither und die Luftschichten, um so die Erde vor seinem Licht abzuschirmen. Seine Schwester, der Tag, zerstreute die Nebelschleier und sein Licht konnte wieder bis zur Erde durchdringen. Die Sterne, so sagen einige, waren Punkte, an denen sich das Feuer des Aither konzentrierte. Aither umhüllte mit seinem Licht die Gipfel der Berge, umfing die Wolken, die Sterne, Sonne und Mond.

### **Hemera** – Urgöttin des Tages

Hemera war die Urgöttin des Tages, Tochter des Erebos und der Nyx. Sie war die Gemahlin des Aither, des Lichts. Während ihre Mutter den Schleier der Dunkelheit über die Welt zog und so die Erde vor dem Licht des Aither abschirmte, vertrieb Hemera die Nebelschleier und löste sie wieder auf, damit das Licht in die Welt dringen konnte.

### **Ouranos** – Urgott des Himmels

Ouranos war der Urgott des Himmels, und zwar des Firmaments, einer festen Kuppel aus Metall, geschmückt mit Sternen, deren Ränder die äußersten Enden der flachen Erdscheibe berührten. Zusammen mit seiner Mutter Gaia zeugte Ouranos die Titanen, aber auch die

*Thalassa wird vor allem das (innere) Mittemeer zugesprochen, im Gegensatz zu Pontos, dem Urgott der „hohen See".*

Giganten und die Hekatoncheiren, Ungeheuer mit hundert Armen. Sie waren so schrecklich anzusehen, dass Ouranos sie hasste. Er verbarg sie daher in den Eingeweiden der Erde, wohin kein Lichtstrahl je dringen konnte, sodass sich Gaia vor Schmerzen wand. Gaia stachelte ihren Titanensohn Kronos gegen seinen Vater auf, der ihn entmannte und ihm die Herrschaft über die Welt entriss.

### Pontos – Urgott des Meeres

Pontos ist der Urgott des Meeres, ein Sohn der Gaia. Mit seiner Mutter zeugte er eine Vielzahl an Meeresgöttern, darunter Nereus (► Seite 71), Phorkys (► Seite 72) und Keto. Mit Thalassa, seinem weiblichen Gegenstück, zeugte er die Fische und alle anderen Lebewesen des Meeres. In Darstellungen hebt Pontos sein riesiges, graubärtiges Gesicht aus dem Wasser, das Haupt von Krebsscheren gekrönt.

### Thalassa – Urgöttin der See

Thalassa, die Urgöttin der See, vereinte sich mit Pontos und gebar alles Leben in den Meeren. Selten nimmt sie eine bestimmte Gestalt an. Einmal erscheint sie als Frau, ganz durchsichtig aus Meerwasser, während wir sie in späteren Darstellungen als eine Frau erkennen, die Scheren von Krebsen in ihrem Haar trägt. Algen gürten sie und manchmal hält sie auch das Ruder eines Schiffes in der Hand.

## Die Titanen – Kinder des Himmels und der Erde

Die Titanen waren ein Göttergeschlecht, das unmittelbar von Gaia, der Mutter Erde, abstammte. Sie waren mächtige Götter, glichen Riesen in Menschengestalt und herrschten über die Welt des berühmten Goldenen Zeitalters.

### Die zwölf Kinder des Ouranos

Sechs Söhne und sechs Töchter hatte Gaia mit Ouranos, die Erde mit dem Himmel: Kronos, Koios, Krios, Iapetos, Hyperion und Okeanos sowie Theia, Rhea, Themis, Mnemosyne, Phoibe und Tethys. Gerade die sechs Töchter der Gaia verkörpern letztlich Teilaspekte der Mutter Erde: Tethys beispielsweise stand für das Fruchtbarkeit spendende Wasser, Rhea war die Herrin der Fruchtbarkeit der wilden Natur, während Thunis die Personifikation der Gesetze der Natur darstellte.

Nach ihrem Vater Ouranos hießen die Titanen auch die Ouraniden und sie beherrschten die Welt, bevor der Stern der olympischen Götter aufstieg.

### Okeanos – Titan des Urstroms

Okeanos war der Titan des die Erde umfließenden Urstromes – der auch seinen Namen trug –, die Quelle allen Süßwassers. Aus diesem Fluss wurden sämtliche Flüsse und Quellen gespeist und aus ihm schöpften die Wolkennymphen das Wasser für den Regen. In seinem Reich befanden sich auch die Paläste der Gestirne wie Helios (► Seite 66), Titan der Sonne, und Selene (► Seite 67), Titanin des Mondes. Alle Sterne tauchten im Osten aus

*Der Titan Okeanos ist eine der zentralen Figuren des weltberühmten Trevi-Brunnens in Rom.*

*Dieses römische Mosaik aus dem 4. Jahrhundert zeigt Thetys und ihren Mann Okeanos, mit dem sie über das süße Wasser herrschte.*

seinen Fluten auf, um am Abend wieder in sie einzutauchen. Zusammen mit seiner Gemahlin Thetys zeugte er die Flussgötter und die Okeaniden (▶ Seite 72 f.), die Quellnymphen. Als Gaia die Titanen aufstachelte, sich gegen ihren Vater Ouranos zu erheben, beteiligte sich Okeanos nicht an diesem Aufstand. Auch später im Kampf gegen die olympischen Götter hielt er sich zurück.

In Darstellungen erkennen wir Okeanos als einen Mann mit Stierhörnern und dem schlangenartigen Schwanz eines Fisches. Schlangen und Fische sind seine Attribute.

### Tethys – die Nährmutter

Tethys beherrschte gemeinsam mit ihrem Mann Okeanos das süße Wasser, welches die Erde fruchtbar macht. Zusammen mit ihm zeugte sie die Okeaniden, die Quellnymphen, die Flussgötter und die Wolkennymphen. Ihr Name bedeutet so viel wie „Nährmutter“ oder „Großmutter“ und man stellte sich vor, dass sie für die unterirdische Versorgung der Flüsse zuständig sei, indem sie die Wasser des Okeanos durch Höhlen und Kanäle an die Quellen leitete. Manchmal wird sie mit kleinen Flügeln an den Schläfen dargestellt.

## Kronos – Titan der Zeit

Kronos war der Titan der Zeit, die unerbittlich voranschreitet und alles verschlingt. Nachdem er seinen Vater Ouranos entmannt und vom Thron gestoßen hatte, regierte er über die Welt im sogenannten Goldenen Zeitalter. An seiner Seite war seine Schwester Rhea. Doch nach einer Prophezeiung sollte er selbst durch einen seiner Nachkommen zu Fall kommen. Aus Angst davor fraß er alle Kinder, die er mit Rhea hatte, gleich nach der Geburt auf: Hestia (► Seite 37 f.), Demeter (► Seite 32 f.), Hera (► Seite 34 f.), Hades (► Seite 54 f.) und Poseidon (► Seite 38 f.). Nur Zeus (► Seite 39 f.) konnte Rhea durch eine List vor diesem Schicksal bewahren. Sie versteckte ihn in einer Höhle auf Kreta und gab ihrem Gatten nur einen in Windeln geschlagenen Stein zum Fraß. Zeus wuchs unbemerkt heran und es gelang ihm, seinen Vater dazu zu bringen, seine Geschwister wieder auszuspeien. Kronos war überwunden und Zeus nahm nun seinen Platz ein: Die Stunde der Olympier hatte geschlagen. Kronos wurde von Zeus überwältigt und man sagt, er habe ihn auf die Insel der Seligen gebracht, die Elysischen Gefilde am Rande der Welt. Darum herrsche dort noch immer das Goldene Zeitalter.

## Rhea – die große Mutter

Die Titanin Rhea war die Gemahlin des Kronos. Sie war die Große Mutter, die Ahnherrin der Götter, und verkörperte die weibliche Fruchtbarkeit. In ihr manifestierte sich ein Aspekt der Gaia, der Mutter Erde. In Darstellungen wird sie als eine mütterliche Frau abgebildet, die eine Türmchenkrone trägt und von Löwen begleitet wird, das ihr geweihte Tier. Dadurch zeigt sie ihre Verwandtschaft

*Aus Angst vor einer Prophezeiung verschlang Kronos seine Nachkommen unmittelbar nach deren Geburt.*

mit der phrygischen Göttin Kybele, einer alten Muttergottheit. Die Weißtanne oder die Kiefer ist der ihr geweihte Baum.

### Hyperion und seine Brüder

Hyperion war der Licht- und Sonnengott unter den Titanen. Sein Name bedeutet so viel wie „der von oben herabblickt". Zusammen mit der Titanin Theia, Göttin des blauen Himmels, zeugte er Helios (► Seite 66), den Sonnengott, Selene (► Seite 67), die Mondgöttin, sowie Eos (► Seite 67), die Göttin der Morgenröte. Zusammen mit seinen Titanenbrüdern Koios, Krios und Iapetos verbündete er sich mit Kronos, um Ouranos zu stürzen. Während Kronos die Sichel schwang, um den Himmelsgott zu entmannen, hielten die Brüder den Himmel an den vier Kardinalpunkten der Himmelsrichtungen fest, als er sich über Gaia beugen wollte. Offensichtlich verkörpern diese vier Titanen die vier mythischen Säulen, auf denen der

*Mit ihrem Bruder Kronos zeugte Rhea die Götter Hestia, Demeter, Hera, Hades, Poseidon und Zeus (► Seite 22 ff.).*

*Diese Marmorstatue der Themis kann im Archäologischen Nationalmuseum in Athen bewundert werden.*

Himmel ruht. Hyperion mag dabei die Säule des Ostens vertreten haben. Koios wiederum steht für den Norden, um den die Sterne kreisen, Krios für den Süden und Iapetos für den Westen. Iapetos zeugte mit der Okeanide Klymene vier Söhne: Atlas (▶ Seite 16 f.), Prometheus (▶ Seite 17 f.), Epimetheus (▶ Seite 17 f.) und Menoitios.

### **Theia** – Titanin des blauen Himmels und der Sehkraft

Theia war die Titanengöttin des strahlend blauen Himmels und der Sehkraft. Darüber hinaus galt sie als Göttin der glänzenden Edelmetalle und funkelnden Edelsteine. Mit Hyperion hatte sie drei Kinder: Helios (▶ Seite 66), Selene (▶ Seite 67) und Eos (▶ Seite 67).

### **Themis** – Titanin der göttlichen Ordnung

Themis war die Titanin der göttlichen Ordnung und der Gerechtigkeit. Zudem besaß sie die Gabe der Prophetie und sie war nach Gaia die Schutzherrin des Orakels von Delphi. Nach ihr ging die Herrschaft auf ihre Schwester Phoibe (▶ Seite 16) über, die schließlich von Apollon (▶ Seite 25 f.) abgelöst wurde. Themis kannte die Zukunft und besaß mehr Wissen um das, was in der Welt geschah und geschehen würde, als so manch anderer Gott. Immer wieder warnte sie vor drohenden Gefahren. Zeus (▶ Seite 39 f.) zum Beispiel riet sie von einer Beziehung mit der Meeresnymphe Thetis ab, denn es hieß, dass einst der Spross der Thetis mächtiger sein würde als sein Vater. Sie brachte den Menschen die Grundsätze von Recht und Ordnung bei, machte sie mit den Regeln der Gastfreundschaft vertraut und zeigte ihnen, wie man regiert, Versammlungen abhält und den Göttern die Ehre erweist.

*Mnemosyne, die Göttin der Erinnerung und des Gedächtnisses, in einer Grafik von Theodor de Bry.*

### **Mnemosyne** – Titanin der Erinnerung und des Gedächtnisses

Mnemosyne war die Titanin der Erinnerung und des Gedächtnisses. Sie erfand die Sprache und die Verwendung von Wörtern. Auf sie geht die Kunst der Erinnerung zurück, die in einer Zeit, in der noch nichts schriftlich festgehalten wurde, äußerst wichtig war. Sie gilt als die Mutter der neun Musen (▶ Seite 50 f.), die sie von Zeus (▶ Seite 39 f.) während eines neun Tage währenden Stelldicheins empfing.

*Phoibe mit ihrer Schwester Hilaeira sowie Leto, Aglaia und Niobe beim Spiel – eine römische Wandmalerei aus dem 1. Jahrhundert*

### **Phoibe** – Titanin des hellen Verstandes und des Geistes

Phoibe war die Titanengöttin des hellen Verstandes und der Klarheit des Geistes. Sie war die Frau des Titanen Koios. Nach Gaia und Themis hatte sie die Herrschaft über das Orakel von Delphi, bevor sie von Apollon (▶ Seite 25 f.) abgelöst wurde. Sie überreichte ihm die heilige Stätte an seinem Geburtstag.

## Weitere Titanen

Die Titanen der ersten Generation hinterließen eine Reihe von Nachkommen. Einige ihrer Kinder und Enkel haben auch später wichtige Funktionen übernommen wie Helios, Selene und Eos, die Abkömmlinge des Hyperion und Götter von Sonne, Mond und Morgenröte. Von ihnen soll im Kapitel „Götter zwischen Olymp und Hades" die Rede sein. Hekate, die Unterweltgöttin der Zauberei, war eine Enkelin des Koios und Tochter von Asteria, Koios' Tochter, mit Perses, dem Sohn des Titanen Krios, Titanengott der Zerstörung. Von Hekate wird im Kapitel „Götter und Wesen der Unterwelt" berichtet. Auch Leto, die Mutter von Apollon und Artemis, ist eine Tochter des Koios. Astraios, Sohn des Titanen Krios, ist der Titanengott der Sterne und Planeten und der Gott der Astrologie. Er soll der Vater der vier Winde sein. Der dritte Sohn des Krios war Pallas, der Titanengott der Kriegskunst. Er war unter anderem der Vater von Nike, der Göttin des Sieges.

Von einigen dieser Titanenkinder soll nun erzählt werden.

### **Atlas** – Träger des Himmelsgewölbes

Atlas, der Sohn des Iapetos und der Okeanidin Klymene, war ein Titan, der die Aufgabe hatte, die Säulen zu bewachen, die den Himmel und die Erde voneinander trennen und zugleich miteinander verbinden. Später heißt es, er stemme das Himmelsgewölbe, und zwar am westlichsten Punkt der damals bekannten Welt, nahe einem Gebirge im Nordwesten Afrikas, das noch heute seinen Namen trägt: das Atlasgebirge. Nach ihm wird auch der Atlantische Ozean benannt. Der Sage nach wurde er mit dieser Aufgabe bestraft, weil er sich im Kampf der Titanen gegen die Olympier auf die Seite des Kronos geschlagen hatte. Die Hesperiden (▶ Seite 67 ff.) gelten als Töchter des Atlas, die in einem Garten am Hang des Atlasgebirges die goldenen Äpfel bewachten. Um diese ging es auch, als Atlas von Herakles (▶ Seite 91 ff.) übertölpelt wurde. Der Titan bot dem Helden an, für ihn die goldenen Äpfel zu besorgen (was eine der Aufgaben war, die Herakles auferlegt worden waren), wenn er ihm dafür in der Zwischenzeit seine Last abnähme. Herakles war einverstanden und Atlas verschaffte ihm die Äpfel. Doch die gewonnene Freiheit wollte er nicht mehr aufgeben und eröffnete Herakles, dass er die Äpfel dem Erystheus selbst bringen würde. Herakles willigte ein, aber nur zum Schein. Er bat den Riesen, das Firmament noch einmal auf sich zu nehmen, weil er seinen Umhang zweckmäßiger um seine Schultern drapieren wolle, um die Last besser tragen zu können. Atlas erfüllte ihm diesen Wunsch. Doch Herakles nahm die Äpfel und machte sich aus dem Staub.

### Prometheus und Epimetheus – der Vorausdenkende und der danach Denkende

Auch Prometheus war ein Titan, der Sohn des Iapetos. Sein Name bedeutet so viel wie „der Vorausdenkende". Er gilt als Freund der Menschen und Schöpfer der Kultur – und genau dies wurde ihm zum Verhängnis.

Prometheus erschuf die Menschen, indem er sie aus Ton formte. Er fand Gefallen an seiner Schöpfung und war stets bestrebt, das Leben der Menschen zu verbessern. Dies brachte ihn immer wieder in Konflikt mit Zeus (► Seite 39 f.), denn die Götter verlangten von den Sterblichen teure Opfergaben. Prometheus besann sich zugunsten seiner Schützlinge auf eine List. Er schlachtete einen Stier und zerteilte ihn. Er machte zwei Haufen: einen aus Knochen und Gekröse, der größer ausfiel, und einen aus dem guten Muskelfleisch, der kleiner war. Beide überzog er mit einer Stierhaut, sodass man nicht sehen konnte, was sich in den Haufen befand. Nun stellte er den Göttervater vor die Wahl. Zeus wählte den größeren Haufen – und damit die Abfälle.

*Diese Skulptur des Atlas mit der Weltkugel auf seiner Schulter befindet sich auf der Hauptfassade von Schloss Linderhof in Oberbayern.*

*Das Innenbild dieser antiken Trinkschale aus dem 6. Jahrhundert v. Chr. zeigt die Titanen Atlas und Prometheus.*

Zeus war wütend und bestrafte die Menschen, indem er ihnen das Feuer wegnahm. Prometheus aber entzündete einen Stängel des Riesenfenchels am Sonnenwagen des Helios (► Seite 66) und brachte das Feuer als lodernde Fackel auf die Erde zurück. Nun sann Zeus auf Rache und schuf zusammen mit den anderen Olympiern die Pandora, das Trugbild einer schönen Frau, die eine Büchse hielt, in der jeder der Götter ein Unheil eingeschlossen hatte. Zeus überreichte die Pandora samt ihrer Büchse dem Bruder des Prometheus, Epimetheus („der danach Denkende"). Dieser nahm das Geschenk an und Pandora öffnete die Büchse, aus der alle Übel hinaus in die Welt strömten. Seit dieser Zeit ist die Menschheit mit Seuchen und Krankheiten geschlagen.

Auch Prometheus selbst wurde für seinen Ungehorsam bestraft. Zeus entführte ihn und brachte ihn in den Kaukasus, wo er ihn über einem Abgrund an einen Felsen ketten ließ. Jeden Tag kam ein Adler herbeigeflogen und fraß ihm bei lebendigem Leib die Leber aus den Eingeweiden. Weil aber Prometheus unsterblich war, wuchs die Leber stets nach – sein Leiden schien unendlich. Erst Herakles (► Seite 91 ff.) gelang es, den Titanen von seiner Qual zu erlösen.

### Metis –Titanin der Weisheit

Metis war eine der Töchter des Okeanos und die Titanengöttin der Weisheit. Sie war die erste Geliebte des Zeus (► Seite 39 f.), auch wenn sie sich lange gegen die Annäherungsversuche des Gottes zur Wehr setzte, indem sie sich immer wieder in andere Gestalten verwandelte. Sie verriet ihm auch, wie er seinen Vater Kronos dazu zwingen konnte, seine Geschwister, die dieser verschlungen hatte, wieder auszuspeien: Sie gab dem Göttervater ein Kraut als Brechmittel, welches Zeus seinem Vater verabreichte. Während des Krieges gegen die Titanen stand sie Zeus mit ihren Ratschlägen zur Seite. Doch weil Zeus sich vor der Prophezeiung fürchtete, Metis würde nach der Geburt einer Tochter eines Tages einen Sohn zur Welt bringen, der mächtiger wäre als er selbst, verschlang er die von ihm schwangere Metis. Daraufhin wurde ihre Tochter Athena geboren: Sie entsprang in voller Rüstung und ausgewachsen seinem Kopf.

### Leto – Göttermutter

Leto war die Tochter der Titanen Koios und Phoibe und ebenfalls eine Geliebte des Zeus (► Seite 39 f.). Als sie vom Göttervater schwanger wurde, versuchte die eifersüchtige Hera (► Seite 34 f.), sie an der Niederkunft zu hindern, denn ihr wurde geweissagt, dass Leto

*Diesen Brunnen im Schlosspark von Versailles schmücken Skulpturen der Titanin Leto und ihrer Kinder Apollon und Artemis.*

Kinder zur Welt bringen würde, die mächtiger sein würden als ihre eigenen. Sie ließ die Titanin von der Schlange Python (▶ Seite 25) verfolgen, um sie zu töten. Doch Zeus schickte einen Wind, der Leto zu Poseidon (▶ Seite 38 f.) brachte, der sie beschützen sollte. Weil Hera der Erde einen Eid abgerungen hatte, dass Leto auf keinem festen Grund gebären dürfe, schuf der Gott der Meere eine schwimmende Insel, die später Delos genannt wurde. Hier wurden Letos Kinder Apollon (▶ Seite 25 f.) und Artemis (▶ Seite 30 f.) geboren. Später stachelte Hera den Riesen Tityos an, die schöne Leto zu vergewaltigen. Apollon und Artemis kamen ihrer Mutter zu Hilfe und töteten den Riesen, der zur Strafe in den Tartaros geworfen wurde, wo ihm seither zwei Geier seine immer wieder nachwachsende Leber herausfressen. In Darstellungen erkennen wir Leto als Frau, die bescheiden ihren Schleier hebt, oft auch in Begleitung ihrer beiden Kinder, mit denen sie zusammen kultisch verehrt wurde, zum Beispiel auf Delos, aber auch auf Rhodos und in Delphi.

## Titanen, Olympier, Giganten – der Kampf um die göttliche Vorherrschaft

Zwei große Kriege kennzeichnen den Weg der olympischen Götter zur Herrschaft über die Welt: der Kampf gegen ihre eigenen Vorfahren, die Titanen, und gegen die Kinder der Gaia, die Giganten.

Als Zeus (▶ Seite 39 f.) seinen Vater Kronos dazu gezwungen hatte, seine Geschwister, die dieser verschlungen hatte, wieder auszuspucken, schloss er sich mit Hades (▶ Seite 54 f.), Poseidon (▶ Seite 38 f.), Hestia (▶ Seite 37 f.), Demeter (▶ Seite 32 f.) und Hera (▶ Seite 34 f.) zusammen, um mit ihnen gegen ihren Vater in den Krieg zu ziehen. Kronos versammelte indessen die Titanen Koios, Krios, Hyperion, Iapetos, Atlas und Menoitios, ein glorreicher Krieger und Bruder des Atlas. Okeanos und die sechs Titaninnen hielten sich aus dem Kampf heraus. Elf Jahre wogte die Schlacht hin und her. Die Titanen hatten auf dem Berg Othrys Stellung bezogen, die Kinder des Kronos auf dem Olymp, dem Berg, nach dem sie noch heute die olympischen Götter genannt werden. Schließlich riet Gaia ihrem Enkel Zeus, ihre Kinder – die Kyklopen und Kekatoncheiren – aus dem Tartaros zu befreien, wohin Kronos sie einst verbannt hatte. Sie wurden von einem weiblichen Drachen bewacht, der furchterregenden

*Eine Bronzeskulptur aus dem 18. Jahrhundert, die Zeus bei seinem Sieg über die Titanen zeigt.*

▲ *Der Titel dieses Gemäldes von Giuseppe Cesari lautet „Der Sturm der Giganten gegen den Olymp“.*

► *Auf diesem Ausschnitt des Pergamonaltars ist Zeus im Kampf mit dem Gigantenführer Porphyrion sowie zwei weiteren Giganten zu sehen.*

Kampe. Zeus erschlug die Kampe und befreite die Riesen aus ihrem Gefängnis, die von nun an den Olympiern zur Seite standen – die Hekatoncheiren warfen mit ihren hundert Armen ohne Unterlass Felsbrocken auf die Titanen, während die Kyklopen Waffen für die neuen Götter erschufen, unter anderem den berühmten Donnerkeil des Zeus, den Dreizack des Poseidon und die Tarnkappe des Hades. Dies führte die entscheidende Wende im Krieg gegen die Titanen herbei. Sie wurden besiegt und nun selbst in den Tartaros verbannt, wo sie von den Hekatoncheiren bewacht wurden. Nur Atlas wurde dazu verdammt, den Himmel zu stützen. Die Titanengötter, die sich nicht in den Krieg eingemischt hatten, behielten ihre Stellung, während die olympischen Götter von nun an das Schicksal der Welt bestimmten. Die drei Brüder Zeus, Poseidon und Hades teilten sich die Welt: Zeus bekam den Himmel zugesprochen, Poseidon die Meere und Hades die Unterwelt. Der Olymp und die Erde sollten allen gehören.

Kronos und seine Brüder wurden von Zeus viele Generationen später aus der Unterwelt entlassen und Zeus erhob seinen Vater zum König über die Elysischen Gefilde, die Insel der Seligen, wo noch heute das einst von Kronos eingeläutete Goldene Zeitalter herrscht.

Doch nach dem Sieg über die Titanen sollte nicht lange Frieden herrschen. Gaia war wütend, weil Zeus ihren Kindern, den Titanen, das gleiche Schicksal zugewiesen hatte wie einst Kronos den Kyklopen und Hekatoncheiren und sie in den Tartaros hatte werfen lassen. Aus dem Blut, das die Erde nach der Kastration des Ouranos durch Kronos benetzt hatte, gebar Gaia die hundert Giganten, ein Stamm mächtiger Riesen. Sie werden als Hoplite dargestellt, schwer bewaffnete griechische Krieger, manchmal auch nur mit Pantherfellen bekleidet, deren Beine in Schlangenleibern enden. Gaia hetzte sie gegen die Olympier auf und sie begannen, Felsen und brennende Eichen gegen den Himmel zu schleudern. Da geweissagt worden war, dass die Giganten nicht von Götterhand zu Fall gebracht werden könnten, riefen die Olympischen Götter Herakles (▶ Seite 91 ff.) und Dionysos (▶ Seite 42 f.) zu Hilfe. Vor allem Herakles trug wesentlich zur Entscheidung der Schlacht zugunsten der Olympier bei, indem er die Giganten mit seinen im Gift der Hydra (▶ Seite 81 f.) getränkten Pfeilen tötete.

*Das höchste Gebirge Griechenlands, der Olymp, diente den nach ihm benannten Göttern sowie deren Abkömmlingen und Dienern als Wohnstatt.*

## Götter und Gestalten des Olymp

Die Olympier waren nach ihrem Sieg über die Titanen und die Giganten unangefochtene Herrscher der Welt. Sie wurden benannt nach ihrem Hauptsitz auf dem Olymp, dem höchsten Gebirge Griechenlands. Hier trafen sie sich, um bei Nektar und Ambrosia – die unsterblich machende Speise der Götter – gemeinsam zu feiern und über das Schicksal der Welt zu beratschlagen. Zwölf von ihnen ragen als olympische Götter unter den anderen hervor und jeder von ihnen hatte eine eigene Wohnung in dieser mythischen Wohnstätte, einem lichtdurchfluteten Palast. Doch nicht nur Götter bevölkerten diesen himmlischen Ort, auch Abkömmlinge der Götter, Halbgötter und ihre Diener durften in den Hallen des Olymp wandeln.

### Die zwölf Olympier

Die Götter des Olymp herrschten über nahezu jeden Aspekt des menschlichen Lebens. Zwölf von ihnen ragten unter allen heraus und wurden nur kurz die Olympier genannt: Aphrodite, Apollo, Ares, Artemis, Athena, Demeter, Hephaistos, Hera, Hermes, Hestia, Poseidon und natürlich Zeus, der Göttervater. Manchmal wird Hestia nicht angeführt, dafür Dionysos, der jedoch erst spät als Gott in den Olymp aufstieg.

### Aphrodite – Göttin der Liebe und Schönheit

Als die große Muttergöttin Gaia der vielen Schwangerschaften überdrüssig wurde, die ihr der ungestüme Ouranos einbrachte, stiftete sie ihren Sohn Kronos an, seinem Vater die Geschlechtsteile mit einer Sichel abzuschneiden. Diese fielen vom Götterhimmel in das Meer, wo sich der Samen mit dem Wasser vermischte. Aus diesem Schaum entstieg Aphrodite und ging in Kythera an Land, einer Insel vor der Südostspitze des Peloponnes. Andere berichten, sie habe Zypern bevorzugt.

*▶ Der Olymp und seine Götter gemäß einer florentinischen Deckenmalerei von Luigi Sabatelli aus dem 19. Jahrhundert*

*Das Gemälde von Alexandre Cabanel zeigt die Geburt der Aphrodite, die dem Schaum des Meeres entstieg.*

Ihr Gemahl war Hephaistos (▶ Seite 33 f.), der Gott des Feuers und der Schmiedekunst, den sie immer wieder betrog. Vor allem dem heldenhaften Ares (▶ Seite 29 f.) war sie zugetan. Einmal beobachtete sie der Sonnengott Helios (▶ Seite 66) bei einem Stelldichein und verriet sie dem eifersüchtigen Ehemann. Dieser schmiedete ein unsichtbares und unzerreißbares feines Netz, das er über die beiden sich gerade paarenden Götter warf und sie so einfing. Hephaistos holte die übrigen olympischen Götter, damit sie die Gemeinheit mit eigenen Augen sehen konnten. Diese stimmten in ein lautes, nicht endend wollendes Gelächter ein über das Ungemach des Hephaistos und die peinliche Situation, in der sich die Göttin der Schönheit und der Gott des Krieges im wahrsten Sinne des Wortes verstrickt hatten.

Aus den unzähligen Affären der Aphrodite sind berühmte Helden wie Aineias (Aeneas, ▶ Seite 99), der Stammvater Roms, hervorgegangen, aber auch andere göttliche Wesen wie Priapos (▶ Seite 76 f.), den sie mit Dionysos (▶ Seite 42 f.), Gott der Fruchtbarkeit, und Hermaphroditos mit Hermes (▶ Seite 36 f.), dem Götterboten, zeugte. Aus der Verbindung mit dem Kriegsgott Ares entstand insbesondere Eros (▶ Seite 46 f.), der geflügelte Gott der sinnlichen Liebe.

Nicht immer ging eine Liebschaft mit der Göttin der Liebe gut aus. Adonis bezahlte seine Liebe zu Aphrodite mit dem Tod, denn deren eifersüchtiger Liebhaber Ares verwandelte sich in einen wütenden Eber und zerriss den schönen Jüngling.

Zu den Tieren der Aphrodite gehören die Tauben, die ihren goldenen Wagen über den Himmel ziehen, ebenso die weiße Gans oder der Schwan, auf dem sie manchmal reitet, und der Sperling sowie die Schwalbe. Die fruchtbaren Hasen sind ihr heilig und als Meergeborene alle Fische. Auf einer Muschel soll sie an den Strand geschwommen sein, deshalb ist die Perle ihr Attribut, die so wie sie aus dem Meer geboren ist. Blumen und Früchte wie die Rose, die Myrte und die Myrrhe, die Anemone und der Apfel sowie die Linde als Baum gehören zu ihr. Liebeslust stimulierende Pflanzen sind für sie heilige Gewächse, die sogenannten

Aphrodisiaka, wie der Spargel und der Granatapfel. Ein typisches Attribut ist der *Charis*, ein magischer Liebesgürtel aus Gold und Edelsteinen, den ihr Hephaistos geschmiedet hatte.

Der Tag der Aphrodite ist der Freitag. Ihr ist der schönste und hellste aller Planeten, die Venus, geweiht. In der römischen Mythologie entspricht ihr die Göttin Venus.

### **Apollon** (Apollo) – Gott der Wahrsagekunst, der Heilkunde, der Jugend und der Musik

Apollon war der Zwillingsbruder der Artemis (▶ Seite 30 f.), beide stammten von der Titanin Leto aus einem Verhältnis mit Zeus (▶ Seite 39 f.) ab. Die eifersüchtige Hera jedoch verfolgte die Schwangere über die Welt, um sie daran zu hindern, einen geschützten Platz zu finden, an dem sie ihre Kinder zur Welt bringen konnte. Schließlich fand sie auf einer unfruchtbaren Insel Unterschlupf und gebar die Zwillinge. Diese Insel wurde deshalb später Delos genannt, die Strahlende. Zeus schenkte seinem Sohn eine goldene Kappe sowie einen Wagen, der von Schwänen gezogen wurde. Außerdem bekam er von ihm eine Lyra.

Apollon wollte sich das Orakel der Göttin Themis in Delphi zu eigen machen, doch dieses wurde von einer drachenartigen Riesenschlange namens Python bewacht. Python, so heißt es, entstammte dem verfaulenden Schlamm, der nach der großen Flut übrig geblieben war, und galt als Sohn der Gaia. Apollon verfolgte Phyton bis in den heiligen Schrein und erschoss sie mit Pfeil und Bogen – ein großer Frevel, auch wenn einige behaupten, dass er damit nur die Schmach an seiner Mutter gesühnt habe, denn auch Python hatte Leto während ihrer Schwangerschaft grausam verfolgt. Fortan an war Apollon Herr über das Orakel. Doch Gaia beklagte

*Der sogenannte Sonnentempel in der Bayreuther Eremitage wird von einer Skulptur des Gottes Apollon mit seinem Sonnenwagen bekrönt.*

sich bei Zeus über den Frevel und der Göttervater verlangte von seinem Sohn Buße: Als Sühne gründete Apollon die Pythischen Spiele (die nach den Olympischen Spielen die wichtigsten Wettkämpfe zu Ehren der Götter waren).

Zwar gehörte Apollon nun das Orakel von Delphi, allerdings wird berichtet, dass er sich das Wissen über die Kunst der Wahrsagung erst vom arkadischen Gott Pan (▶ Seite 75) durch Überredung angeeignet habe. Er kehrte schließlich nach Delphi zurück, um dort das Orakel zu übernehmen. Er ließ einen Tempel errichten, setzte Priester ein und machte sich die alte Priesterin Pythia dienstbar. Pythia saß auf einem Dreifuß über einer Erdspalte, aus der Dämpfe austraten, und teilte den Menschen die Orakelsprüche mit. Die Priester des Apollon deuteten dann die Worte der Pythia.

## Delphi – Mittelpunkt der Welt

Es wird erzählt, dass Zeus zwei Adler von je einem Ende der Welt fliegen ließ. Sie trafen in Delphi aufeinander, dem Mittelpunkt der Welt. Diese Stelle markierte fortan ein großer Stein, der vom Himmel gefallen war: der Omphalos oder Nabel der Welt. Es heißt, dass sich Gaia nach dem Ende des Goldenen Zeitalters mit Schlamm, der von der Großen Flut zurückgeblieben war, vereinigte und einen geflügelten Drachen zur Welt brachte, Python. Dieser besaß die Gabe der Hellsichtigkeit und wurde von Gaia an diesen Ort gesetzt, der später Delphi genannt werden sollte.

Hera (▶ Seite 34 f.), der Gemahlin des Zeus (▶ Seite 39 f.), wurde von ihrer Großmutter Gaia geweissagt, dass Leto, die Geliebte des Zeus, einst Zwillinge gebären würde, die alle ihre anderen Kinder überragen würden. Da setzte die eifersüchtige Hera Python auf die schwangere Leto an, um sie zu verschlingen. Doch Leto gelang durch den Beistand des Zeus die Flucht und sie konnte die Zwillinge Artemis und Apollon zur Welt bringen. Für diese Intrige rächte sich Apollon später an Python und tötete ihn bei Delphi. Das Blut des Drachen floss über die Erde und verlieh dem Ort die prophetischen Kräfte, wegen der er in der Folge immer wieder von Menschen jeglichen Standes aufgesucht wurde. Delphi unterstand seit dieser Zeit dem Schutz des Gottes Apollon, der damit Gaia als Herrin des Ortes ablöste.

Apollon errichtete einen Tempel und setzte eine Priesterschaft aus Männern ein. Allein das Orakel selbst konnte nur durch eine Frau befragt werden, die Pythia. Diese saß auf einem Dreifuß über einer Erdspalte, aus der Dämpfe aufstiegen. Sie versetzten die Pythia in einen Trancezustand, in dem sie ihre berühmten Orakelsprüche von sich gab, die dann wiederum von den Priestern gedeutet und an den Fragesteller weitergegeben wurden.

Ursprünglich sprach das Orakel nur einmal im Jahr, und zwar am Geburtstag des Apollon. Mit zunehmender Beliebtheit wurde die Zahl der Orakeltage erhöht und es gab jeden Monat einen Tag, an dem die Pythia befragt werden konnte – außer in den Wintermonaten, in denen sich der sonnenhafte Apollon fern von seiner Kultstätte aufhielt: im sagenhaften Land der Hyperboräer.

Nicht jeder wurde von dem Orakel gleich behandelt. Nur die reichen Fragesteller bekamen tatsächlich eine ganze Antwort, auch wenn diese oft genug rätselhaft und mehrdeutig ausfiel. Weniger betuchte Leute bekamen von der Pythia nur Antworten auf Fragen, die sich mit Ja oder Nein beantworten ließen. Die Priesterin zog dann aus einer Vase mit weißen und schwarzen Bohnen eine heraus: Weiß bedeutete Ja, schwarz Nein.

Es heißt, dass über dem Eingang des Tempels von Delphi unter anderem die Inschrift zu lesen waren: „Erkenne dich selbst“. Möglicherweise

*Dieser Holzstich aus dem 19. Jahrhundert zeigt die Pythia, die Ratsuchenden im Tempel von Delphi weissagt.*

enthüllt sich darin das eigentliche Ansinnen des Orakels, vielleicht von Orakeln überhaupt: die Vermittlung der Erkenntnis, dass wahres Wissen aus der Reflexion mit sich selbst erwächst und alle Antworten auf unsere Fragen, alle Lösungen für unsere Probleme in uns selbst liegen.

## Berühmte Orakelsprüche

**Ödipus** ■ Das Orakel prophezeite Laios, dem König von Theben, dass sein Sohn ihn einst töten und seine eigene Mutter zur Gemahlin nehme würde. Daraufhin ließ der König seinen Sohn in einem Gebirge aussetzen.

Ein Hirte übergab jedoch das Kind dem König von Korinth. Dieser nannte es Ödipus. Da Ödipus nichts von seiner wahren Herkunft wusste, bezog er die Prophezeiung, er werde seinen eigenen Vater umbringen, auf seinen Ziehvater und verließ Korinth. Er kam nach Theben, wo er an einer Wegkreuzung König Laios begegnete. Dieser hielt ihn für einen Räuber und verwehrte ihm den Durchlass. Ödipus erschlug daraufhin Laios und sein Gefolge und damit unwissentlich seinen leiblichen Vater, womit sich der erste Teil des Orakels erfüllte. Theben wurde in dieser Zeit von einer Sphinx (▶ Seite 83) bedroht. Ödipus gelang es, das Rätsel der Sphinx zu lösen und Theben zu befreien. Die Belohnung: die Heirat mit Iokaste, der Witwe des Königs, und damit die Nachfolge im Reich. So ehelichte Ödipus seine eigene Mutter und der zweite Teil des Orakels erfüllte sich ebenfalls. Zusammen hatten die beiden vier Kinder. Nach einer Reihe glücklicher Jahre brach eine Seuche aus. Das Orakel von Delphi verkündete, der Mörder des Laios müsse gefunden werden. Ödipus forschte nach und entdeckte, dass er selbst der Gesuchte war und er seine eigene Mutter zur Frau genommen hatte. Als Iokaste dies erfuhr, erhängte sie sich. Ödipus aber blendete sich.

*Auf dem Gemälde von Jean-Auguste-Dominique Ingres ist Ödipus zu sehen, wie er das Rätsel der Sphinx löst.*

**Krösus** ■ Der König von Lydien, Krösus, wollte 546 v. Chr. gegen den Perserkönig Kyros zu Felde ziehen und befragte das Orakel nach seinen Siegeschancen. Dieses antwortete: „Wenn Krösus den Halys überschreitet, wird er ein großes Reich zerstören." Krösus glaubte, dass damit das Reich der Perser gemeint sei, in Wirklichkeit aber war es sein eigenes. Schon seinem Vorfahr, dem lydischen König Gyges, war dies geweissagt worden, als er sich vom Delphischen Orakel seine Herrschaft hatte bestätigen lassen, nachdem er seinen Vorgänger ermordet hatte: Sein fünfter Nachfolger werde für seinen Mord büßen. Der fünfte König nach Gyges war – Krösus.

**Themistokles** ■ Richtig deutete im Jahre 480 v. Chr. hingegen der athenische Feldherr Themistokles den Spruch der Pythia, als er die Weisung erhielt, die Stadt zu verlassen und sich mit hölzernen Mauern zu verteidigen. Die Athener zogen sich auf Schiffe zurück und trugen in der Seeschlacht von Salamis den Sieg über die anrückenden Perser davon.

**Alexander der Große** ■ Auch Alexander soll das Orakel von Delphi aufgesucht haben, bevor er 335 v. Chr. gegen die Perser in den Krieg zog. Doch Pythia verweigerte ihm die Aussage. Da zerrte der junge Herrscher die Priesterin an den Haaren aus dem Tempel, bis diese in ihrer Not ausrief: „Lass ab von mir, du bist doch unüberwindlich, Junge!" Alexander ließ daraufhin los und entgegnete zufrieden: „Jetzt habe ich meine Antwort."

**Pyrrhos** ■ Der Feldherr und König der Molosser, Pyrrhos, besuchte vor seinen Feldzügen

*Alexander der Große – hier gemalt von Rembrandt van Rijn – suchte ebenfalls den Rat des Orakels.*

gegen die Römer in den Jahren 280/279 v. Chr. ebenfalls das Orakel von Delphi. Dort erhielt er einen doppeldeutigen Spruch, der sowohl auf seinen Sieg als auch auf seine Niederlage hinweisen konnte. Pyrrhos deutet diesen Spruch zu seinen Gunsten. Doch es sollte anders kommen: Zwar besiegte er die Römer, aber dieser Sieg war mit größten Verlusten erkauft: ein Pyrrhussieg.

**Kaiser Julian** ■ In seiner kurzen Regierungszeit als römischer Kaiser von 360 bis 363 n. Chr. versuchte Flavius Claudius Iulianus, Neffe Konstantins des Großen, das Christentum als privilegierte Religion wieder zurückzudrängen und zu den heidnischen Wurzeln seiner Vorfahren zurückzukehren. Ihm wurde die letzte bekannte Antwort durch die Pythia im Jahre 362 erteilt, als er sie fragen ließ, ob das Orakel selbst in einer immer stärker christlich geprägten Welt überhaupt noch bestehen könne: „Künde dem König, das schön gefügte Haus ist gefallen. Phoibos Apollon besitzt keine Zuflucht mehr, der heilige Lorbeer verwelkt, seine Quellen schweigen für immer, verstummt ist das Murmeln des Wassers."

## Ares – Gott des Krieges und der Gewalt

Ares war der Sohn des Zeus (▶ Seite 39 f.) und der Hera (▶ Seite 34 f.). Er gehört zwar zu den zwölf olympischen Göttern, doch weil er zu Gewalt und Grausamkeit neigte, war er nicht besonders beliebt, zuweilen sogar verhasst.

Ungeachtet dessen galt er als Inbegriff männlicher Kraft und Schönheit und so manche Göttin war einem Stelldichein mit dem leidenschaftlichen Gott nicht abgeneigt, so auch Eos, die Göttin der Morgenröte, Eris, die Göttin der Zwietracht, und natürlich Aphrodite, die Göttin der Liebe, mit der er einige Kinder hatte, unter anderem Eros (▶ Seite 46 f.), den Gott der Begierde, sowie die beiden Söhne Phobos

*Bronzeabbild einer antiken Statue des griechischen Kriegsgottes Ares, aufgenommen in der Grünanlage vor der Zitadelle Spandau*

*Artemis beim Bad mit ihren Nymphen; im Hintergrund ist der in einen Hirsch verwandelte Aktaion zu sehen.*

und Deimos, Furcht und Schrecken. Sein Vergnügen am Klang der Waffen, an Blutvergießen und blindem Gemetzel verband ihn mit Hades (▶ Seite 54 f.), dem Gott der Unterwelt.

Seinen Gegenpol bildete die kluge Athena, auch eine kriegerische Gottheit, aber weitaus strategischer und menschenfreundlicher. Im Vergleich zu ihr war Ares ein finsterer Gott. Ares genoss daher in der griechischen Antike kaum eigene kultische Verehrung, galt doch schon jeder Krieg wie ein großes Ritual zu seinen Ehren.

Ares fuhr einen goldenen Kriegswagen, der von Pferden gezogen wurde, aus deren Nüstern Feuer stob. Er trug eine goldene Rüstung, die wie Feuer funkelte. In seiner Begleitung finden wir den Uhu und die Schleiereule, die beide als Verkünder von Unglück gelten. Auch der Geier, der seine Kreise über den Schlachtfeldern zieht, ist ihm heilig. Giftschlangen gehören zu Ares ebenso wie der Buntspecht mit seinen leuchtend roten Unterschwanzdecken und seinem roten Genickfleck.

Der Tag des Ares ist der Dienstag. Ihm ist der rote Planet Mars geweiht.

Im antiken Rom bekam der Kriegsgott als Mars (▶ Seite 105 f.) eine weitaus größere Bedeutung zugeschrieben und wurde zum wichtigsten Gott des Imperiums – so wichtig, dass der damals erste Monat im Jahr, der März, nach ihm benannt wurde.

## Artemis – Göttin der Jagd, der Jugend, der Geburt und des Mondes

Artemis war die Tochter des Zeus (▶ Seite 39 f.) und die Zwillingsschwester des Apollon. Sie wurde zusammen mit ihm von Leto auf der Insel Delos zur Welt gebracht. Kaum war sie geboren, half sie ihrer Mutter als Hebamme und wird seither auch von Menschen zur Unterstützung bei der Geburt angerufen. Doch die eigentliche Heimat dieser jugendlichen Göttin waren die Wälder, durch die sie mit ihren Hunden streifte, oft begleitet von wilden Tieren.

Artemis zog es vor, allein zu leben, nur begleitet von Nymphen, die ebenso keusch zu sein hatten wie sie selbst. Wer das Gebot der Jungfräulichkeit nicht erfüllte oder bedrohte, musste mit empfindlichen Strafen rechnen. Einst verliebte sich Zeus in Kallisto, eine ihrer Anhängerinnen. Er verwandelte sich in Artemis und legte sich zu ihr. Als Kallisto daraufhin schwanger wurde, verstieß Artemis die Nymphe und verwandelte sie in einen Bären.

Als einst der Jäger Aktaion, der Enkel des Apollon und Sohn der Nymphe Kyrene, sie beim Baden in einer Quelle beobachtete, verwandelte ihn Artemis in einen Hirsch. Seine eigenen Jagdhunde erkannten ihren Herrn nicht mehr und verfolgten ihn, bis sie ihn schließlich in Stücke gerissen hatten.

Artemis wurde später mit der Göttin Selene (▶ Seite 30 f.) gleichgesetzt, dem Mond. Ihre Attribute sind ihre Waffen: Köcher, Pfeil und Bogen. Ein Hirsch oder ein Reh steht an ihrer Seite, Hunde begleiten sie. Oft wird sie mit einer Mondsichel im hochsteckten Haar dargestellt.

Kultische Verehrung genoss Artemis in vielen Teilen Griechenlands, in Arkadien, Tauris und Ephesus. Dort errichtete man ihr einen großen Tempel, der als eines der sieben Weltwunder der Antike galt. Die römische Entsprechung der Artemis ist Diana (▶ Seite 105 f.).

## Athena – Göttin des Krieges, der Weisheit und der Künste

Zeus hatte die von ihm schwangere Metis, die Titanengöttin der Klugheit, verschlungen – aus Angst vor einem Sohn, der ihm ebenso gefährlich werden könnte wie er selbst einst seinem Vater Kronos. Neun Monate später brachte er Athena zur Welt, indem der Schmiedegott Hephaistos (▶ Seite 33 f.) eine Spalte in seine Stirn schlug, aus der die Göttin dem Kopf des Zeus entspringen konnte: in voller Rüstung, mit Lanze, Helm, Schild und Brustharnisch – und bereits erwachsen.

Athena war klug und weise und mied daher Leidenschaft und Liebe. Sie blieb jungfräulich und widmete sich ganz den Kräften der praktischen Vernunft. Sie brachte den Menschen den Ackerbau, das Spinnen und Weben und die Kochkunst bei, war Schutzherrin der Wissenschaften und des Handwerks, aber auch der Künstler. Überhaupt war sie eine Freundin der Menschen und teilte ihr Wissen gern mit ihnen. Als Kriegsgöttin war sie der Gegenpol zum rücksichtslosen und blutgierigen Ares. Sie stand für Taktik und Strategie, Recht und Ordnung und erfand Kriegsschiffe und Streitwagen.

So besonnen Athena auch war, so leicht war sie, wie die meisten Götter des Olymp, auch zu kränken: Als Arachne sich einst rühmte, mit ihrer Webkunst Athena ausstechen zu können, kam es zu einem Wettstreit zwischen der Göttin und der Menschenfrau, den Arachne gewann! Da verwandelte die Göttin die junge Frau für diese Anmaßung und Schmach in eine Spinne.

Athena ist die Schutzpatronin vieler griechischer Städte, allen voran natürlich Athens, wo ihr auf der Akropolis der berühmte Parthenon errichtet wurde, ein Tempel hoch über der

*Die Göttin Athena lehrte die Menschen u. a. das Weben, hier dargestellt in einem Gemälde von Peter von Cornelius.*

Stadt, damit die Göttin über die Menschen wachen könne, ihnen Schutz gebe und für ihr Lebensglück sorge. Es heißt, dass sie auf dem Burgberg einen Olivenbaum wachsen ließ, als sie sich mit Poseidon (► Seite 38 f.) um die Vorherrschaft über das Land stritt. Damit konnte sie die Bewohner Attikas für sich gewinnen, denn dieser Baum schenkte ihnen Nahrung, Holz und Öl, während Poseidon nur eine Salzwasserquelle sprudeln lassen konnte.

Ihren Beinamen Pallas bekam sie, nachdem sie versehentlich Pallas, die Tochter des Gottes Triton, bei dem sie aufwuchs, in einem Kampfspiel tötete. Daraufhin übernahm sie deren Namen: Pallas Athena.

Athena wird als Kriegerin abgebildet, vor allen Dingen mit Schild und Speer. Sie trug außerdem die *Aigis*, einen magischen Schild, den der Gott Hephaistos aus einem Ziegenfell anfertigte und mit Schlangen und dem Haupt der Medusa verzierte. Dieser Schild war so stark, dass selbst die Blitze des Zeus ihm nichts anhaben konnten.

Unter den Tieren ist ihr die Eule heilig, der Vogel der Weisheit, weil er auch in größter Dunkelheit noch sehen kann. Die römische Entsprechung der Athena ist Minerva (► Seite 105 f.).

*Diese antike Bauchamphore ziert ein Bildnis der Fruchtbarkeitsgöttin Demeter.*

## Demeter – Göttin der Erde, der Früchte, der Felder und Gärten sowie Herrin der Jahreszeiten

Demeter war die Tochter von Rhea und Kronos, demzufolge eine Schwester des Zeus (► Seite 39 f.). Sie war die Göttin der Fruchtbarkeit und geht wahrscheinlich auf eine Urgöttin zurück, die als Erdmutter bereits vor der Ankunft der Indoeuropäer, aus deren Kultur die griechische Antike erwachsen ist, in Europa verehrt wurde.

Sie beschützte nicht nur die Felder der Menschen, sondern war auch zuständig für das Eheglück und das Familienleben. Ihre Macht über das Werden und Gedeihen durfte nie unterschätzt und ihr musste immer gebührend Respekt entgegengebracht werden. Zu Ehren der Göttin wurden zweimal im Jahr in ganz Griechenland Feierlichkeiten abgehalten, zur Zeit der Aussaat und zur Zeit der Ernte. Die berühmten Eleusinischen Mysterien fanden in dem wichtigsten der Demeter geweihten Heiligtum in Eleusis statt und drehten sich um den wohl berühmtesten Mythos im Zusammenhang mit der Fruchtbarkeitsgöttin: die Suche nach ihrer von Hades (► Seite 54 f.), dem Gott der Unterwelt, geraubten Tochter Persephone: Man feierte in geheimen, orgiastischen Riten das Sterben der Natur im Winter und ihr Wiedererwachen im Frühling, wie es sich im zentralen Thema der Geschichte von Persephone widerspiegelt:

Demeter brachte eine Tochter, Persephone, zur Welt. Der Vater war Zeus, der ihr in Gestalt zweier sich umschlingender Schlangen erschienen war. Persephone wurde eines Tages von Hades entführt und an seiner Seite Herrin der Unterwelt – einem Ort, aus dem es kein Zurück mehr gibt. Demeter machte sich verzweifelt

*Auf Drängen und Bitten der übrigen Götter kehrt Hephaistos nach der Vertreibung durch seine Mutter Hera in den Olymp zurück, festgehalten als schwarzfigurige Vasenmalerei.*

auf die Suche nach ihrer Tochter und erfuhr schließlich von Apollon die Wahrheit. Aus Wut und Trauer hörte sie auf, sich um die Fruchtbarkeit der Erde zu kümmern, und eine große Dürre brach über das Land herein. Schließlich vermittelte Zeus höchstpersönlich und handelte einen Kompromiss aus: Zwei Drittel des Jahres sollte Persephone über der Erde bei ihrer Mutter sein, dann gedieh und blühte das Land, ein Drittel unter der Erde bei ihrem Gemahl Hades im Reich der Toten, dann war es Winter. Demeter lehrte die Menschen den Ackerbau, damit sie die Jahreszeiten gut zu nutzen wüssten.

Demeter war nicht verheiratet, hatte aber Liebschaften mit einigen Göttern des Olymp, darunter mit ihren Brüdern Zeus, dem Gott des Himmels, und Poseidon (▶ Seite 38 f.), dem Gott der Meere. Den Nachstellungen Poseidons versuchte sie in Gestalt eines Pferdes zu entkommen. Doch Poseidon verwandelte sich in einen Hengst und verführte die Göttin. Einmal hatte sie eine Affäre mit Iasion, dem Sohn des Zeus und der Elektra, aus der Ploutos, der Gott des Reichtums, hervorging. Doch ihr Bruder Zeus war eifersüchtig und erschlug Iasion mit einem seiner gefürchteten Blitze.

Demeter wird mit einer Weizenähre dargestellt und trägt oft eine Fackel, mit der sie sich auf die Suche nach ihrer Tochter macht. Manchmal hält sie auch schlangenähnliche Wesen in ihren Händen oder wird von einem Wagen gezogen, vor den Drachen gespannt sind. Ihre römische Entsprechung ist Ceres (▶ Seite 105 f.).

### **Hephaistos** – Gott des Feuers, der Schmiedekunst, der Steinmetzkunst und der Skulptur

Hephaistos war der Sohn des Zeus (▶ Seite 39 f.) und der Hera (▶ Seite 34 f.). Einige sagen, Hera habe ihn ganz ohne Zutun durch Zeus selbst gezeugt, aus Rache dafür, dass er

Athena ohne sie zur Welt gebracht hatte. Von Geburt an aber war der Gott lahm und hässlich und wurde deshalb von seiner Mutter so sehr abgelehnt, dass sie ihn kurzerhand vom Olymp warf. Doch die Meeresnymphen Thetis und Eurynome nahmen sich seiner an, pflegten ihn gesund und zogen ihn in einer Grotte groß.

Die Nymphen brachten ihm die Kunst der Metallverarbeitung bei und er fertigte einen goldenen Thron, den er seiner Mutter schenkte. Doch kaum hatte sich Hera daraufgesetzt, war sie wie gefesselt und konnte sich nicht befreien. Erst als die übrigen Götter ihn inständig baten und Dionysos (▶ Seite 42 f.) ihn mit Wein berauschte, kehrte Hepahistos auf den Olymp zurück und löste den Bann.

Trotz der Ablehnung, die er durch die eigene Mutter erfahren hatte, stellte er sich in einem Streit zwischen Hera und Zeus auf die Seite seiner Mutter. Diesmal packte ihn der Göttervater an einem Bein und warf ihn aus dem Himmel. Manche sagen, erst durch diesen Sturz wurde er lahm und musste seither hinken.

Zur Versöhnung gab Zeus ihm die schönste aller Göttinnen zur Frau: Aphrodite. Als diese ihn mit Ares betrog, schmiedete er ein unzerreißbares Netz, das er über die beiden Liebenden warf, sodass sie sich nicht mehr bewegen konnten. Die herbeieilenden Götter brachen in schallendes Gelächter aus über die missliche Lage, in der sich die beiden ertappten Götter befanden – aber auch über den gehörnten Ehemann Hephaistos.

Aus der Liebelei zwischen der Göttin der Liebe und dem Gott des Kriegs gingen zahlreiche Kinder hervor, die Hephaistos hasste, weil sie ihn an seine Schmach erinnerten. Eines dieser Kinder war Harmonia, die den thebanischen König Kadmos heiraten sollte. Der Feuergott überreichte der jungen Frau bei der Hochzeit ein selbst angefertigtes Halsband, das jedoch mit einem Fluch belegt war. So kam es, dass Kadmos und seine Frau sowie ihre Nachkommen vom Unglück verfolgt wurden.

Auf dem Olymp hatte Hephaistos einen eigenen Palast, der so hell wie die Sterne leuchtete. Darin war seine Werkstatt mit Hammer und Amboss und hier schuf er die zahlreichen wundervollen Schmuckstücke, Werkzeuge und Waffen, die sowohl bei den Menschen als auch bei den Göttern beliebt waren. Er schuf für Zeus Zepter und Donnerkeil, die Pfeile für Eros und Apollon, den Helm des Hermes, den Gürtel der Aphrodite und die Rüstungen der größten Helden wie Achilles und Aineias. Später sagte man, dass er in Vulkanen seiner Arbeit nachginge, zum Beispiel im Ätna auf Sizilien. Zyklopen waren seine Schmiedegesellen. Besondere Verehrung fand er jedoch auf der Insel Lemnos, ebenfalls eine Vulkaninsel.

In gewisser Weise ist Hephaistos das männliche Gegenstück zu Athena. Er wurde oft zusammen mit ihr verehrt, denn genau wie sie gab er seine Kunst an Sterbliche weiter.

Dargestellt wird Hephaistos oft bei der Arbeit in der Schmiede. Seine Attribute sind Hammer und Amboss. Manchmal reitet er auf einem Esel, der ihm ebenso wie der Kranich heilig ist. In der römischen Mythologie entspricht ihm der Schmiedegott Vulcanus (▶ Seite 105 f.).

### **Hera** – Königin der Götter, Göttin der Frauen und der Ehe, Königin des Himmels und des Sternenhimmels

Hera war die Tochter von Rhea und Kronos, somit Schwester des Zeus, den sie später ehelichte. Sie galt als eine der schönsten Göttinnen. Es heißt, Zeus hab sich ihr einst in Gestalt eines Kuckucks genähert, der bei einem Gewitter Zuflucht in ihrem Gewand suchte, und sie verführt. Als Hochzeitsgeschenk für die beiden schuf Gaia den berühmten Garten mit einem Apfelbaum, der goldene Äpfel trug und Unsterblichkeit verlieh. Dieser wurde von den Hesperiden und dem hundertköpfigen Drachen Lakon bewacht.

Doch die Ehe mit dem Göttervater verlief alles andere als harmonisch, denn Zeus war kein Kostverächter und machte allen schönen Frauen (und so manchem hübschen Jüngling), ob göttlich oder sterblich, schöne Augen. Hera, zuständig für die Ehe und damit auch für die eheliche Treue, verfolgte die Liebschaften ihres Mannes und seiner Nachkommen stets mit großer Eifersucht und oftmals angetrieben von Rachsucht.

So soll sie es gewesen sein, die Semele dazu überredete, von Zeus zu verlangen, sich ihr in seinem göttlichen Glanz zu zeigen. Daraufhin verbrannte sie zu Asche. Und sie war es auch, die dafür sorgte, dass die von Zeus schwangere Leto von Land zu Land getrieben wurde, damit sie keinen Platz für die Geburt finden würde. Dem künftigen Helden und Halbgott Herakles, ebenfalls ein Sohn des Zeus, schickte sie Schlangen in die Wiege, um ihn zu töten. Später schlug sie ihn mit Wahnsinn, sodass er seine eigenen Kinder umbrachte. Bei den darauffolgenden zwölf Taten, die der Halbgott zur Strafe vollbringen musste, tat sie alles, um seinem Erfolg zu verhindern.

Anderen Helden hingegen erwies sie sich als Freundin, zum Beispiel Iason und den Argonauten bei ihrer Suche nach dem Goldenen Vlies (▶ Seite 93 ff.).

Ungeachtet dieser Geschichten galt Hera als die große Göttin, die jedes Jahr mit Zeus die heilige Hochzeit vollzieht. In Kulthandlungen in ganz Griechenland wurde dieser Akt durch menschliche Stellvertreter symbolisiert nachvollzogen, um die Fruchtbarkeit, das Glück und den Wohlstand für das Land zu sichern. Es heißt, dass durch ein Bad im Jungbrunnen Hera wieder ihre Jungfräulichkeit gewann. Ihre bedeutendsten Kultstätten befanden sich in Argos und auf der Insel Samos.

Hera wird als erhabene Frau dargestellt, mit großen, runden Augen, die ihr den Namen „Kuhäugige" einbrachten. Sie trägt oft das züchtige Gewand einer Matrone, auf dem Haupt ein Diadem und einen Schleier, die sie als Gemahlin des Zeus kennzeichnen. Als Zeichen ihrer Herrschaft trägt sie ein Zepter. In der Hand hält sie einen Granatapfel, Symbol der Fruchtbarkeit. Auch der Lotus ist ihr geweiht.

Der Pfau ist ihr als Tier heilig und sie fährt einen Wagen, der von diesen edlen Tieren gezogen wird. In der römischen Mythologie entspricht Hera der Göttin Juno (▶ Seite 105 f.).

*Die Barberinische Juno, die heute in den Vatikanischen Museen zu bewundern ist, gehört zu den bedeutendsten Skulpturen der Göttin Hera.*

## Hermes – Gott der Wege und des Handels, der Schrift und der Sprache

Hermes, Sohn des Zeus (▶ Seite 39 f.) mit der Nymphe Maia, wurde in einer Höhle geboren. Kaum war er ein paar Stunden alt, packte ihn auch schon die Abenteuerlust, er entwischte aus seiner Wiege und beschloss, die Rinder des Apollon zu stehlen. Um sich nicht durch Spuren zu verraten, band er Eichenrinde und Gras unter die Hufe der Kühe, trieb sie in der Nacht davon und schaffte sie in die Höhle. Zwei der Kühe opferte er und hängte ihre Häute vor der Höhle auf. Dabei entdeckte er eine Schildkröte. Aus deren Panzer und den Därmen der Kühe, die als Saiten dienten, schuf er die erste Lyra.

Als Apollon am nächsten Tag den Diebstahl bemerkte, fand er keine Spuren und wusste zunächst nicht, in welcher Richtung er nach den Kühen suchen sollte. Doch schließlich entdeckte Apollon vor der Höhle der Maia die beiden Rinderhäute und forderte seine Kühe zurück. Doch Maia wies diese Anschuldigungen als lächerlich zurück und zeigte auf das sich schlafend stellende Kind in der Wiege. Doch Apollon gab nicht nach und trug Hermes in den Olymp zum Göttervater Zeus. Die Kuhhäute legte er als Beweis vor. Zeus wollte erst nicht glauben, dass sein Sohn ein Dieb sei, doch dann gestand Hermes schließlich die Tat. Er bekannte, dass er zwei der Kühe geschlachtet habe und sie in zwölf Teile zu Ehren der Götter zerlegt habe – den Rest könne er wiederhaben. Da fragte ihn Apollon, wer denn der zwölfte Gott sei, und Hermes entgegnete: Das sei er selbst gewesen und er habe den zwölften Teil des Opfers gegessen.

Zurück in der Höhle der Maia zeigte Hermes dem Apollon die Leier, die er erfunden hatte. Um Apollons Gunst wiederzugewinnen, stimmte er sogleich einen wundervollen Ehrengesang auf den Gott an. Dieser verzieh dem jungen Gott sofort und bot ihm im Tausch gegen die Leier die restlichen Kühe seiner Herde an. Hermes ließ sich auf diesen Handel ein. Schließlich schnitzte Hermes aus einem Schilfrohr eine Flöte, die wundervolle Melodien spielen konnte. Wieder wollte Apollon dieses Instrument haben und bot ihm dafür seinen goldenen Stab. Zusätzlich luchste ihm Hermes auch noch die Kunst der Weissagung ab.

Zeus aber machte den gewitzten Sohn zu seinem Boten. Er beauftragte ihn mit der Überwachung von Verträgen, der Förderung des Handels und dem Schutz der Wege. Als Zeichen seiner Macht verlieh Zeus ihm einen Heroldsstab mit weißen Bändern, die später zu zwei Schlangen wurden, die sich den Stab emporwinden, dazu einen runden Hut gegen den Regen und geflügelte goldene Sandalen. Neben diesen Attributen sind ihm der Hase, der Falke und die Schildkröte geweiht. Die ihm heilige Pflanze ist der Krokus.

Seine Klugheit macht ihn zum Gott des Wissens und manchmal gilt er als Erfinder von Sprache und Schrift. Seine Schlagfertigkeit und seine Neigung, andere auszutricksen, brachten ihm die Verehrung der Kaufleute ebenso wie die der Diebe und Betrüger ein. Er beschützte die Reisenden und an Wegesrändern wurden Hermien aufgestellt, Steinhaufen, die als Wegmarkierungen dienten.

*Diese griechische Vasenmalerei zeigt Hermes mit dem Dionysosknaben (▶ Seite 42 f.).*

Als Götterbote war Hermes der Vermittler zwischen den Welten, nicht nur zwischen der der Menschen und der himmlischen Götter, sondern auch zwischen den Menschen und der Unterwelt. Als Seelenbegleiter brachte er die Verstorbenen in den Hades (► Seite 54). Auch für Botschaften in Träumen, Prophezeiungen und Visionen war er zuständig.

Der Tag des Hermes ist Mittwoch, ihm ist der schnelle Planet Merkur geweiht. Seine römische Entsprechung ist Merkur (► Seite 105 f.).

### Hestia – Göttin des Herdfeuers, der Kochkunst und der Häuslichkeit

Hestia war die älteste Tochter von Kronos und Rhea. Sie war die Erste, die ihr Vater aus Angst vor dem Verlust der Macht verschlang und damit die Letzte, die er wieder ausspie. Darum heißt es, dass sie zugleich die älteste und die jüngste ihrer Geschwister war.

Wie Athena und Artemis war sie eine jungfräuliche Göttin und widmete sich mit großer Hingabe anderen Themen als Liebe und Lust. Allerdings war sie so wunderschön, dass sie das Interesse anderer Götter auf sich zog, darunter Apollon und Poseidon. Doch sie wies beide ab und schwor beim Haupt des Zeus, für immer Jungfrau zu bleiben. Diesen Wunsch gewährte ihr der Göttervater und machte sie zur Hüterin von Heim, Herd und Altar. Sie wurde in jedem Haus verehrt, denn das Herdfeuer war das heilige Zentrum überall dort, wo sich Menschen versammelten. Hier fanden die häuslichen Kulthandlungen statt, hier wurde das Neugeborene feierlich in die Familie aufgenommen, hier fand ein Schutzsuchender Asyl und hier schwor man auf das Heiligste, was die Gemeinschaft zu bieten hatte. Das erste Opfer gebührte stets der Hestia, noch vor dem des Zeus. Es war Sitte, Hestia zu Beginn und am Ende eines Mahles ein Weinopfer darzubringen.

Vielleicht ist dies auch der Grund, warum Hestia keine großen Kultstätten besaß wie manche andere Götter, denn sie war einfach allgegenwärtig im Bewusstsein der Menschen: als liebenswürdige und gütige Göttin der Häuslichkeit und Gastfreundschaft.

*Die älteste und zugleich jüngste der göttlichen Geschwister – Hestia, die Hüterin von Heim, Herd und Altar*

Einmal, so heißt es, stellte ihr Priapos, der Gott der Wollust (► Seite 76 f.), nach und wollte sich ihr heimlich nähern, während sie nach einem Gelage noch schlief. Doch kurz bevor er zur Tat schreiten konnte, begann ein Esel lautstark zu schreien, sodass alle erwachten und sich schützend vor die Göttin warfen. Nur mit

*Poseidon – hier zu sehen mit seiner Gemahlin, der Meeresnymphe Amphitrite – hatte zahlreiche Affären sowohl mit Göttinnen als auch menschlichen Frauen.*

Mühe konnte Priapos dem Zorn der olympischen Götter entkommen.

In Darstellungen sitzt diese reine Göttin ruhig da, stets gesittet gekleidet, mit einem ernsten Gesichtsausdruck und einen Schleier tragend. Besondere Attribute hatte sie nicht, manchmal hält sie einen blühenden Zweig in der Hand, manchmal steht sie neben einem Kessel, wie er über einem Herdfeuer hängen mag.

In Rom wurde Hestia unter dem Namen Vesta zur Schutzpatronin des römischen Staates. In ihrem Tempel brannte das ewige Licht als Symbol für das Wohlergehen der Gemeinschaft, bewacht von den Vestalinnen, jungfräuliche Priesterinnen aus gehobenem Hause. Sie zu behelligen galt als einer der größten Frevel überhaupt. Die römische Entsprechung der Hestia ist Vesta (▶ Seite 105 f.).

## Poseidon – Gott der Meere und Flüsse, der Erdbeben und der Pferde

Poseidon, Sohn der Rhea und des Kronos, war der Bruder des Zeus (▶ Seite 39 f.). Als die Welt unter den Brüdern Zeus, Hades (▶ Seite 54 f.) und Poseidon aufgeteilt wurde, erhielt er die Meere, aber wirklich zufrieden war er damit nicht. Und so kam es, dass er häufig mit seinen Brüdern im Streit lag, vor allem mit Zeus.

Der Palast des Poseidon lag auf dem Grund des Meeres, dort hielt er sich Pferde mit Hufen aus Messing und Mähnen aus Gold. Wenn er diese vor seinen Wagen spannte, um gut gelaunt über die Wellen des Meeres zu fahren, die sich vor ihm glätteten, dann stiegen Tritonen und Nereiden der See hinauf und spielten um seinen

Wagen herum im Wasser. Er konnte aber ebenso Wolken heraufbeschwören und schwere Unwetter herbeirufen. Weil das Meer die Erde umschließt, konnte er zudem die Erde beben lassen und Überschwemmungen auslösen, indem er seinen Dreizack in die Erde stieß. Deshalb baten Seefahrer ihn um eine sichere Fahrt und riefen ihn an, wenn sie in Not gerieten. Weil das Pferd ihm besonders heilig war, opferten sie ihm nicht selten eines, indem sie es im Meer versenkten.

Überhaupt heißt es, er habe das Pferd erschaffen und von ihm hätten die Menschen die Kunst des Reitens gelernt. In Gestalt eines Pferdes näherte er sich einst der Göttin Demeter. Dieser Liaison entstammten das unsterbliche Pferd Areion und die Pferdenymphe Despoina. Auch mit der Medusa (▶ Seite 83) hatte er eine Liebesaffäre. Dieser Verbindung entsprang das geflügelte Pferd Pegasos (▶ Seite 85 f.).

Generell stand der Gott des Meeres in Sachen Liebe seinem umtriebigen Bruder Zeus in nichts nach. Zwar war er mit der Meeresnymphe Amphitrite verheiratet und hatte mit ihr unter anderem einen Sohn, Triton, ein fischschwänziger Meeresgott, doch verführte er auch viele andere Frauen – göttliche wie menschliche. Nicht immer war die Nachkommenschaft später wohlgelitten. So entstammt seiner Affäre mit der Nymphe Thoosa der einäugige Menschenfresser Polyphemos, der später dem Odysseus das Leben schwer machte und dann von diesem geblendet wurde. Auch das schreckliche Seeungeheuer Charybdis und der grausame Riese Antaios, der Reisende erschlug, um mit ihren Schädeln das Dach eines Poseidontempels zu decken, gehörten zu seinen Kindern. Aber auch die schöne Nymphe Rhode hatte ihn zum Vater: Sie wurde die Schutzpatronin der Insel Rhodos.

Poseidon wird als reifer, athletischer Mann dargestellt, mit langen Haaren und Bart. Er schwingt seinen Dreizack und reist auf einem von Pferden, Seepferden, den Hippokampen – halb Pferd, halb Schlange –, oder Delfinen gezogenen Wagen.

In vielen Städten Griechenlands wurde er kultisch verehrt. Die Entsprechung des Poseidon in der römischen Mythologie ist Neptun (▶ Seite 105 f.).

## **Zeus** – König der Götter, Gott des Himmels und des Wetters, Herr über Recht und Ordnung, Vater der Götter und der Menschen

Zeus war der mächtigste aller Götter, über ihm stand nur noch das Schicksal selbst in Gestalt der Moiren (▶ Seite 59 f.). Auch er war eines der sechs Kinder von Rhea und Kronos. Weil Kronos befürchtete, dass seine Kinder ihn entmachten könnten, verschlang er sie gleich nach der Geburt. Als Zeus geboren werden sollte, zog sich Rhea auf den Rat von Gaia und Ouranos hin in eine Höhle auf Kreta zurück, um ihn zur Welt zu bringen und dort zu verstecken. Sie überreichte ihrem Mann anstelle des Neugeborenen einen in Windeln eingeschlagenen Stein, den Kronos sogleich verschlang.

Zeus wurde von Nymphen aufgezogen und von Korybanten bewacht, die mit ihren Speeren auf Schilder schlugen, um das Geschrei des Säuglings zu übertönen, damit Kronos es nicht hören konnte. Doch Zeus wuchs schnell heran

*Besonders der Göttervater Zeus war berüchtigt für seine zahllosen Liebschaften, die er in wechselnden Gestalten verführte.*

*In einem erbitterten Kampf gegen die Titanen errangen die Olympier schließlich die Vorherrschaft unter den Göttern. Zeus war der mächtigste von ihnen.*

und erhielt von seiner ersten Geliebten Metis eine Zauberpflanze, die er seinem Vater verabreichen sollte. Als Kronos das Kraut gegessen hatte, musste er seine fünf bereits verschlungenen Kinder Hestia, Demeter, Hera, Hades (▶ Seite 54 f.) und Poseidon wieder ausspeien.

Es folgte ein erbitterter Kampf der sechs Geschwister, die sich auf den Berg Olymp zurückzogen, gegen ihren grausamen Vater und dessen Gefolge, die Titanen. Zehn Jahre wogte der Krieg hin und her, ohne dass eine Seite den Sieg davontrug. Auf Gaias Rat hin entfesselte Zeus die im Tartaros, einem lichtlosen Ort unter der Erde am Rande der Welt, gefangenen Geschwister der Titanen, die Zyklopen, einäugige Riesen, und die Hekantoncheiren, Ungeheuer mit fünfzig Köpfen und hundert Händen. Mit dieser Unterstützung wendete sich das Blatt zugunsten der Olympier. Nun wurden die Titanen in den Tartaros verbannt und die Welt unter den neuen Herrschern aufgeteilt. Zeus erhielt den Himmel, Poseidon das Meer und Hades die Unterwelt. Über die Erde sollten sie gemeinsam herrschen.

Verheiratet war Zeus mit seiner Schwester Hera, mit der er einige Kinder hatte, darunter der Schmiedegott Hephaistos und Ares. Zuvor hatte er ein Verhältnis mit der Titanin Leto, mit der er Artemis und Apollon zeugte. Mit der Titanin Maia setzte er Hermes in die Welt.

Berüchtigt ist Zeus für seine zahllosen Liebschaften. Immer wieder näherte er sich begehrenswerten Frauen, ob göttlich oder menschlich, in wechselnden Gestalten. Der Leda erschien er als Schwan, Europa als Stier, Danae als goldener Regen, der Antiope als Satyr, Hera als Kuckuck und der Kallisto als Artemis. Herausragende Helden zählten zu seinen Nachkommen wie Herakles (▶ Seite 91 f.), aber auch der spätere Gott Dionysos (▶ Seite 42 f.), der aus einer Verbindung zwischen Zeus und der menschlichen Semele hervorging.

Zeus wird als stattlicher Mann in herrschaftlicher Pose dargestellt. Er trägt einen dunklen Bart und in der Hand den berühmten Donnerkeil, mit dem er Blitze schleudert, und sein königliches Zepter. Oft wird er von dem ihm heiligen Adler begleitet. Die Eiche ist ihm geweiht.

Das wichtigste Heiligtum des Zeus befand sich in Olympia und in Dodona. In Olympia wurden ihm zu Ehren die Olympischen Spiele abgehalten.

Der Tag des Zeus ist der Donnerstag, ihm ist der Planet Jupiter geweiht. Seine römische Entsprechung ist Jupiter (▶ Seite 105 f.), der aus einem altitalienischen Himmelsgott hervorging.

## Weitere olympische Götter

Neben den zwölf Hauptgöttern gab es noch andere Götter, göttliche Wesen und Geistwesen, die den Olymp bevölkerten. Manche von ihnen begleiteten die Hauptgötter und unterstützten sie bei ihren Aufgaben, wie die Horen den Zeus, Eros die Aphrodite oder die Musen den Apollon. Manche wurden auf der einen Seite als Gottheiten verehrt, glichen aber eher Personifikationen von Lebensprinzipien, deren Namen sie trugen, wie Tyche, die Göttin des Schicksals, oder Hypnos, der Gott des Schlafs. Sie wurden auch Daimones genannt. Eine Sonderrolle nimmt der Gott Dionysos ein, der nach einer anderen Zählung zu den zwölf großen Olympiern gehört und dort den Platz der Hestia einnahm, nachdem er zum Gott erhoben wurde.

### Asklepios – Gott der Heilkunst

Asklepios war der Sohn des Apollon und der Prinzessin Koronis. Ursprünglich war er ein Sterblicher. Es heißt, dass die schwangere Prinzessin heimlich einen Sterblichen zum Liebhaber wählte – eine Schmach für den Gott, der daraufhin wütend seine Schwester Artemis auf sie ansetzte und sie von ihren Pfeilen durchbohren ließ. Als Hermes die Geliebte des Apollon auf dem Scheiterhaufen brennen sah, bekam er Mitleid mit dem ungeborenen Kind und rettete es aus den Flammen.

Er wurde vom Kentaur Chiron (► Seite 86 f.) großgezogen, der ihn in der Heilkunst unterrichtete. Er war so begabt darin, dass es ihm gelang, Tote wieder zum Leben zu erwecken, und zwar mit dem magischen Blut der Gorgone Medusa (► Seite 83). Weil dies aber ein Verstoß gegen die Gesetze der Natur war, beschwerte sich Hades (► Seite 54 f.) bei Zeus. Dieser bestrafte Asklepios und erschlug ihn mit einem Blitz. Nach seinem Tod wurde Asklepios auf Bitten seines Vaters Apollon als Konstellation Ophiochus – der Schlangenträger – an den

*Der Wanderstab des Asklepios, um den sich eine Natter windet, ist bis heute ein Symbol der Heilkunde.*

Himmel gesetzt und verewigt. Zur gleichen Zeit erhielt er den Status eines Gottes.

In Asklepiostempeln legten sich Patienten zu einem Heilschlaf nieder. Dann erschien ihnen der Gott im Traum und erteilte ihnen einen Rat zur Heilung. Manchmal wurden die Patienten auch im Traum von einer Schlange gebissen. Dieser Biss galt als Anzeichen einer baldigen Heilung.

In Darstellungen erkennen wir Asklepios als einen bärtigen Mann, der sich auf einen Wanderstab stützt, um den sich eine Schlange windet – heute als Äskulapstab bekannt und Symbol der Apotheker und Ärzte. Sein Haupt zieren manchmal Lorbeerblätter. Darüber hinaus sind ihm der Hahn, die Eule, die Schlange und als Pflanze die Zypresse heilig. Die römiche Entsprechung des Asklepios ist Aesculapius (▶ Seite 105 f.).

### Dionysos – Gott des Weines, der Vegetation und der Gelage

Dionysos war Sohn des Zeus und der Semele, einer thebanischen Prinzessin – einer Menschenfrau, der er in Gestalt eines Stieres erschien. Es heißt, dass die schwangere Semele starb, weil sie vom Göttervater verlangte, er solle sich ihr in seiner ganzen Herrlichkeit zeigen – der Glanz des Gottes vernichtete sie und sie verbrannte zu Asche. Hermes rettete das ungeborene Kind aus der Asche und nähte es in den Oberschenkel des Zeus ein, aus dem Dionysos später geboren wurde. Daraufhin wurde er vor der Eifersucht Heras, der Ehefrau des Zeus, in Sicherheit gebracht und wuchs bei Nymphen und Satyrn auf. Sein großer Mentor war der weise Silen.

Doch die Nymphen, die sich um Dionysos kümmerten und ihn mit Milch und Honig nährten, wurden eines Tages vom üblen Thrakerkönig Lykurgos gepeinigt und verfolgt, sodass sie in alle Richtungen davonflohen. Um sich zu schützen, sprang Dionysos ins Meer, wo er von der Meeresnymphe Thetis aufgenommen wurde.

Doch der Zorn der Hera erreichte ihn und sie schlug ihn mit Wahnsinn, sodass er durch Asien und Afrika irrte. Er kam nach Phrygien, wo ihn die Göttin Kybele von seinem Wahn befreite und ihn in orgiastischen Riten unterwies. Dann gelangte er nach Thrakien zu König Lykurgos, dessen Untaten er nicht vergessen hatte. Nun ließ Dionysos den Wahnsinn über den König kommen, sodass dieser in seiner Rage glaubte, er beschneide einen Weinstock, in Wirklichkeit aber seinem Sohn Arme und Beine mit einer Axt abschlug. Dann zerstückelte er sich selbst.

Als sein Festschiff einst von tyrrhenischen Piraten überfallen wurde, verwandelte Dionysos ihre Ruder in Schlangen. Die Piraten sprangen über Bord und verwandelten sich in Delfine.

Nach einem Aufenthalt in Indien kehrte er schließlich auf einem von Panthern gezogenen, mit Weinlaub geschmückten Triumphwagen nach Griechenland zurück. Der auf einem Esel reitende Silen, ekstatische Mänaden und lüsterne Satyrn begleiteten ihn singend, lärmend und tanzend.

Dionysos brachte den Menschen den Anbau von Wein bei und zeigte ihnen die Kunst, wie sie aus den Trauben ein berauschendes Getränk herstellen konnten. Von nun an wurde Dionysos als Gott anerkannt. Aufgrund seiner menschlichen Mutter war sein Status jedoch nicht unumstritten.

König Pentheus von Theben beispielsweise zweifelte die Göttlichkeit des Dionysos an und wollte verhindern, dass in seinem Namen Feste abgehalten werden. Da ließ Dionysos Wahnsinn über die Frauen von Theben kommen und sie – ungeachtet des Verbots – auf einem Berg ein orgiastisches Fest zu seinen Ehren abhalten. Dann stachelte Dionysos Pentheus an, sich als Frau zu verkleiden, um die Mänaden in ihrer rasenden Wut zu beobachten. Das wurde jedoch entdeckt und Pentheus wurde von seiner eigenen Mutter und deren Schwestern in Stücke gerissen – in ihrem Wahn glaubten sie, ein wildes Tier vor sich zu haben.

Dionysos wurde vor allem von Frauen in Mysterienkulten verehrt. Die Anhängerinnen wurden wie seine mythischen Begleiterinnen Mänaden oder auch Bacchantinnen genannt. Sie trugen Reh- oder Pantherfelle und werden oft mit dem *Thyrsos*, dem Stab des Dionysos, in der Hand dargestellt. Auf dem Höhepunkt ihrer Raserei, so heißt es, zerrissen sie wilde Tiere. Aus ihren kultischen Gesangs- und Tanzriten entwickelte sich später die Tragödie,

*Dionysos – hier Leier spielend dargestellt – brachte den Menschen den Anbau und die Bereitung von Wein bei.*

wörtlich „Bocksgesang", und die Dionysien, eine Art Theaterfestspiele, wurden zu Ehren des Gottes der Ekstase abgehalten.

Dionysos wurde auch in Delphi verehrt, wo er den Gegenpol zum hellen Apollon verkörpert und den Tempel während der Abwesenheit des Lichtgottes im Winter bewohnte.

Dionysos wird als schöner Jüngling dargestellt, Wein trinkend und den *Thyrsos* haltend, ein von einem Kieferzapfen gekrönter Stab, den er von Kybele bekommen hatte. Weitere Attribute: der Efeukranz und Weinlaub. Die ihm heiligen Tiere sind der Leopard, die Ziege und der Esel. Seine Entsprechung in der römischen Mythologie ist der Gott Liber beziehungsweise Bacchus.

## Die **Dioskuren** („Söhne des Zeus") – Kastor und Polydeukes

Kastor und Polydeukes waren Zwillinge und Halbbrüder zugleich. Während Polydeukes der Sohn von Zeus und Leda war – der Königin von Sparta, der Zeus in Gestalt eines Schwanes erschienen war –, galt Kastor als Sohn der Leda mit ihrem Gemahl Tyndareos. Polydeukes wurde demzufolge als Halbgott geboren, Kastor aber war ein Sterblicher. Da sie jedoch beide in der gleichen Nacht gezeugt wurden, waren sie Zwillinge und unzertrennlich.

In ihrer Jugend gingen sie zusammen mit Iason (▶ Seite 93 ff.) und den Argonauten auf

*Die Dioskuren standen sich so nah, dass Polydeukes ohne Zögern seine Unsterblichkeit aufgab, um wieder mit seinem Bruder vereint zu sein.*

die Suche nach dem Goldenen Vlies. Abenteuer bestanden sie auch an der Seite des Herakles (► Seite 91 ff.).

Als Theseus ihre Schwester Helena entführte, eilten sie ihr auf ihren schnellen Rössern zu Hilfe und befreiten sie. Das Erretten aus der Not war überhaupt eine Hauptfunktion der Dioskuren, besonders im Schlachtgetümmel, aber auch auf hoher See, wo sie mit dem Lichtphänomen des Elmsfeuers identifiziert wurden, das als gutes Omen bei der Errettung aus einem Sturm angesehen wurde. Daneben galten sie als Patrone der Reitkunst und als Beschützer von Gästen und Reisenden.

Das Ende der Dioskuren folgte auf einen Streit, den Kastor mit seinem Vetter Idas vom Zaun gebrochen hatte. Idas erschlug daraufhin Kastor. Polydeukes, der unsterbliche Zwilling, trauerte so sehr um seinen getöteten Bruder, dass er Zeus bat, er möge ihn von der Unsterblichkeit befreien, damit er seinem Bruder ins Totenreich folgen könne. Zeus stellte Polydeukes vor die Wahl: Entweder er bleibe ewig jung und verbleibe bei den Göttern oder er könnte mit seinem Bruder Kastor zusammen jeweils einen Tag im Hades verweilen und einen Tag im Olymp, müsse aber altern und schließlich sterben. Polydeukes entschied sich, ohne zu zögern, für die zweite Möglichkeit.

Nach ihrem Tod, so heißt es, wurden Kastor und Polydeukes als Sternbild der Zwillinge an den Himmel gesetzt.

Vor allem in Sparta genossen die Zwillinge große Verehrung, von dort aus verbreitete sich ihr Kult über den ganzen Peloponnes bis nach Rom, wo sie als Castor und Pollux verehrt wurden.

Das Symbol der Dioskuren in Sparta war die *Dokana*, zwei parallele hölzerne Pfähle, die mit zwei Querbalken verbunden waren, also ganz ähnlich dem astrologischen Symbol für die Zwillinge. In der klassischen Skulptur werden sie als zwei nackte Jünglinge dargestellt, die sich nahestehen. Manchmal tragen sie Mütze und Mantel eines Reisenden oder haben ein Pferd bei sich.

## Eileithyia – Göttin der Geburt und der Wehen

Der Name dieser Tochter von Zeus und Hera bedeutet so viel wie „die zur Hilfe kommt" oder „die Erleichterung verschafft". Darin bestand auch die wesentliche Aufgabe dieser Göttin: Sie unterstützte Frauen im Kindbett bei der Geburt.

Ihre Macht über den Geburtsprozess wurde jedoch auch missbraucht. Als Alkmene mit Herakles in den Wehen lag, wurde Eileithyia von Hera geschickt, um die Geburt hinauszuzögern und so Mutter und Kind zu töten, indem sie sich mit gekreuzten Armen und Beinen vor die Tür der Gebärenden setzte. Doch eine ihrer Helferinnen trickste die Göttin aus, indem sie rief: „Ein Sohn wurde geboren!" Da sprang die Göttin überrascht auf, löste ihre Arme und Beine – und erlöste so ungewollt Alkmene von dem Bann, sodass sie Herakles zur Welt bringen konnte. Die Helferin jedoch, welche die Göttin hinters Licht geführt hatte, wurde zur Strafe in einen Iltis verwandelt.

Eileithyia wird eine Fackel schwingend dargestellt, die den brennenden Schmerz der Geburt versinnbildlicht.

Auch wenn sie innerhalb der olympischen Götter keine große Rolle spielte, wurde sie doch in einer großen Anzahl von Schreinen überall in Griechenland verehrt, hauptsächlich auf Kreta, wo sie geboren sein soll.

## Eris – Göttin und Daimon der Zwietracht und des Streits

Eris, eine Tochter der Nacht, bewegte sich bevorzugt auf den Schlachtfeldern dieser Welt, um den Streit zwischen den Gegnern anzuheizen. Sie erfreute sich am Wehklagen der Sterbenden und am Blutvergießen, und selbst wenn

*In der von Georges Récipon geschaffenen Quadriga auf dem Dach des Grand Palais in Paris siegt die Harmonie über die Zwietracht.*

alle anderen Götter schon längst das Schlachtfeld verlassen hatten, ergötzte sie sich noch lange an dem Gemetzel. Sie war eine Freundin des Ares und deshalb genauso wie er äußerst unbeliebt.

Aus diesem Grund wurde sie nicht zur Hochzeit von Peleus und Thetis eingeladen, erschien aber trotzdem ungebeten. Als man ihr den Zutritt verweigerte, warf sie in ihrer Wut einen goldenen Apfel unter die anwesenden Göttinnen. Auf diesem war zu lesen: „Für die Schönste". Hera, Athena und Aphrodite beanspruchten gleichermaßen den Preis für sich und ein Streit entbrannte. Hermes führte daraufhin die drei Göttinnen zu Paris, der entscheiden sollte, welche denn nun die Schönste sei. Als sich Paris für Aphrodite entschied, war dies der Beginn des schrecklichen Kriegs um Troja.

Eris war auch die Mutter zahlreicher übler Dämonen, welche Seuchen und Verderben über die Menschheit brachten.

Einige sagen, es gäbe noch eine zweite Eris, die im Gegensatz zur bösartigen Variante die Menschen zu friedlichem Wettkampf motivieren wollte. Sie pflanzte in die Seele der Menschen den Wunsch, mehr aus sich zu machen, und wurde somit eine Freundin der Sterblichen.

### Eros – Gott und Daimon der Liebe und Begleiter der Aphrodite

Wie Eros auf die Welt kam, ist nicht eindeutig geklärt. Einige sagen, er sei der Sohn der Aphrodite zusammen mit Ares, andere erklären, er sei aus der Befruchtung der Aphrodite durch die Genitalien des Ouranos, aus deren Schaum die Liebesgöttin entstiegen war, hervorgegangen, andere wiederum wissen, dass er als Urgrund des Kosmos keinen Vater und keine Mutter hat, sondern am Anfang aller Dinge selbst stand.

Sein Auftrag lautete: Entfache die Liebe zwischen den Wesen der Welt, ob zwischen Menschen und Menschen, Menschen und Göttern oder Göttern und Göttern. Dazu besaß er einen Bogen, mit dem er die Pfeile der Liebe in die Herzen von Menschen und Göttern schoss. Manchmal wird er auch mit einer Fackel dargestellt, dem Symbol der Flamme der Liebe. Er selbst erscheint gern als geflügeltes Kind oder auch als hübscher Jüngling.

Einmal bekam Eros von seiner Mutter Aphrodite den Auftrag, der wunderschönen Prinzessin Psyche ein unstillbares Verlangen nach dem hässlichsten aller Menschen einzupflanzen. Aphrodite konnte nämlich die Schönheit der Psyche nicht ertragen und ersann aus Eifersucht diesen bösen Plan. Doch es kam ganz anders: Eros selbst verliebte sich in Psyche, und anstatt seiner Mutter zu gehorchen, was er für gewöhnlich tat, brachte er die Prinzessin an einen geheimen Ort, wollte aber unerkannt bleiben und verbot ihr, in sein Gesicht zu blicken. Angestiftet durch ihre missgünstigen Schwestern, brach Psyche dieses Tabu – und Eros verließ sie. Voller Verzweiflung machte sich Psyche auf die Suche nach Eros, bis sie schließlich in die Dienste der Aphrodite kam. Diese ließ die Prinzessin eine Reihe schwerster Aufgaben ausführen. Bei der letzten Aufgabe öffnete sie eine Schatulle, welche die Schönheitssalbe der Persephone (▶ Seite 55 f.) enthielt, der Gemahlin des Hades (▶ Seite 54 f.). Diese Salbe war eigentlich für Aphrodite bestimmt, als Sterbliche wurde Psyche durch das Auftragen der Salbe in einen todesähnlichen Schlaf versetzt. Eros, der Psyche immer noch liebte, eilte herbei, scheuchte den Schlaf wieder zurück in die Schatulle und eilte zu Zeus. Dort erwirkte er die Unsterblichkeit der Psyche und die Erlaubnis, sie zu heiraten.

Manche sagen, dass Eros zwei Sorten von Pfeilen besessen habe, einen mit goldener Spitze, um die Leidenschaft zu entfachen, und einen mit bleierner, um sie wieder abzutöten. Nicht selten wird Eros als ungezogener Bengel dargestellt, der nur zum Spiel Menschen wie Götter in unbändiger Wollust übereinander herfallen lässt.

## Ganymedes – Mundschenk der Götter

Bevor Ganymedes zum Gott des Olymp wurde, war er ein Prinz von Troja, Sohn des Tros und der Kallirhoe, einer Quellnymphe. Man nannte ihn den „Schönsten aller Sterblichen". Er war von so ausnehmender Schönheit, dass er von Zeus in Gestalt eines Adlers in den Himmel gebracht wurde, wo er sein Liebhaber und zum Mundschenk der Götter wurde. Als Gott der homosexuellen Liebe war er oft mit

*Das Gemälde von Stefano Torelli zeigt, wie Zeus in Form eines Adlers den Hirtenknaben Ganymedes entführt, damit dieser den Göttern als Mundschenk diene.*

Eros unterwegs. Stets wird er als wunderschöner Jüngling dargestellt, der einen Krug trägt, aus dem er Nektar gießt. Im Sternbild des Wassermann wurde er verewigt.

### Grazien – Göttinnen der Anmut, Schönheit und Freude

Die Grazien, auch Chariten genannt, gelten als die Töchter des Zeus mit der Titanin Eurynome. Die Namen der drei bekanntesten lauten: Euphrosyne, Göttin der Freude und des Frohsinns, Thalia, die Göttin ausgelassener Feste, und Aglaia, die Glänzende, Göttin der Schönheit und des Schmucks.

Sie werden als unbekümmerte Mädchen in der Blüte der Jugend geschildert und waren Dienerinnen von Aphrodite und Hera. Doch sie unterstützten auch andere Götter, wie Hermes, indem sie seiner Redekunst noch Anmut hinzufügten. Überhaupt war die Poesie ihr liebstes Fach und so waren sie oft in Gesellschaft der Musen (▶ Seite 50 f.) zu finden, die den Dichter zwar inspirieren konnten, aber bei der Herstellung des Gesamtkunstwerks waren die Grazien im Spiel und steuerten Schönheit und Charme bei.

Aglaia, manchmal auch einfach nur Charis genannt, soll die Gemahlin des Hephaistos gewesen sein und von ihm weitere Grazien zur Welt gebracht haben.

Die Grazien wurden an vielen Orten in Griechenland verehrt. In der Kunst werden sie als unbekleidete Frauen dargestellt, die sich an den Händen halten und im Kreis tanzen. Manchmal tragen sie Myrten im Haar oder halten Myrtenzweige in den Händen, vor allem wenn sie mit Aphrodite assoziiert werden. Begleiten sie Apollon, dann tragen sie auch Musikinstrumente.

▲ *Das weibliche Gegenstück zu Ganymedes war Hebe, die auf dem Gemälde von Johann Baptist Lampi den Adler des Zeus tränkt.*

### Hebe – Göttin der Jugend und Mundschenk der Götter

Auch Hebe war eine Tochter des Zeus und der Hera. Ihre Aufgabe bestand unter anderem darin, die Kelche der Götter mit Nektar zu füllen. Außerdem stand sie in Diensten ihrer Mutter Hera und half ihr, die Pferde vor ihren Wagen zu spannen. Später wurde sie die Frau des Herakles, als dieser in den Olymp erhoben wurde.

Man sagt, sie habe die Macht besessen, alte Menschen wieder jung zu machen. Als Göttin der Jugend unterstützte sie die für Hochzeiten zuständigen Göttinnen Hera und Aphrodite sowie die Grazien, indem sie sich besonders um die Braut kümmerte.

Ihr männliches Gegenstück als Mundschenk der Götter ist Ganymedes.

▶ *Die drei Grazien Euphrosyne, Thalia und Aglaia aus der Sicht von Lucas Cranach dem Älteren.*

*Eine Skulptur der Hygieia, der Göttin der Gesundheit, schmückt den Brunnen vor dem Hamburger Rathaus, der zum Gedenken an die Choleraepidemie 1892 errichtet wurde.*

## **Hygieia** – Göttin der Gesundheit

Sie war die Tochter des Asklepios und der Epione, der Gemahlin des Heilergottes und Göttin des Schmerzstillens. Ihre beiden Schwestern hießen Panakeia („die alles heilt") und Iaso (Medizin). Sie begleitete die Aphrodite, die Göttin der Liebe. Die Gegenspieler waren die Nosoi, die Dämonen der Krankheit und des Verderbens, die der Büchse der Pandora entsprungen sein sollen.

Hygieia wurde in der Regel in Zusammenhang mit ihrem Vater Asklepios verehrt. Sie wurde als Frau dargestellt, die eine Schlange, Sinnbild der Heilkraft der Natur, in den Händen hält. Manchmal trägt sie auch ein Füllhorn voller Früchte.

## Die **Musen** – Schutzgöttinnen der Künste und Inspiration

Sie waren die Töchter des Zeus mit der Mnemosyne, der Göttin der Erinnerung. Es heißt, dass die Musen sich an alles, was jemals geschehen war, erinnern konnten.

In der Antike wird die Zahl der Musen auf neun festgelegt: Klio, die Rühmende – mit Papierrolle und Schreibgriffel –, ist die Muse der Geschichtsschreibung. Melpomene – die Singende mit ernster Theatermaske – ist die Muse der Tragödie. Terpsichore – die fröhlich Tanzende mit einer Leier – ist die Muse für Chorlyrik und Tanz. Thalia, die Festliche – mit lachender Theatermaske –, ist die Muse der Komödie. Euterpe, die Erfreuende – mit Doppelflöte –, ist die Muse der Lyrik und des Flötenspiels. Erato, die Liebevolle – mit Saiteninstrument –, ist die Muse der Liebesdichtung. Urania, die Himmlische – mit Himmelskugel –, ist die Muse der Astronomie. Polyhymnia, die Liederreiche – mit der Leier –, ist die

*Die neun Musen, die Töchter des Zeus und der Mnemosyne, beim Tanz mit Apollon, in dessen Gefolgschaft sie oft zu finden waren.*

Muse des Gesangs. Kalliope, die mit der schönen Stimme – mit Schreibtafel und Schreibgriffel –, ist die Muse der epischen und elegischen Dichtung, der Rhetorik, der Philosophie sowie der Wissenschaft.

Sie werden als schöne junge Frauen dargestellt, die zu vielen Gelegenheiten in Erscheinung treten konnten. So sangen sie oft auf den Banketten der Götter, auf Hochzeiten von Göttern und Helden, stimmten aber auch Trauergesänge an bei ihren Begräbnissen.

Die Musen traten dabei in der Gefolgschaft des Apollon auf, aber auch zusammen mit Artemis. Der Sage nach wohnten sie am Berg Helikon an einer Quelle, die durch den Hufschlag des geflügelten Pferdes Pegasus hervorsprudelte.

Am Anfang von Epen und Hymnen steht traditionell oft die Anrufung der Musen, wie zum Beispiel zu Beginn der Homer zugeschriebenen Odyssee: „Sage mir, Muse, die Taten des viel gewanderten Mannes, / Welcher so weit geirrt, nach der heiligen Troja Zerstörung."

## Nemesis – Göttin und Daimon gerechten Zorns und der Rache

Nemesis, das Gegenstück zu Tyche (▶ Seite 53), stand für die ausgleichende Gerechtigkeit. Sie war eine Tochter der Nacht. Ihr Name bedeutet so viel wie „die Maß nimmt". Entsprechend prüfte sie das Unglück und das Glück des Menschen. Sie sorgte dafür, dass böse Taten bestraft wurden und zu viel Glück durch entsprechende Verluste wieder ausgeglichen wurde. Vor allen Dingen Selbstüberschätzung und Hybris wurden aufs Strengste von ihr verfolgt. Sie verkörperte das Gefühl, das im Menschen aufsteigt, wenn er mit Ungerechtigkeit konfrontiert wird.

Einige erzählen, dass Nemesis die Mutter der Helena war, die sie von Zeus empfing. Der Göttervater stellte ihr nach und sie floh über das Meer, verwandelte sich erst in einen Fisch, schließlich – am Rande der Welt angekommen – in eine Gans. Zeus aber überfiel sie in Gestalt eines Schwans und zeugte mit ihr Helena, um derentwillen am Ende der Krieg um

*Die Rachegöttin Nemisis, gezeichnet von Alfred Dürer – besonders menschliche Selbstüberschätzung und die Missachtung des göttlichen Rechts wurden von ihr bestraft.*

*Diese Bronzeskulptur der Siegesgöttin Nike von Christian Daniel Rauch steht im Schweriner Schlosspark.*

Troja geführt wurde. Es heißt, dass Nemesis Helena in einem Ei zur Welt brachte, das der Königin Leda überreicht wurde. So wuchs Helena am Hof des Königs von Sparta auf.

Nemesis wird dargestellt als eine geflügelte Göttin, die einen Apfelzweig in der Hand hält, aber auch Zügel, eine Peitsche, ein Schwert oder eine Waage.

### Nike – Göttin und Daimon des Sieges

Nike, die Tochter von Pallas, dem Titanengott der Kriegskunst, und Styx, der Göttin des gleichnamigen Unterweltflusses, war die Göttin des Sieges sowohl in der Schlacht als auch im friedlichen Wettkampf. Während des Krieges gegen die Titanen stellte Styx ihre vier Kinder an die Seite des Zeus, darunter Nike, die den Wagen des Zeus fuhr.

Nike wird in der Kunst meist geflügelt dargestellt und mit zahlreichen Attributen versehen. So hält sie oft den Kranz, der für den Sieger bestimmt ist, in ihren Händen, aber auch eine Schale für das Trankopfer, ein Räuchergefäß oder eine Leier, auf welcher der Siegesgesang angestimmt wird. Häufig wird sie der Göttin Athena zur Seite gestellt, in vielen Darstellungen trägt Athena die Nike auf ihrer Hand. Das Zentrum ihres Kultes in Athen war die Akropolis.

### Tyche – Göttin und Daimon der schicksalhaften Fügung, des Glücks und des Zufalls

Tyche war eine Tochter von Okeanos und Tethys, manche sagen auch eine Tochter des Zeus. Als Zeichen ihrer Macht über die Wendungen des Lebens führte sie ein Ruder mit sich. Sie trug auch einen Ball, welcher die Unvorhersehbarkeit des Schicksals verkörperte, denn er konnte in jede beliebige Richtung rollen. Überhaupt galt sie als eine launische Göttin, die unversehens einen Wechsel im Ablauf der Dinge herbeiführen konnte. Daher war auch das Rad ihr Attribut, denn es verkörpert den ununterbrochenen Wandel der Zustände.

Oft wurde sie zusammen mit Nemesis abgebildet, die als so etwas wie ihr Gegenstück galt, die Göttin der ausgleichenden Gerechtigkeit. Nemesis sorgte dafür, dass von Tyche im Übermaß ausgeteiltes Glück durch entsprechende Verluste wieder ausgeglichen wurde.

*Tyche – hier eine Plastik aus dem 2. oder frühen 3. Jahrhundert – galt als launische Göttin.*

## Götter und Wesen der Unterwelt

Die Unterwelt der griechischen Mythologie ist das Reich des furchtbaren Hades und nach ihm wird dieser Ort oft einfach nur Hades genannt.

Fünf Flüsse durchzogen den Hades und grenzten ihn von der Oberwelt ab, allen voran der Styx, das Wasser des Grauens, der den Hades neunmal umfloss und dessen Wasser giftig war, aber auch unverwundbar machen sollte, sowie der Acheron, der schwarze Fluss. Wenn die Toten aus dem Kokytos, dem Fluss des Wehklagens, tranken, dann wurden sie sich des Verlustes ihres Lebens bewusst und ihr Klagen zerriss die Luft. Der Pyriphlegethon führte kein Wasser, sondern war angefüllt von niemals erlöschenden Flammen und kochendem Blut. Er grenzte den Tartaros, den übelsten Ort des Hades, vom Rest ab. Lethe war der Fluss des Vergessens. Wer von seinem Wasser trank, erinnerte sich an nichts mehr. An seinen Gestaden lag das Paradies und die Seelen tranken aus ihm, um die Leiden der Sterblichkeit zu vergessen. Andere sagen, dass die Seelen, die in die Oberwelt wiedergeboren wurden, vor ihrem Übergang aus ihm trinken mussten, um ihre früheren Leben zu vergessen.

Der Eingang zur Unterwelt befand sich in einer Felsspalte irgendwo am Ende der Welt. Dort wachte der dreiköpfige Höllenhund Kerberos und sorgte dafür, dass kein Lebender den Hades betrat, aber auch kein Toter die Unterwelt wieder verließ.

Dem Hades konnte keiner entkommen, es sei denn, er wurde von Göttern in den Olymp erhoben und damit unsterblich gemacht. Das Schicksal der Toten war, als Schatten weiterzuleben. Wen die Götter liebten, der fand Eingang in das Elysion, die Elysischen Gefilde, die Insel der Seligen im äußersten Westen der Welt, dort wo die Sonne in den Okeanos tauchte. Dort fristeten sie fortan ein unbekümmertes Dasein in ewigem Frühling. Die Frevler aber, die schwere Verfehlungen gegen die Götter begangen hatten, wurden in den Tartaros gestoßen, die tiefste Tiefe des Hades, in der ewige Qualen herrschten, ein Ort unvorstellbaren Grauens.

### Hades – König der Unterwelt, Gott des Todes und der Toten

Hades war der Sohn von Kronos und Rhea, Bruder des Zeus. Er wurde auch mit dem Beinamen Pluton gerufen, was so viel wie Spender des Reichtums bedeutet, denn seinen wahren Namen auszusprechen wagte man kaum, so gefürchtet war er.

Im Kampf gegen die Titanen erhielt er von den Kyklopen den Helm, der ihn unsichtbar machen konnte. Nach dem Sieg teilten sich die drei Brüder Zeus, Poseidon und Hades die Herrschaft über die Welt mit einem Losentscheid auf. Hades erhielt die Unterwelt, während Zeus den Himmel und Poseidon die Meere bekam. Nur die Erde und der Olymp gehörten allen.

Doch auf dem Olymp wurde Hades nicht gesehen. Überhaupt verließ er sein düsteres und schauriges Reich nur sehr selten. Streng und unerbittlich herrschte er dort über die Toten. Wer sein Reich betrat, kam nicht mehr von dort zurück. Weder Bitten noch Betteln konnten das Herz des grausamen Hades erweichen. So war der Gott der Unterwelt Menschen und Göttern verhasst.

Dementsprechend konnte keine Göttin freiwillig dazu gebracht werden, ihr Dasein an der Seite dieses fürchterlichen Gottes und an diesem schrecklichen Ort zu verbringen. So musste sich Hades seine Braut mit Gewalt aneignen und raubte Perspehone (▶ Seite 55 f.), die Tochter der Göttin Demeter. Demeter irrte in der Welt herum, um nach ihrer Tochter zu suchen. In dieser Zeit befahl sie den Pflanzen, nicht mehr zu sprießen, und ließ das Land veröden. Es drohte eine Hungerkatastrophe. Schließlich gelang es durch die Vermittlung von Zeus, einen Kompromiss auszuhandeln: Persephone sollte ein Drittel des Jahres in der Unterwelt verweilen, zwei Drittel durfte sie in der Oberwelt bei ihrer Mutter bleiben.

Hades selbst erfuhr keine nennenswerte kultische Verehrung. Einige Tempel wurden ihm zu Ehren errichtet, zum Beispiel in Alexandria, in Athen und in Olympia. Wenn man ihm opferte, so hatte dies mit abgewandtem Gesicht zu geschehen. Sein liebstes Opfertier war ein schwarzes Schaf.

In Darstellungen finden wir ihn als herrischen Mann, dessen Gesicht von einem dunklen Bart umrahmt ist und dessen Stirn vom schwarzen Haupthaar beschattet wird. Er trägt oft eine goldene Krone, hält ein von einem Vogel gekröntes Zepter und manchmal schwingt er einen Zweizack. In seiner Begleitung ist Kerberos zu finden, der dreiköpfige Hund, der die Tore der Unterwelt bewacht. In der Szene der Entführung der Persephone wird er auf seinem Wagen reitend abgebildet, einer von vier schwarzen Pferden gezogenen Quadriga. Seine Tiere sind das Käuzchen, dessen Ruf als böses Omen galt. Die Silberpappel und die Zypresse sind seine Bäume. Die Minze ist ihm heilig, ebenso die Affodill, eine weißgrau blühende Pflanze.

Als Pluton wurde er später auch als Gott der Fruchtbarkeit, der reichen Ernte und der Bodenschätze verehrt. Dann erkennen wir ihn an dem Füllhorn, aus dem die Früchte der Erde quellen.

## Persephone – Königin der Unterwelt, Göttin des Frühlings

Persephone, die Tochter von Demeter und Zeus, war die Gemahlin des Hades, des Gottes der Unterwelt.

Als Tochter der Demeter wurde sie auch Kore genannt, das Mädchen des Frühlings. Einst spielte sie auf einer Wiese zusammen mit den Nymphen, die immer in ihrer Begleitung waren. Da brachte die Erde die Narzisse hervor, deren Anblick das Mädchen so verzauberte, dass sie danach griff. Im selben Augenblick öffnete sich die Erde und Hades brach hervor, zerrte sie auf seinen Wagen und verschwand wieder.

Nur Helios, der Gott der Sonne, hörte die Schreie der Entführten, und Hekate (▶ Seite 58). Sie riefen Demeter herbei und diese suchte nun überall auf der Welt nach ihrer verschollenen Tochter. Weil ihr die Götter ihre Hilfe versagten, Hades war als Bruder des Zeus immerhin einer der mächtigsten Götter, ließ Demeter ihrem Zorn freien Lauf und befahl der Natur, aufzuhören zu sprießen. Hunger drohte über die Welt hereinzubrechen und die Menschen dahinzuraffen. Das wiederum beunruhigte die Götter des Olymp, denn wer sollte ihnen dann Opfergaben bringen? Da entsandte Zeus Hermes, den Götterboten, zu Hades, um ihn zu bitten, Kore wieder freizugeben. Widerwillig stimmte Hades zu. Doch bevor er Persephone entließ, zwang er

*Hades, der Herrscher über die Unterwelt, hatte viele Beinamen, zum Beispiel „der Unsichtbare" (Aidelos) oder „der Furchtbare" (Pelorios).*

*Persephone, die Königin der Unterwelt, wurde von ihrem Gemahl entführt und durch eine List an ihn gebunden.*

sie, ein paar Kerne des Granatapfels zu sich zu nehmen. Als Demeter ihre Tochter wieder in die Arme schließen konnte, bekannte Persephone, dass sie Speise aus der Unterwelt gekostet habe. Da aber niemand, der eine solche Speise genossen hatte, auf Dauer in der Oberwelt bleiben konnte, musste sich Demeter auf einen Vergleich einlassen: Vier Monate musste Persephone zu Hades ins Reich der Toten zurück, dann war Demeter in Trauer und es herrschte Winter auf der Erde, acht Monate durfte sie bei ihrer Mutter sein, dann kam der Frühling zurück und es grünte und blühte auf der Erde.

Die Geschichte vom Raub der Persephone bildete in den Eleusinischen Mysterien ein zentrales Element und wurde dort als Bild der Unsterblichkeit der Seele verstanden und in den Feierlichkeiten jedes Jahr aufs Neue nachgespielt. Im Kult der Orphiker, Anhänger einer religiösen Bewegung, die sich auf Orpheus (► Seite 102 f.) beriefen, gewinnt Persephone eine zentrale Bedeutung und wird zu einer allumfassenden Naturkraft.

Gern wird sie in der Szene ihres Raubes zusammen mit Hades dargestellt. Dann sehen wir sie auf einem Thron im Hades sitzen, einen Kranz aus Mohnblumen auf dem Haar, mit königlichen Insignien und der Fackel der Eleusinischen Mysterien.

Die ihr heilige Pflanze ist der weißgrau blühende Affodill. In der Unterwelt wurden die Wohnstätten der Toten auch die Affodillfelder genannt. Der Granatapfel wird ihr ebenfalls zugeordnet.

### Charon – Gott und Daimon der Unterwelt, Fährmann der Toten

Charon, Sohn des Erebos, stand in Diensten des Gottes Hades. Er empfing die Seelen der Verstorbenen von Hermes, der diese bis an die Gestade der Flüsse Styx und Acheron geleitete, die das Reich der Lebenden von dem der Toten trennten. Auf seiner Fähre setzte er die Seelen hinüber in das Reich der Schatten auf der anderen Seite. Seine Bezahlung war eine Münze, der Obolus, der dem Verstorbenen von den Angehörigen in den Mund gelegt worden war. Wer diesen Obolus nicht bezahlen konnte, war dazu verdammt, als Geist auf der irdischen Seite des Flusses zu bleiben und die Lebenden als Gespenst heimzusuchen.

In Darstellungen finden wir Charon als unansehnlichen bärtigen Mann mit krummer Nase. Er trägt einen spitz zulaufendem Hut auf seinem Kopf und eine Tunika. In der Regel steht er auf einer Fähre, den Fährstab haltend, manchmal in Begleitung des Hermes, der ihm die Seelen der Toten überreicht.

*Auf die Fähre des Charon durfte nur, wer die Begräbnisriten empfangen hatte; unbestattete Tote mussten 100 Jahre am Ufer des Styx umherirren.*

*Mit der Göttin der Magie wurden zahlreiche Tiere in Verbindung gebracht, zum Beispiel Eulen wie auch hier auf dem Druck von William Blake.*

### Hekate – Göttin der Zauberei und der Nacht und Hüterin der Schwelle

Hekate war die einzige Tochter der Titanen Perses und Asteria. Es heißt, dass Hekate die Einzige unter den Titanen war, die nach der Machtübernahme durch die olympischen Götter ihren Herrschaftsbereich behielt und unabhängig blieb. Sie war eine mächtige Göttin und herrschte nicht nur in der Unterwelt, sondern ebenso über die Erde, den Himmel und die Meere.

Die Göttin wird zunächst als ein den Menschen wohlgesinntes Wesen geschildert. Sie brachte den Herden Fruchtbarkeit, füllte die Netze der Fischer und bescherte den Jägern reiche Beute. Wie Zeus konnte sie als einzige Gottheit den Menschen jeden Wunsch erfüllen. Doch sie besaß auch eine dunkle Seite, denn so wie sie Glück über die Menschen brachte, konnte sie es auch wieder von ihnen nehmen. In der Geschichte vom Raub der Persephone durch Hades unterstützte sie Demeter bei der Suche nach ihrer Tochter, indem sie sie mit ihren Fackeln durch die Nacht führte. Nachdem Persephone mit ihrer Mutter wieder vereint war, wurde Hekate zur Dienerin der Königin der Unterwelt.

Ihr wichtigstes Attribut war deshalb die Fackel. Ihre Tiere waren die schwarze Hündin und der Iltis oder das Wiesel. Viele Tiere der Unterwelt waren darüber hinaus in ihrer Begleitung zu finden: Eidechsen, Kröten und Eulen. Sie wird dargestellt als eine Frau, die zwei Fackeln in der Hand hält und ganz ähnlich wie Artemis mit dem knielangen Gewand junger Frauen und Jagdstiefeln an den Füßen gekleidet ist.

Eine Besonderheit ist die Darstellung als dreifache Göttin: Drei junge und schöne Frauen stehen Rücken an Rücken oder um eine Säule herum. Sie tragen Fackeln und Amphoren, aber auch Dolche und Peitschen und werden von Schlangen begleitet. Hier zeigt sie sich als Göttin der Wegkreuzungen, von jeher Orte mit besonderer magischer Kraft. Sie war auch eine Hüterin der Schwellen und als Wächterin an den Toren zwischen den Welten anzutreffen.

Hekate geht wahrscheinlich auf einen sehr alten Erdgöttinnenkult zurück. Vielleicht stand sie auch für den dunklen Aspekt der Sonne, die nach ihrem Untergang durch die Unterwelt wandern muss. Vor allen Dingen in Kleinasien schrieb man ihr nie den unheimlichen Charakter zu, wie später in der Antike, sondern sie war eine allumfassende Muttergottheit. Sie war besonders beim einfachen Volk beliebt, ihre Rituale wurden vor allem im Privaten abgehalten und im Schutze der Dunkelheit durchgeführt. Geopfert wurde ihr an Hauseingängen, Wegkreuzungen und auf Friedhöfen, an der Schwelle zur Unterwelt.

In Lagina, in der heutigen Türkei, besaß sie ein bedeutendes Heiligtum. Ansonsten wurde sie eher im Zusammenhang mit anderen Göttinnen verehrt und war an den Eingängen ihrer Tempel zu finden, zum Beispiel von Artemis, Demeter und Persephone.

Ihre furchteinflößende Seite erhielt sie in der Antike, wo sie zur großen Zauberin wurde, die den Kontakt zu Geistern und Toten ermöglichte und ihren Anhängern dadurch Macht und Reichtum schenkt – langsam verwandelte sich das Bild der gütigen Mutter in das einer bösen Hexe.

## Die **Moiren** – Göttinnen des Schicksals

Die Moiren waren drei Göttinnen mit Namen Klotho, die Spinnerin, Lachesis, die das Los wirft, und Atropos, die Unabwendbare. Es heißt, sie seien die Töchter der Nacht, andere sagen, sie wären die Töchter von Zeus und der Titanin Themis. Sie hatten keinen festen Wohnsitz, konnten überall auftauchen, auf dem Olymp und im Hades, aber auch unter den Sterblichen. Entsprechend umgab sie sowohl die Aura der Unterwelt als auch die des Himmels. Sie galten als furchteinflößend wie die Erinnyen oder auch als hilfreich wie die Horen.

Ihr Name bedeutet so viel wie „Teile“ und weist darauf hin, dass sie jedem Menschen das individuelle Schicksal zuteilten, die Rolle, die er zu erfüllen habe. Die Moiren spannen

*In der griechischen Mythologie treten die Moiren als Trias auf, die über das Schicksal der Menschen wacht.*

den Lebensfaden des Menschen und damit sein Schicksal. Jede der drei erfüllte dabei eine eigene Aufgabe: Klotho spann den Lebensfaden, Lachesis maß ihn ab und Atropos schnitt ihn wieder durch. Dabei agierten sie völlig nach eigenem Ermessen. Sie achteten darauf, dass das Schicksal auch seinen Lauf nehmen konnte. Dem musste sich selbst der höchste der Götter, Zeus, fügen, auch wenn er das Schicksal eines Menschen beeinflussen konnte. Überhaupt wurde das Schicksal nicht als etwas Festgefügtes betrachtet, sondern eher als ein Rahmen, innerhalb dessen der Mensch sich bis zu einem gewissen Grad frei entfalten konnte. Unterstützt wurden sie von den Erinnyen (► Seite 61) bei der Verfolgung von Frevlern und Übeltätern und von Eileithyia bei der Geburt eines Menschen. In ihren Diensten standen die Keren, Todesdaimonen, die einen gewaltsamen Tod verkörperten, oft weiblich und mit Flügeln dargestellt. Deren beliebtestes Revier waren die Schlachtfelder der Erde, wo sie sich in das blutige Getümmel stürzten, während die Moiren vom Rande aus zusahen.

Weil sie das Schicksal der Menschen bestimmten, wussten sie natürlich auch über die Zukunft Bescheid. Und so rief man sie auch als Orakelgöttinnen an. Ihnen unterstanden alle Wahrsager und Propheten.

Die Moiren werden als strenge alte Frauen dargestellt, manchmal hässlich und lahm. Klotho trägt eine Spindel in der Hand, Lachesis einen Stab und Atropos eine Sonnenuhr oder ein Schneideinstrument.

*Eine Hypnos-Maske des belgischen Künstlers Fernand Khnopff, vermutlich aus dem Jahr 1897, mit den typischen Flügeln an den Schläfen*

## **Hypnos** – Gott und Daimon des Schlafes

Hypnos, ein Sohn der Nacht, war im Land des Erebos zu finden, dem Land der ewigen Dunkelheit, das hinter den Pforten der aufgehenden Sonne gesucht werden musste. Jede Nacht stieg er im Gefolge seiner Mutter in den Himmel hinauf und breitete sich über die Welt aus. Er war der Bruder des Thanatos, Daimon des friedlichen Todes.

Die Träume waren seine Kinder: Morpheus, der die Gabe besaß, sich in jede menschliche Gestalt zu verwandeln und jede Stimme nachzuahmen, Phobetor, der sich in Tiere verwandeln konnte, und Phantasos, der die Gestalt unbeseelter Dinge annehmen konnte wie Steine und Wasser. Morpheus galt auch als Anführer der Träume und erschien bevorzugt Königen, um Botschaften der Götter zu überbringen.

In Darstellungen erkennen wir Hypnos als einen jungen Mann, der Schmetterlingsflügel an den Schläfen oder seinen Schultern trägt. Manchmal hat er ein Horn mit Opium gefüllt bei sich oder den Stängel einer Mohnblume.

## **Thanatos** – Gott und Daimon des friedlichen Todes

Thanatos, Sohn der Nacht, war der Bruder von Hypnos, dem Schlaf. Er ließ die Menschen friedlich aus dem Leben gehen, indem er sie sanft berührte. Es heißt, er hätte eine Schwester namens Keres gehabt, die als sein blutrünstiges Gegenstück für den gewaltsamen Tod zuständig war.

Er wird in Darstellungen als ein geflügelter reifer Mann mit Bart dargestellt, eher selten als bartloser Jüngling. Manchmal trägt er, wie sein Bruder auch, eine nach unten gekehrte Fackel und an seinen Schläfen Schmetterlingsflügel – Sinnbild für die Seele des Verstorbenen.

*Das Grabmal des italienischen Bildhauers Antonio Canova schmückt ein Bildnis des Thanatos – zusammen mit dem Markuslöwen.*

## Die **Erinnyen** – Göttinnen der Rache

Die drei Erinnyen Alekto, die Unerbittliche, Megaira, die Zornige, und Tisiphone, die Vergeltende, wurden von Gaia geboren, nachdem Kronos seinen Vater Ouranos entmannt hatte und dessen Blut auf die Erde tropfte. Andere sagen, sie seien Töchter der Nacht, wieder andere halten sie für Töchter des Hades mit der Persephone. Sie waren Dienerinnen von Hades und Persephone und überwachten die Qualen, welche die verdammten Schatten von Verbrechern in der Unterwelt zu erdulden hatten.

Wer auch immer für ihren Ursprung verantwortlich ist, sie waren gefürchtete Wesen, die jeden Frevel gegen die natürliche Ordnung ahndeten. Insbesondere bei Mord an Blutsverwandten, bei Verbrechen gegen die eigenen Eltern, bei Meineid und überhaupt bei Verletzungen heiliger Bräuche traten sie auf den Plan. Sie verfolgten die Schuldigen wie ein Fluch und trieben sie in die Raserei. Sie wurden angerufen, wenn es darum ging, Rache und damit Vergeltung für ein Verbrechen zu erwirken. Eine Gemeinschaft, die einen Verbrecher bei sich aufnahm, musste den Zorn der Erinnyen fürchten: Hunger und Seuchen konnten über sie kommen.

In der Unterwelt hausten sie als alte, schwarzhäutige Jungfern mit Flügeln. Sie waren schwarz gekleidet und giftige Schlangen wanden sich in ihren Haaren und um die Handgelenke. Es heißt, ihr Gestank sei unerträglich gewesen und aus ihren Augen seien giftiger Geifer und Blut geflossen.

*Dieses römische Sarkophagrelief aus dem 3. Jahrhundert zeigt die Rachegöttinnen mit Schlangen im Arm.*

## Im Tartaros

Der Tartaros war ein Teil der Unterwelt, der so tief lag, dass ein Amboss, der von der Erde dort hinabfiel, neun Tage brauchte, bis er den Grund erreichte – genauso lange wie vom Himmel bis zur Erde. Damit war der Tartaros der tiefste und dunkelste Ort der Welt. Diese griechische Hölle bevölkerten viele berühmte Gestalten und büßten dort für ihre Freveltaten bis in alle Ewigkeiten. Hier die bekanntesten:

**Die Danaiden** ■ Die Danaiden waren die fünfzig Töchter des Danaos, Ahnherr der Griechen. Sie töteten auf Befehl ihres Vaters in der Brautnacht ihre Ehemänner. Ihre Strafe im Tartaros: Sie mussten auf alle Zeiten Wasser in ein durchlöchertes Fass schöpfen.

**Ixion** ■ Von diesem König des sagenhaften Volkes der Lapither heißt es, dass er den Vater seiner künftigen Gemahlin zu sich nach Hause einlud, vermeintlich, um ihm die Brautgaben zu überreichen. Doch er hatte eine Grube mit glühenden Kohlen füllen lassen und in diese stürzte der Brautvater. Damit wurde Ixion zum ersten Mörder eines Verwandten. Zeus selbst erbarmte sich des Mörders, hob ihn in den Himmel und machte ihn unsterblich. Kaum war Ixion auf dem Olymp, bedrängte er Hera. Da schuf Zeus aus einer Wolke ein Abbild der Hera, über die Ixion herfiel. Aus dieser Verbindung gingen die Kentauren hervor. Doch Ixion hatte die Gastfreundschaft des Zeus missbraucht und musste dafür büßen: Er wurde an ein Feuerrad im Tartaros gebunden, das sich für immer drehte.

**Sisyphos** ■ Der verschlagene Sisyphos sollte sterben, weil er verraten hatte, dass Zeus die Tochter des Flussgottes Asopos entführt hatte. So schickte der Göttervater Thanatos zu ihm, aber Sisyphos machte den Daimon des Todes betrunken und legte ihm Fesseln an. Kein Mensch konnte daraufhin mehr sterben. Weil Ares das Blutvergießen unter den Menschen vermisste, befreite er Thanatos und entführte Sisyphos in die Unterwelt. Bevor ihm dies gelang, unterwies der kluge Mann seine Frau, ihm auf keinen Fall ein Totenopfer darzubringen. Im Hades angekommen, überzeugte Sisyphos den Gott der Toten, ihn noch einmal auf die Erde zurück zu lassen, damit er seiner Frau befehle, das Totenopfer durchzuführen. Doch wieder zu Hause dachte er nicht daran, in den Hades zurückzukehren. Schließlich überrumpelte ihn Thanatos und brachte ihn mit Gewalt zurück in die Unterwelt. Dort muss Sisyphos nun für seinen Frevel einen Felsbrocken einen steilen Hang hinaufwälzen. Doch jedes Mal, wenn er fast den Gipfel erreicht hat, rutscht der schwere Stein hinab und er muss von vorne beginnen.

**Tantalos** ■ Dieser lydische König lud die Götter zu einem Gastmahl ein, doch wollte er insgeheim ihre Allwissenheit auf die Probe stellen. Er schlachtete seinen eigenen Sohn und servierte ihn den Göttern. Die Götter aber ließen sich nicht täuschen und waren über die Gräueltat entsetzt. Nur Demeter hatte, in ihre Trauer um den Verlust ihrer Tochter versunken, schon von der Schulter abgebissen. Die Götter erweckten den toten Jungen in einem Kessel wieder zum Leben und ersetzten den fehlenden Schulterknochen durch ein Stück Elfenbein. Tantalos wurde aber für diesen Frevel in den Tartaros geworfen, wo er ewigen Qualen ausgesetzt wurde: Er steht mitten in einem Teich, aber immer wenn er seinen brennenden Durst löschen möchte, weicht das Wasser vor ihm zurück. Obstbeladene Bäume wachsen in Reichweite um ihn herum, aber immer wenn er seinen schrecklichen Hunger stillen und nach den Früchten greifen möchte, werden die Zweige vom Wind von ihm weggebogen. Über seinem Haupt aber schwebt ein gewaltiger Felsbrocken, der immerzu Anstalten macht, auf ihn herabzustürzen. So lebt Tantalos in ständiger Todesangst.

**Tityos** ■ Dieser Riese stellte der Titanin Leto nach und versuchte, sie zu vergewaltigen. Doch die Kinder der Leto, Artemis und Apollon, eilten ihrer Mutter zu Hilfe und streckten den Riesen nieder. Zur Strafe wurde Tityos in den Tartaros geworfen, wo er an den Boden gefesselt wurde und zu ewiger Qual verdammt war: Zwei Geier sitzen auf seinen Beinen und fressen seine Leber auf, die immer wieder nachwächst.

*Als Strafe für die von ihnen begangenen Morde mussten die Danaiden im Tartaros ein Fass mit Wasser füllen, das nie zu füllen war.*

# Götter zwischen Olymp und Hades

Im mythischen Weltbild der Griechen wird die flache Erdscheibe von einem großen Fluss umgeben, dem Okeanos, ursprünglich ein Süßwasserstrom und Ursprung aller Flüsse und Quellen und auch des Wassers in den Wolken. Neunmal umspannt dieser gewaltige Strom die Erde und markiert die äußeren Grenzen der Welt. Sonne, Mond und Sterne steigen aus den Fluten des Okeanos im Osten und versinken am Abend im Westen wieder in ihnen. Jenseits der Ufer des Stromes liegen die dunklen und nebligen Gestade des Weltenrandes, dort, wo die Himmelskuppel auf der Erdscheibe aufliegt und von unten die Wände des Tartaros hinaufreichen. Zusammen bilden sie eine gewaltige Kugel, die den gesamten Kosmos umschließen. Die Scheibe der Erde teilt diese Kugel in zwei Welten, die Oberwelt mit den Göttern des Olymp, den himmlischen Wesen und den Menschen, die untere Welt mit den Göttern des Hades und den Wesen der Unterwelt sowie den Titanen.

Die großen Götter leben auf dem Olymp und im Hades. Doch zwischen diesen beiden Welten existieren viele andere Gottheiten, die weniger durch ihre Persönlichkeit auffallen als durch ihre enge Verbundenheit mit Naturerscheinungen, deren Verkörperungen sie oft sind, von Winden, Gewässern, Gestirnen und der Vegetation. Einige von ihnen entstammen dem Göttergeschlecht der Titanen, wie Sonne und Mond, sind also älter als die Götter des Olymp. Einige werden mit olympischen Göttern verbunden und stehen in ihren Diensten. Andere scheinen schon von Anbeginn der Zeiten zu existieren und gehen ihren Aufgaben fernab des Trubels und der Skandale des Olymp nach.

Und dann gibt es die große Gruppe der Naturgeister wie die Nymphen, weibliche Geistwesen, die in Wäldern und Wiesen, Flüssen und Meeren, Bergen und Bäumen zu Hause sind. Sie stehen für die Kraft der Natur, sorgen für Pflanzen und Tiere, ihre Fruchtbarkeit und ihr Wachstum. Auch wenn sie in der Hierarchie der göttlichen Wesen eher weiter unten angesiedelt sind, begleiten sie die Götter und nicht selten übernehmen sie wichtige Rollen in ihrer Pflege und Erziehung. In der Regel sind sie gern gesehen bei den Olympiern.

## Götter und Wesen des Himmels

Eine ganze Reihe an göttlichen Gestalten und Daimones, also Geistwesen göttlichen Ursprungs, beherrschen die Himmelserscheinungen wie Sonne, Mond und Sterne, Wolken und Winde – und sogar den Regenbogen.

### Die **Horen** – Göttinnen des geregelten Lebens, der Jahreszeiten und der Zeit

Die drei Horen waren Töchter des Zeus und der Titanin Themis. Ihre Namen sind Eunomia, die gute Ordnung, Eirene, Frieden und Frühling, und Dike, Gerechtigkeit.

Sie herrschten über den Lauf der Zeit und sorgten dafür, dass die Sterne ihre Bahnen zogen. Weil das Wetter von den Jahreszeiten abhängt, galten sie in ältester Zeit auch als Wettergottheiten, die das himmlische Wolkenwasser regulierten. Dafür wurden sie besonders von den Landwirten verehrt, die den richtigen Zeitpunkt für Aussaat und Ernte nach den Gestirnen bestimmten. Wie die Grazien auch wurden sie vielfach als Göttinnen des Frühlings verehrt. Außerdem bewachten sie die Tore des Olymp, indem sie die Pforten hinter Wolken verbargen oder sichtbar machten. Grundsätzlich sind sie gütige Göttinnen, die Menschen und Göttern wohlgesinnt sind und sie gerne unterstützen.

Später wurden sie auch für die Regeln des Lebens im Allgemeinen zuständig. So stand Eunomia auch für Stabilität einer Gesellschaft, in der die Gesetze eingehalten wurden und Recht und Ordnung herrschten, aber auch für den ehelichen Gehorsam der Frau.

In den meisten Fällen werden die drei Horen zusammen dargestellt, in ihrer Funktion als

▲ *Die Horen des Frühlings, des Sommers und des Spätherbstes (nach einem pompejanischen Wandgemälde)*

▼ *Auf diesem Gemälde von Pierre-Narcisse Guérin sind die Göttin Iris und Morpheus, der Sohn des Hypnos* (► Seite 60) *zu sehen.*

Jahreszeitengöttinnen in Blütenkleidern und Frühlingsschmuck. Eirene hält zudem ein Füllhorn in der Hand oder das Kind Plutos auf dem Arm, um den Wohlstand im Frieden zu symbolisieren. Weitere Zeichen der Eirene sind der Ölzweig und Ähren. Manchmal wird sie auch geflügelt abgebildet.

## Iris – Göttin des Regenbogens und Botin der Götter

Iris galt als Tochter des Thaumas, eines Meeresgottes, und der Elektra, einer Wolkennymphe. So war sie eine göttliche Verbindung zwischen Wasser und Himmel, wie sich auch der Regenbogen für die an der Küste lebenden Griechen oft über dem Meer als Brücke aus Licht spannte. Man glaubte, dass über den Regenbogen die Wolken wieder mit Wasser gefüllt würden.

Iris war die Zofe der Hera und diente ihr auch als persönliche Botschafterin. Auch Zeus schickte sie einst aus, um Demeter auf den Olymp zurückzuholen, als diese sich in ihrem Schmerz über den Verlust ihrer Tochter Persephone aus der Welt zurückzog.

In Darstellungen entdecken wir Iris oft in der Nähe von Hera oder Zeus als wunderschöne

*Die Aufgabe von Helios war es, den Sonnenwagen über den Himmel zu lenken, der von vier prächtigen Rössern gezogen wurde.*

junge Frau mit goldenen Flügeln und einem Heroldsstab dargestellt. Manchmal trägt sie auch einen Krug in der Hand, aus dem sie Nektar ausschenkt und daher auch mit Hebe (► Seite 48) verwechselt werden kann.

## Helios – Gott der Sonne

Der Titan Helios war der Gott der Sonne. Zugleich wachte er darüber, dass Schwüre eingehalten und Eide nicht gebrochen wurden. Nichts entging seinem Blick. Sein Palast befand sich im Fluss Okeanos am östlichen Ende der Welt. Jeden Morgen erhob er sich von dort und reiste mit seinem Wagen, der von vier geflügelten Pferden gezogen wurde, über den Himmel. Am Abend erreichte er das Land der Hesperiden im Westen. Dort stieg er um in einen goldenen Kelch, auf dem er über die Wasser des nördlichen Okeanos zurück in seinen Palast schwamm. Helios wird als schöner Jüngling dargestellt, in Purpur gekleidet und mit der strahlenden Sonnenscheibe gekrönt. Als römischer Gott Sol taucht er bis in die Spätantike hinein mit einem von zackigen Sonnenstrahlen umgebenen Haupt auf.

## Selene – Göttin des Mondes

Selene, eine Titanin, war die Göttin des Mondes (▶ Bild rechts), Schwester des Helios und der Eos. Sie wird mit einem Schleier dargestellt, der ihr Hinterhaupt schmückt, mit dem Halbmond auf der Stirn und einer Fackel in der Hand. Sie reitet auf Pferden oder auf einem von zwei Flügelpferden gezogenen Wagen über den Himmel. Ihre große Liebe war der Schäfer Endymion. Der wunderschöne Jüngling wurde von Zeus mit ewiger Jugend und Unsterblichkeit bedacht und in einen immerwährenden Schlaf versetzt. Er schlummert in einer Höhle auf dem Berg Latmos. Dort besucht ihn seine himmlische Geliebte jede Nacht.

## Eos – Göttin der Morgenröte

Eos war die Titanengöttin der Morgenröte und die Schwester von Helios, der Sonne, und Selene, dem Mond (▶ Bild Seite 68). Jeden Morgen erhob sich Eos aus dem Fluss Okeanos und vertrieb mit ihren rosigen Fingern die Nebel der Nacht. Dabei reiste sie in einem goldenen Wagen, der von geflügelten Pferden gezogen wurde.

## Eosphoros und Hesperos – Götter des Planeten Venus

Eosphoros und Hesperos, Söhne der Eos und des Astraios, waren die Götter des Planeten Venus in seinen zwei Gestalten als Morgen- und Abendstern. Sie kündeten von der Dämmerung. Später wurden sie zu einem Gott zusammengefasst, einem jungen geflügelten Mann, der eine Fackel in der Hand hält und den Schein seines Sterns um das Haupt trägt.

## Hesperiden – Töchter der Nacht, Göttinnen des Abends und des Sonnenuntergans

Die Hesperiden, Töchter der Nacht, waren Nymphen und die Göttinnen des Abends und des Sonnenuntergangs. Sie lebten auf einem Eiland am äußersten westlichen Ende der Welt. In ihrem wunderschönen Garten befand

◀ *„Das Tor der Morgenröte", so der Titel dieses Gemäldes von Herbert James Draper.*

sich ein Baum mit goldenen Äpfeln, den Gaia der Hera zu ihrer Hochzeit mit Zeus geschenkt hatte. Diese Äpfel verliehen den Göttern ewige Jugend. Bei der Erfüllung dieser Aufgabe unterstützte sie ein hundertköpfiger Drache namens Ladon.

▲ *Die Zahl der Hesperiden schwankt zwischen drei und sieben, manchmal werden sie auch die „afrikanischen Schwestern" genannt.*

## Die vier **Winde** – Boreas, Zephyros, Notos und Euros

In den Winden sahen die alten Griechen das Wirken von göttlichen Wesen. Sie unterschieden die vier freundlichen jahreszeitlichen Winde von den zerstörerischen Stürmen. Die vier Winde trugen Namen: Boreas war der Gott des Nordwinds und des kalten Winterwinds, Zephyros der Gott des Westwinds und der Frühlingsbrise, Notos der Gott des Südwinds sowie des Sommerregens und Euros war der Gott des Ostwinds. Sie wurden entweder als geflügelte Menschen dargestellt oder als Pferdegottheiten, die an den Gestaden des Flusses Okeanos grasen. Dann gab es noch die Daimones der Stürme, Söhne des schrecklichen Ungeheuers Typhon (► Seite 79), die in den Höhlen einer schwimmenden Insel vom König der Winde, Aiolos, gehalten und auf

▼ *Den Turm der Winde in Athen, der bereits in der Antike als Wetterstation diente, schmückt u.a. dieses Relief von Boreas, dem Nordwind.*

*Eine typische Darstellung von Amphitrite und Poseidon in ihrem Wagen, der von fischschwänzigen Pferden gezogen wird.*

Geheiß der Götter freigelassen wurden, um ihr zerstörerisches Werk verrichten zu können. In plötzlich auftretenden Windböen sah man das Wirken der Harpyien, geflügelte weibliche Daimones, manchmal dargestellt mit dem Unterleib eines Vogels. Auch sie waren Nachkommen des Typhon, der von Zeus in den Tartaros geworfen worden war.

### Die **Nymphen** des Himmels

Auch der Himmel war mit Naturgeistern bevölkert, den Nymphen des Himmels, wunderschönen jungen Frauen. Zu ihnen zählten die Nephelen, die in den Wolken lebten und es regnen lassen konnten. Sie gehörten zu den Okeaniden, den Töchtern des Okeanos, dem gewaltigen, die gesamte Welt umspannenden Urstrom. Aus diesem stiegen sie mit wallenden Gewändern auf und nährten die Wolken mit Wasser, das sie in Wasserkrügen hinauftrugen.

Dann waren da noch die Auren, die Nymphen der sanft kühlenden Winde. Auch sie sollen Töchter des Okeanos gewesen sein, manche aber sagen, sie wären Kinder des Boreas, des Gottes des Nordwinds.

Die Asterien waren Nymphen der Sterne, zu denen auch die Hesperiden sowie die Plejaden und die Hyjaden gehörten. Sie sollen Töchter des Titanen Atlas gewesen sein.

## Götter und Wesen der Gewässer

Neben den himmlischen Phänomenen fasziniert auch die Weite und die Tiefe des Ozeans den Menschen seit Urzeiten. Entsprechend finden sich bei vielen Völkern Gottheiten und

Geister, die hier ihr Wesen und Unwesen treiben. Für ein Seefahrervolk wie die Griechen waren die Meeresgottheiten natürlich von herausragender Bedeutung. Doch auch jeder große Fluss hatte seine Gottheit beziehungsweise war selbst göttlich.

### Amphitrite – die Beherrscherin der Meere

Amphitrite war die göttliche Königin des Herrschers der Meere, Poseidon. Ob sie nun eine Tochter des Nereus oder des Okeanos war: Sie ist die Mutter aller Meeresgeschöpfe, der Fische, Seehunde und Delfine. Zunächst wollte Amphitrite nicht die Gemahlin des ungestümen Meeresgottes werden und versteckte sich vor ihm im Okeanos. Schließlich aber willigte sie doch ein, als der Gott der Meere ihr einen Delfin schickte, der ihr Herz erweichen konnte, sie auf ihren Rücken nahm und zu Poseidon brachte. So wurde sie die Göttin der Meere. Sie wird als junge, ausgesprochen schöne Frau dargestellt, manchmal hält sie einen Fisch in der Hand. Sie begleitete ihren Gemahl auf seinem von fischschwänzigen Pferden gezogenen Wagen.

### Triton – Gott des Meeres

Triton, der erste Sohn von Amphitrite und Poseidon, war ein fischschwänziger Meeresgott und der Botschafter seines Vaters. Er blies in ein Schneckengehäuse der Tritonmuschel und konnte so die Wogen des Meeres glätten oder aufwühlen. In Darstellungen erkennen wir ihn als jungen Mann, dessen Unterleib in einen Fischschwanz mündet. Manchmal wird sein Oberkörper auch mit Pferdebeinen versehen.

### Nereus – der alte Mann des Meeres, Herrscher über den Fischreichtum

Nereus, der älteste Sohn des Pontos und der Gaia, war der alte Mann des Meeres und Herrscher über den Fischreichtum der See. Man sagt, er lebte in den Tiefen der Ägäis zusammen mit seiner Frau Doris und seinen Töchtern, den fünfzig Nereiden. Nereus war ein Meister der Verwandlung seiner Gestalt und besaß die Gabe der Prophetie. Anders als andere Meeresgottheiten wie Triton wurde Nereus fast immer bekleidet dargestellt. Manchmal endet sein Körper in einem sich windenden Fischschwanz.

*Der Meeresgott Triton findet in der Mythologie nur selten Erwähnung, wurde dafür aber in der Kunst vielfach als Motiv umgesetzt.*

## **Phorkys** – Gott der Gefahren aus der Tiefe des Meeres

Phorkys, Bruder des Nereus und Sohn des Pontos und der Gaia, war als Seegottheit zuständig für die Gefahren, die aus der Tiefe des Meeres kamen. Zusammen mit seiner Schwester und Gemahlin Keto, deren Name „Wal" bedeutet, herrschte er insbesondere über die großen Tiere, welche die hohe See bevölkerten. Seine Kinder waren allesamt gefürchtete Ungeheuer, darunter die menschenfressende Skylla (▶ Seite 85), Thoosa, die Mutter des Kyklopen Polyphemos (▶ Seite 79), der hundertköpfige Drache Ladon (▶ Seite 84 f.), der die goldenen Äpfel im Garten der Hesperiden zu bewachen hatte, Echidna (▶ Seite 80), eine giftige Seeschlange mit dem Oberkörper einer Frau, die Graien, die grauen Geister des Meerschaums in Gestalt alter Frauen, und die schrecklichen Gorgonen (▶ Seite 83), deren Blick in Stein verwandelte und auf diese Weise die für die Schifffahrt so gefährlichen Felsen und Riffe entstehen ließ.

Phorkys stellte man sich als grauhaarigen, fischschwänzigen Gott vor mit den Klauen von Krebsen, eine Fackel tragend.

## **Thetis** – Anführerin der Nereiden

Die Meeresnymphe Thetis, nicht zu verwechseln mit der Titanin Thetys, ihrer Großmutter, war die Anführerin der fünfzig Nereiden, der Töchter des Nereus, und galt als deren Schönste. Auch sie konnte in die Zukunft blicken und ihre Gestalt in jede beliebige Form verwandeln. Sie sollte später zur Braut des Sterblichen Peleus werden, von dem sie den Recken Achilles empfing. Sie stand im Trojanischen Krieg ihrem Sohn stets zur Seite.

## **Potamoi** – die Flussgötter

Die Flussgötter, Potamoi genannt, herrschten über die Flüsse und Ströme der Erde. Sie alle waren Söhne des Urstromes Okeanos und Brüder der Okeaniden, der Süßwassernymphen. Ihre Töchter waren die Najaden, die Nymphen des Süßwassers – im Gegensatz zu den Nereiden, die im Meerwasser lebten. Die Flussgötter wurden oft in Gestalt von Stieren dargestellt, aber mit einem menschlichen Haupt. Auch als Mischwesen zwischen Mensch, Stier und Fisch tauchten sie auf. Vielfach werden sie aber einfach als Mann dargestellt, der sich auf eine Amphore stützt, aus der Wasser fließt. Berühmt sind der Flussgott Acheloios, der von Herakles im Kampf um die Prinzessin Deianeira besiegt wurde, und die Flussgötter des Hades, darunter Kokytos und Acheron, auch Styx und Lethe, die beide Flussgöttinnen waren. Die Mehrzahl der Flussgötter sind jedoch männlich.

## Die **Wassernymphen** – Geister des Süß- und des Meerwassers

Die Gruppe der Nymphen des Wassers umfassen die Geister des Süßwassers und des Meerwassers. Zu den ersten zählen vor allen Dingen die dreitausend Okeaniden, die ältesten aller Nymphen, Töchter des Okeanos, des die Welt umspannenden Urstromes. Sie gehörten zu den Najaden und waren entsprechend an Quellen anzutreffen, mischten sich aber auch unter die Wolkennymphen und Baumnymphen. Obwohl Okeanos heute mit dem Ozean und daher mit Meerwasser verbunden wird, verkörperte er im Mythos einen Süßwasserstrom und entsprechend waren seine Töchter Süßwassernymphen. Einige Göttinnen hatten Okeaniden in ihrem Gefolge, so Artemis, Aphrodite und Hera, denen sie als Zofen zu Diensten waren.

Die Najaden waren die Nymphen aller Quellen und Brunnen, Bäche und Flüsse, Seen und Moore. Wenn sie nicht von Okeanos direkt abstammten, dann waren sie Töchter der Flussgötter. Sie konnten neben ihrer Heimat im feuchten Element auch in anderen Naturerscheinungen gefunden werden, in Wiesen, Bäumen und Wolken. Viele von ihnen waren der Sage nach Stammmütter bedeutender Königsgeschlechter oder Geliebte eines Gottes. Sie werden durchgängig als wunderschöne junge Frauen abgebildet, stehen oder sitzen an einer Quelle und tragen einen Wasserkrug.

Von den Najaden zu unterscheiden sind die Bewohnerinnen der Meere, allen voran die Nereiden, die fünfzig Töchter des Nereus,

Beschützerinnen der Seeleute und Fischer. Sie konnten in den Wellen und Wogen, der Gischt und Strömungen entdeckt werden, aber auch am Strand und an felsigen Küsten. Zusammen mit ihrem Vater lebten sie in einer silbernen Höhle in der Ägäis.

Aus ihnen ging Thetis hervor und einige meinen auch Amphitrite, die Gemahlin des Poseidon, in dessen Gefolge sie oft anzutreffen waren. Auch sie werden als wunderschöne junge Frauen dargestellt, die nicht selten auf einem Delfin oder einem Hippokampus reiten, einem fischschwänzigen Pferd.

## Götter und Wesen der Erde und der Natur

Für die Griechen war die Erde der Mutterboden, aus dem alles Leben entsteht. Sie wurde in Gestalt der Urgöttin Gaia verehrt, der Mutter Erde, die aus ihrem Schoß die wilde Natur gebar. Viele Geistwesen, sogenannte Daimones oder Dämonen, waren zuständig für den Erhalt der Natur. Sie sorgten für die Fruchtbarkeit des Landes, kümmerten sich um Pflanzen und Tiere, belebten Bäume, Quellen und Flüsse. Es sind wunderschöne Wesen wie die Nymphen, aber auch eigenartige, wilde Gesellen wie die Satyrn, welche die unterschiedlichen Facetten der Kräfte der Natur verkörpern.

### Aristaios – Kulturbringer und Freund der Menschen

Aristaios war ein Sohn des Apollon mit der Nymphe Kyrene. Es heißt, dass er den Menschen zeigte, wie sie Schafe züchten, die Frucht des Ölbaums nutzen können, wie man Käse herstellt und Imkerei betreibt. Er war außerdem ein Gott der Jagd und des Feldbaus. Sein Wissen hatte Aristaios von den Nymphen gelernt, er wurde aber auch vom Kentauren Chiron (▶ Seite 86 f.) in verschiedenen Künsten unterrichtet. Er wanderte von Landschaft zu Landschaft, brachte den Menschen sein Wissen bei und half ihnen, wenn Seuchen ausgebrochen waren. Doch fällt ein Schatten auf die Gestalt dieses Kulturbringers und Freundes der

*Aristaios gab sein Wissen, das er von den Nymphen erhalten hatte, bereitwillig an die Menschen weiter, daher sein Beiname „Kulturbringer".*

*Der flötenspielende Hirtengott Pan mit der ihm heiligen Ziege, gemalt von dem flämischen Künstler Jacques Jordaens*

Menschen: Er versuchte, der geliebten Gemahlin des Orpheus Gewalt anzutun, die vor ihm floh und dabei auf eine Schlange trat, was zu ihrem Tode führte.

### **Plutos** – Gott des Reichtums

Plutos ist der Gott und Daimon des Reichtums und der Fülle. Er war der Sohn der Demeter und des Helden Iasion. Die beiden zeugten ihn in einem dreimal gepflügten Feld. Es heißt, dass Plutos von Zeus geblendet wurde, damit er seine Gaben ohne Ansehen der Person verteilte.

Plutos ist darüber hinaus der Gott der Schätze, die aus der Erde kommen. Er wird oft als Knabe dargestellt, der ein Füllhorn trägt, Sinnbild des Reichtums der Erde. Manchmal wird er von Eirene, der Göttin des Friedens, in den Armen gehalten, als Zeichen, dass Wohlstand und Frieden Hand in Hand gehen. Auch Tyche, die Göttin des Glücks, trägt ihn oft in ihren Armen.

### Die **Kureten** – Dämonen und Schutzgeister

Die Kureten waren Dämonen, geboren von Gaia, die von Rhea beauftragt wurden, das Kind Zeus in einer Höhle auf dem Ida-Berg auf Kreta vor seinem Vater Kronos zu beschützen. Sie werden als bewaffnete Krieger dargestellt, die einen wilden Tanz aufführen, bei dem sie ihre Schilder und Speere lautstark zusammenschlagen, um das Weinen des Säuglings zu übertönen. Ihr Ursprung ist die Wildnis der Berge, wo sie die Schutzgeister der Hirten, Imker und Jäger waren. Auch sagt man ihnen nach, sie hätten die Kunst der Metallverarbeitung erfunden.

Ihnen verwandt, vielleicht sogar identisch, sind die fünf Daktylen, die fünf „Finger", die zusammen mit ihren Schwestern die zehn Finger der menschlichen Hand bildeten. Sie waren zauberkundig und sollen die Entdecker des Eisens und des Kupfers gewesen sein.

Den Kureten ähneln die Korybanten, Naturdämonen der Göttin Kybele, die zu ihren Ehren orgiastische Tänze aufführten. Später wurden die Priester der Kybele so genannt.

### **Pan** – Gott der Hirten und Herden, der Jagd und der Musik

Pan war der große Gott der Hirten und Herden, der Jagd und der Musik. Er soll ein Sohn des Hermes mit einer Baumnymphe gewesen sein. Pan streifte durch die Wildnis der Berge Arkadiens und stellte Nymphen nach, wie der Najade Syrinx, die auf der Flucht vor dem Gott in Schilfrohr verwandelt wurde. Daraus schnitt sich Pan seine berühmte Flöte, auf der er zu spielen pflegte. Wer ihm begegnet, wird ihn vielleicht nicht immer sehen, aber seine Anwesenheit spüren, denn wenn er sich einem nähert, überkommt einen die Panik, eine grundlose Furcht in der einsamen und wilden Natur.

Pan wird dargestellt als Mann mit den Hörnern, den Füßen und dem Schwanz einer Ziege. Lange, wilde Haare und ein dichter Bart umrahmen sein Gesicht und seine Ohren laufen spitz zu. Oft war er im Gefolge des Gottes Dionysos unterwegs. Von ihm soll Apollon die Kunst der Prophetie erlernt haben, bevor er nach Delphi ging, um das berühmte Orakel zu übernehmen. Ihm heilig waren die Ziege und die Schildkröte, das Schilf, die Kiefer und die Bergbuche.

### Die **Satyrn** – Naturgeister der Fruchtbarkeit

Die Satyrn waren Naturgeister der Fruchtbarkeit und lebten in ländlichen Gegenden, vor allem aber in der Wildnis. Dort verlustierten sie sich mit den Nymphen, waren aber auch oft im Gefolge von Göttern zu finden, zum Beispiel Dionysos. Satyrn verkörpern die unbändige, wilde Kraft der Natur und bilden gewissermaßen das männliche Gegenstück zu den Nymphen. Sie wurden als Wesen halb Mensch, halb Tier dargestellt, mit dem Schwanz eines Pferdes, nach oben zeigender

*Die Satyrn waren häufig im Gefolge der Götter anzutreffen, wie hier bei der Hochzeit von Amor und Psyche (italienisches Fresko aus dem 16. Jahrhundert).*

Knollennase, Eselsohren und erigiertem Penis. Wenn sie mit Dionysos unterwegs waren, sah man sie trinken, tanzen, Flöte spielen und Tamburin schlagen.

Woher die Satyrn kamen, ist nicht genau bekannt. Über einige von ihnen werden eigene Geschichten erzählt, zum Beispiel über Ampelos, der ein Geliebter der Gottes Dionysos war. Bei der Jagd auf einem Stier stürzte er und wurde von dem wütenden Bullen zertrampelt. Daraufhin verwandelte Zeus Ampelos in eine Weinrebe, die Dionysos in einen Knochen pflanzte und überall hin mitnahm. Krokos war der Sohn des Pan und Freund der Musen. Er galt als ein hervorragender Bogenschütze und man rühmte seine Wendigkeit bei der Jagd. Nach seinem Tod wurde er von Zeus an den Sternenhimmel gesetzt – als Sternbild des Schützen. Der berühmteste Satyr aber ist wohl Marias, der Apollon zu einem Musikwettbewerb herausforderte – und am Ende verlor. Zur Strafe für seine Anmaßung wurde er an einer Fichte aufgehängt und ihm bei lebendigem Leib die Haut abgezogen. Aus seinem Blut entsprang der gleichnamige Fluss in Phrygien.

*Silenos war der Lehrer des Gottes Dionysos und zusammen mit den Mänaden auch häufig Begleiter bei dessen Umzügen.*

## Silenos – Gott der Trunkenheit

Silenos, ein Satyr, ist der Gott der Trunkenheit und war oft auf einem Esel reitend im Gefolge des Dionysos anzutreffen. Ob er nun ein Sohn des Hermes oder des Pan war oder Gaia selbst entsprungen ist, bleibt unklar. Sicher ist, dass er der Ziehvater des Dionysos war und offensichtlich bei aller Liebe zu Rauschzuständen, oder vielleicht gerade deshalb, als weiser Mann galt. Er wird als bärtiger alter Mann mit ausladendem Bauch dargestellt, die Augen quellen leicht hervor, die Nase ist breit. Weinlaub umkränzt seinen kahlen Kopf und nicht selten ist er trunken.

## Priapos – Gott der Vegetation

Priapos war ein Gott der Vegetation, Sohn des Hermes oder des Dionysos mit Aphrodite. Er galt als Beschützer der Schafe, Ziegen und Bienen, sorgte für das Wachstum des Weins und aller Pflanzen im Garten. Darstellungen

*Das übergroße Glied des Gottes Priapos kennzeichnete ihn als Träger des Lebens und der Schöpfung.*

zeigen ihn als kleinwüchsigen Mann mit einem übergroßen Penis. Sein Haupt schmückt eine phrygische Mütze. Figuren des Priapos wurden oft in Gärten aufgestellt, um die Fruchtbarkeit zu fördern, zugleich dienten sie auch als Vogelscheuchen.

## Die **Nymphen** der Erde und der Vegetation

Die Dryaden (wunderschöne junge Frauen) bilden die große Gruppe der Nymphen, die in Bäumen und Wäldern lebten. Die wichtigsten Baumarten haben eigene Naturgeister, zum Beispiel die Meliaden, die Nymphen der Esche, die direkt aus dem Schoß der Gaia entsprangen, nachdem sie vom Blut des entmannten Ouranos geschwängert worden war. Im mythischen silbernen Zeitalter vermählten sich die Männer mit diesen Baumwesen: Aus dieser Verbindung ging die gesamte Menschheit

*Die Nymphen galten als weibliche Geister der Berge, Bäume, Wiesen oder Grotten, die den Menschen meist freundlich gesinnt waren.*

hervor. Die Orejaden wiederum sind die Nymphen der Bergkiefer, der Berge überhaupt. Sie lebten in den Nadelgehölzen auf Anhöhen und traten gern mit den Satyrn in Erscheinung. Die Nymphen der Eichen und der Pappeln heißen Hamadryaden. Sie waren vor allen Dingen in der Nähe von Flüssen und heiligen Hainen zu finden. Einige Nymphen bewohnten Obstbäume und hatten ein Auge auf Schafherden, andere waren mit Honigbienen beschäftigt. Einige der Süßwassernymphen, der Najaden, waren ebenfalls Baumnymphen und lebten in Bäumen und Büschen, die an Gewässern wachsen.

Auch auf grünen Wiesen und Weiden lebten besondere Nymphen. Sie kümmerten sich um das Vieh, die Schafe und die Ziegen und halfen den Hirten bei der Arbeit. Natürlich gab es auch Nymphen für Blumen und Blüten.

Selbst in der Unterwelt waren Nymphen anzutreffen, und zwar die Lampaden im Gefolge der Göttin Hekate. Sie trugen Fackeln und zogen mit der Göttin durch die Nacht.

## Ungeheuer und Fabelwesen

Immer wieder spielen Ungeheuer eine große Rolle in der Sagenwelt der Griechen. Es sind furchteinflößende Wesen von zum Teil bizarrer Gestalt, häufig Mischwesen, ausgestattet mit gewaltigen Kräften. Nicht selten bedurfte es eines Gottes oder eines Helden, um sie zu bezwingen. Vielleicht steckt hinter diesen schrecklichen Gestalten die Erfahrung der unbändigen Natur mit ihren Gefahren wie Erdbeben, Flutwellen und anderen Katastrophen. Häufig spielen sie auch eine Schlüsselrolle in den Mythen, müssen erst überwältigt werden, damit der Held sein Ziel erreicht. In diesem Sinne verkörpern sie die Herausforderungen, die jedem auf seinem Lebensweg begegnen, vor allen Dingen die Monster, die der eigenen Seele entspringen. Mit jeder Hydra, die wir erschlagen, mit jeder Sphinx, deren Rätsel wir lösen, überwinden wir uns selbst und entwickeln uns weiter.

### Die drei **Hekatoncheiren** – die Hundertarmigen

Die drei Hekatoncheiren, die Hundertarmigen, sind Ungeheuer aus der grauen Urzeit, Kinder des Gottes Ouranos mit der Gaia. Jedes von ihnen hatte hundert Arme und fünfzig Köpfe. Sie galten als Personifikationen der Wirbelstürme. Auch ihre Namen sind überliefert: Briareos, Gyges und Kottos. Weil der Himmelsgott Ouranos seine Söhne hasste, sperrte er sie sofort nach der Geburt in den Tartaros, einen besonders finsteren Teil der Unterwelt. Gaia ertrug dies nicht und stiftete ihre anderen Kinder, die Titanen, dazu an, Ouranos zu entmannen und zu entmachten. Doch erst Zeus befreite die Hekantoncheiren aus ihrem Gefängnis, damit sie ihm beim Kampf gegen die Titanen zur Seite standen. Dank ihres Einsatzes gelang es, das alte Göttergeschlecht zu entthronen und die Olympier zu den neuen Herrschern über die Welt zu machen. Sie erhielten Paläste in den Meeren und fungierten seither als Hüter der Stürme des Tartaros, die sie auf Geheiß der Götter jederzeit entfesseln konnten.

### Die **Kyklopen** – die Einäugigen

Die drei ersten Kyklopen sind Geschwister der Titanen und der Hekatoncheiren, denn wie sie stammen sie von Ouranos und Gaia ab. Sie waren Riesen, die nur ein Auge mitten auf der Stirn trugen, und ihre Namen lauten: Brontes, Steropes und Arges. Ursprünglich handelt es sich um Gewitterdämonen. Zusammen mit den Hekatoncheiren wurden sie von ihrem Vater in den Tartaros geworfen und erst von Zeus befreit. Dafür versorgten sie ihn und seine im Kampf gegen die Titanen vereinten olympischen Götter mit Waffen, darunter der Donnerkeil, aber auch der Dreizack des Poseidon und der Tarnhelm des Hades. Als Zeus Asklepios mit einem Blitz erschlug, weil dieser gegen göttliche Gesetze verstieß und Tote wieder zum Leben erweckte, rächte sich dessen Vater

Apollon an den Kyklopen, den Herstellern der Blitze, dafür und tötete sie.

Eine andere Gruppe von Kyklopen waren Söhne des Gottes Poseidon und verschiedener Meeresnymphen. So verliebte sich der Gott in Thoosa, die Tochter des Phorkys. Dieser missbilligte aber diese Verbindung und verfluchte die Nachkommen der beiden. Thoosa gebar dem Poseidon daraufhin mehrere dieser einäugigen Riesen, darunter Polyphemos. Er lebte in einer Höhle auf einer Insel und hütete dort Schafe und Ziegen. Während seiner Heimkehr landete auch Odysseus (▶ Seite 98 f.) auf dieser Insel. Polyphemos nahm ihn und seine Gefährten gefangen und fraß zu guter Letzt einige von ihnen. Odysseus machte daraufhin den Riesen betrunken. Als dieser den Helden nach seinem Namen fragte, antwortete dieser: „Niemand." Als der Kyklop in seinem Rausch einschlief, blendeten ihn die Griechen mit einem glühenden Pfeil. In seinem Schmerz rief Polyphemos die anderen Kyklopen herbei, aber als diese ihn fragten, was ihm widerfahren sei, antwortete er nur: „Niemand hat mich geblendet, Niemand versuchte, mich zu ermorden." Da lachten die anderen nur und kümmerten sich nicht weiter um ihren Bruder. Odysseus und seine Gefährten entkamen der Höhle, indem sie sich an das Fell der Schafe klammerten, während der blinde Riese den Felsen, den er vor den Eingang seiner Höhle gerollt hatte, wieder wegschob. Odysseus aber floh von der Insel.

In manchen Sagen sind die Kyklopen auch Helfer des Schmiedegottes Hephaistos, für den sie im Inneren von Vulkanen Waffen schmieden. Manche sagen, ihr Zuhause sei auf Sizilien im Ätna.

*Der Kopf des Kyklopen Polyphemos mit dem typischen Einzelauge auf der Stirn; er wurde von Odysseus geblendet.*

## Typhon – Vater der Stürme

Typhon war ein unsterblicher Sturmriese, Sohn der Gaia und des Tartaros, der von Zeus besiegt und in den Tartaros geworfen wurde. Typhon war so gewaltig, dass seine Stirn die Sterne berührte. Bis zur Hüfte besaß er Menschengestalt, seine Beine aber glichen zwei sich windenden Schlangen. Er wird mit Flügeln dargestellt, trägt einen Bart und dunkles Haar, aus dem spitz zulaufende Ohren ragen. Manche sagen, er habe hundert Drachenköpfe gehabt, die alle in unterschiedlichen Sprachen reden konnten und fürchterlichen Lärm verursachten. Aus seinen Augen schossen Blitze. Er war verantwortlich für verheerende Sturmwinde, die direkt aus der Unterwelt kamen. Von seinem Namen leitet sich der heutige Begriff Taifun ab.

Gaia hatte Typhon aus Rache gezeugt, nachdem die Giganten von den Olympiern zur Strecke gebracht worden waren. Sie versteckte Typhon zuerst vor Zeus, damit er ungestört aufwachsen könne. Schließlich stieg das Ungeheuer zum Olymp hinauf, wo er den Göttern eine solche Angst einflößte, dass sie nach Ägypten flohen und sich als Tiere tarnten. Schließlich

*Diese Skulptur aus dem 1. Jahrtausend v. Chr. zeigt den Sturmriesen Typhon, dessen Gestalt nur bis zur Hüfte menschlich war.*

stellte sich Zeus jedoch Typhon und schleuderte einen Blitz gegen ihn. Zunächst gelang es Typhon, Zeus zu überwältigen, und mit eben jener Sichel aus Adamant, mit der Kronos einst seinen Vater Ouranos entmannt hatte, schnitt er ihm die Sehnen aus dem Leib und entführte den wehrlosen Gott in eine Höhle, die von einer Riesenschlange bewacht wurde. Hermes fand Zeus schließlich, lenkte die Schlange ab und stahl die Sehnen. Zeus wurde befreit und wiederhergestellt. Wieder stellte er sich dem Typhon und konnte ihn diesmal so schwächen, dass dieser sich auf einen Berg zurückzog, um sich zu erholen. Er befolgte den listigen Rat der Moiren, Nahrung zu sich zu nehmen, die ihn nur für einen Tag wieder zu Kräften kommen ließen. Vermeintlich gestärkt trat er gegen den Göttervater an und bewarf ihn mit Felsen. Dieser antwortete mit einem Gewitter aus Donner und Blitzen, das Typhon niederstreckte. Das Ungeheuer floh nach Sizilien, aber Zeus warf den Berg Ätna auf ihn, unter dem er seither gefangen ist und vor Wut immer wieder die Erde erbeben lässt und Feuer und Felsen spuckt.

### **Echidna** – Mutter zahlreicher Ungeheuer

Nicht minder furchterregend als Typhon war auch Echidna, eine Tochter des Phorkys und der Keto. Sie war ein riesiges Meeresungeheuer, halb scheußliche Schlange, halb schöne Frau. Zusammen mit Typhon zeugte sie eine ganze Reihe mythischer Monster, so den zweiköpfigen Hund Orthos, den dreiköpfigen Höllenhund Kerberos, die Hydra, die Chimaira, die Sphinx (▶ Seite 83), den Löwen von Nemea (▶ Seite 82 f.), die Wildsau Phaia, die von Theseus erlegt wurde, und den gigantischen Adler Ethon, der dem Titanen Prometheus Tag für Tag die immer wieder nachwachsende Leber aus dem Leibe frisst und später von Herakles erschlagen wird.

### **Orthos** – Wächter der Herden des Geryon

Der Hund Orthos, Abkömmling des Typhon und der Echidna, besaß zwei Köpfe und den Schwanz einer Schlange. Er bewachte die Herden des Riesen Geryon auf der Insel Erytheia. Herakles (▶ Seite 91 f.), der den Auftrag hatte, die Rinder des Geryon zu stehlen, erschlug das Ungeheuer und den Riesen.

### **Kerberos** – der Höllenhund

Der blutrünstige Kereberos, Sproß des Typhon mit der Echidna, war ein dreiköpfige Riesenhund, welcher die Aufgabe hatte, die Pforten des Hades zu bewachen. Er hatte dafür zu sorgen, dass die Toten nicht auf die Welt zurückkamen und dass kein Sterblicher die Unterwelt unbefugt betrat. Sein Schwanz glich einer Schlange und auch seine Mähne bestand aus unzähligen Schlangen. Wieder war es Herakles (▶ Seite 91 ff.), der das Ungeheuer bezwang. Eine seiner zwölf Aufgaben war, Kerberos lebendig vor seinen Auftraggeber Eurystheus zu bringen. Nach einem gewaltigen Kampf gelang es Herakles, Kereberos gefangen zu nehmen und mit Erlaubnis des Hades zu dem König zu bringen. Dort, wo der Geifer des Höllenhundes auf die Erde tropfte, wuchs der Eisenhut. Auch

▲ *Diese griechische Vasenmalerei aus dem 6. Jahrhundert v. Chr. zeigt Herakles, wie er den Kerberos zu Eurystheus bringt.*

▼ *Bellerophon, auf Pegasos reitend, tötet die Chimaira – ein Gemälde des berühmten Malers Peter Paul Rubens.*

Orpheus (▶ Seite 102), der auf der Suche nach Eurydike in die Unterwelt musste, gelang es, Kereberos mit seinen Gesängen zu besänftigen.

## Chimaira – dreiköpfiges Mischwesen

Die Chimaira war die Tochter von Typhon und Echidna. Sie lebte in Lykien und war ein dreiköpfiges Mischwesen: Ihr eigentliches Haupt war der Kopf eines Löwen, im Nacken saß der Kopf einer Ziege und am Schwanz der eines Drachen. Sie wurde vom Helden Bellerophon besiegt, der sie auf dem geflügelten Pferd Pegasos (▶ Seite 85 f.) angriff und ihr Blei in den Feuer speienden Rachen schoss, an dem sie erstickte.

## Die **Hydra** – die Lemäische Schlange

Eine weitere Tochter des Typhon und der Echidna war die Hydra, ein Ungeheuer mit neun Schlangenköpfen. Wenn man ihr einen abschlug, wuchs er doppelt nach. Der Hauptkopf

*Auch die neunköpfige Hydra, hier im Kampf mit Herakles, ging aus der Verbindung von Typhon mit Echidna hervor.*

in der Mitte war sogar unsterblich. Sie lebte in den schwer zugänglichen Sümpfen von Lerna und kroch immer an Land, um Vieh zu reißen und die Felder zu zerstören. Es war der Held Herakles (▶ Seite 91 ff.), der sie zur Strecke brachte im Rahmen der ihm gestellten zwölf Aufgaben im Dienste des Königs Eurystheus. Gemeinsam mit seinem Neffen Iolaos kämpfte er unter großen Mühen das Monster nieder. Es gelang ihm, die Halsstümpfe der abgeschlagenen Häupter mit Feuer auszubrennen, sodass sie nicht nachwachsen konnten. Zu guter Letzt schlug er auch noch das unsterbliche Haupt ab und begrub es am Wegesrand. Den Leib der Hydra zerstückelte er und in das aus diesem fließende Gift tauchte er seine Pfeile, die seither nicht heilen wollende, tödliche Wunden verursachen.

### Der **Löwe von Nemea** – der Unverwundbare

In den Wäldern der Arglos hauste der Nemäische Löwe, ein unverwundbares Ungeheuer. Auch er gilt als Nachkomme des Typhon und der Echidna. Die erste Aufgabe, die der König Eurystheus Herakles (▶ Seite 91 ff.) stellte, war, ihm das Fell dieses Löwen zu bringen. Zunächst versuchte der Held, den Löwen mit seinen Pfeilen zur Strecke zu springen – ohne Erfolg. Dann schlug er mit seiner Keule auf ihn ein, bis dieser in eine Feldspalte floh. Dort packte Herakles das Untier und drückte ihm den Hals zu. Das Fell des Löwen aber trug der Held fortan

*Das Fell des nemëischen Löwen machte Herakles – so wie einst den Löwen selbst – nahezu unverwundbar.*

wie einen Umhang, der ihn fast unverwundbar machte. Der Löwe wurde später als Sternbild am Himmel verewigt.

## Die **Sphinx** – die Würgerin

Auf einem Berg bei Theben konnte man der Sphinx, ein geflügelter Löwe mit dem Kopf einer Frau, begegnen, einer weiteren Tochter des Typhon mit der Echidna. Wer an ihr vorbei wollte, der musste ihr Rätsel lösen. Gelang dies nicht, wurde er von ihr erwürgt und verschlungen. Dieses Rätsel lautete: „Was geht am Morgen auf vier Füßen, am Mittag auf zweien und am Abend auf dreien?" Ödipus löste dieses Rätsel: Es ist der Mensch, der als Kleinkind am Morgen seines Leben auf allen Vieren krabbelt, als Erwachsener in der Blüte seines Lebens auf zwei Beinen geht und am Lebensabend sich zusätzlich auf einen Stock stützt. Die Sphinx stürzte sich daraufhin von einem Felsen und starb.

*In der Kunst steht die Sphinx oft für das rätselhafte Wesen der Frau und die Begegnung mit Ödipus für den Konflikt der Geschlechter.*

## Die **Gorgonen** – geflügelte Schreckgestalten

Die Meeresgötter Phorkys und Keto brachten nicht nur die Echidna zur Welt, sondern auch die schrecklichen Gorgonen, drei geflügelte Gespenster mit Schlangenhaaren namens Stheno, Euryale und Medusa, Letztere die einzige Sterbliche unter ihnen. Jeder, der in ihre Augen blickte, erstarrte augenblicklich zu Stein. Sie wohnten am Ende der Welt, manche sagen im Atlasgebirge.

Von Medusa wird auch folgende Sage berichtet: Als Poseidon die wunderschöne Nymphe Medusa verfolgte und sie in einem von Athenas Tempel vergewaltigte, geriet die sonst so besonnene Göttin Athena in Zorn und verwandelte das Mädchen in eine hässliche Gorgone, grün und mit Schlangenhaaren. Jeder, den Medusa fortan anblickte, wurde in Stein verwandelt.

Perseus (▶ Seite 90 f.) gelang es schließlich, der Medusa das Haupt abzuschlagen, nachdem

*Medusa, die bekannteste der drei Gorgonen, dargestellt auf einem Gemälde von Caravaggio.*

*Die drei Graien Pemphredo, Enyo und Deino – auch als Phorkiden oder Phorkyaden bezeichnet – sind das personifizierte Alter.*

## Die drei **Graien** – das personifizierte Alter

Weitere Töchter des Phorkys und der Keto sind die drei Graien, Schwestern der Gorgonen, auch die „Grauen“ genannt, weil sie schon als Greisinnen zur Welt kamen und alles an ihnen fahl und grau war. Sie wohnten in einer Höhle am Ende der Welt, am Fuße des Atlasgebirges, wohin kein Licht drang, und mussten sich gemeinsam ein Auge und einen Zahn teilen. Auf seiner Suche nach der Medusa kam Perseus (► Seite 90 f.) zu ihnen, denn nur sie wussten, wo sich die Gorgonen aufhielten. Er eignete sich durch eine List den einen Zahn und das eine Auge an und erpresste die drei Alten, die ihm daraufhin den Aufenthaltsort der Medusa verrieten.

## **Ladon** – Wächter der goldenen Äpfel

Phorkys und Keto brachten einen mehrköpfigen, schlangenhaften Drachen zur Welt, Ladon mit Namen, dessen Aufgabe darin bestand, den Baum mit den goldenen Äpfeln im Land der Hesperiden zu bewachen. Er schlief

er ihr nicht direkt in die Augen blickte, sondern sie im Spiegelglanz seines Schildes, welcher ihm von Athena überreicht worden war, betrachtete. Er fing das Haupt der Gorgone in einem Sack auf und überreichte es Athena, die es fortan auf ihrem Schild trug. Aus dem Blut der Medusa aber entsprangen das geflügelte Pferd Pegasos (► Seite 85 f.) sowie der Riese Chrysaor.

Das Gorgonenhaupt galt als besonders starker Schutzzauber und wurde deshalb häufig als Schreckbild eingesetzt, zum Beispiel auf Waffen, Schiffen, Pferdegeschirr, Türen, Amuletten, Sarkophagen. Es zeigt ursprünglich ein Fratzengesicht mit herausgestreckter Zunge und dem schlangenumwundenen Haupt. In späteren Darstellungen wird die Schönheit der Medusa in den Vordergrund gerückt.

*Ladon (hier im Kampf mit Herakles) hat je nach Quelle zwei, oftmals drei, einmal sogar 100 Köpfe und wird häufiger als Schlange denn als Drache bezeichnet.*

*Der Ort Scilla an der Straße von Messina wurde nach dem Meeresungeheuer Skylla benannt, die hier ihr Unwesen getrieben haben soll.*

nie, wurde jedoch von Herakles (▶ Seite 91 ff.) besiegt, der den Auftrag hatte, sich diese Äpfel anzueignen. Nicht immer wird berichtet, dass Herakles den Drachen erschlagen hätte, um an seine Beute zu kommen. Manche berichten, dass er die Äpfel sogar freiwillig herausrückte auf Wunsch des Titanen Atlas, für den in der Zwischenzeit Herakles das Firmament auf seine Schultern geladen hatte. Ladon wurde als Sternbild des Drachen am Sternenhimmel verewigt.

### **Skylla und Charybdis** – Meeresungeheuer

Skylla, ein Meeresungeheuer mit dem Oberkörper einer Frau und einem Unterleib, aus dem sechs Hundeleiber ragten, lebte in der Meerenge von Messina zwischen Sizilien und Italien. Sie soll eine Tochter des Phorkys mit der Keto gewesen sein. Andere berichten, dass sie einst eine schöne Nymphe war, in die sich der Meeresgott Glaukos verliebte. Dies missfiel der Zauberin Kirke, die selbst ein Auge auf Glaukos geworfen hatte. Sie vergiftete das Meer, in dem Skylla zu baden pflegte, und als diese aus dem Wasser auftauchte, war sie aufs Hässlichste entstellt. Aus Verzweiflung und Wut wurde Skylla zu einem Monster und lauerte an der Meerenge Seefahrern auf, die sie mit langen Fangarmen packte und fraß.

Gegenüber von Skylla, auf der anderen Seite der Meerenge, hauste ein anderes Ungeheuer, die Charybdis. Dreimal am Tag saugte sie das Meerwasser ein, um es dann mit lautem Gebrüll wieder auszuspeien. Wenn ein Schiff in diesen Strudel geriet, war es hoffnungslos verloren. Weil Odysseus diese gefährliche Stelle mit seinem Schiff meiden wollte, geriet er zu nahe an die Skylla. Sie tötete sechs seiner Gefährten.

### **Pegasos** – das geflügelte Pferd

Pegasos, das unsterbliche geflügelte Pferd, ist ein Abkömmling des Poseidon und der Gorgone Medusa, mit der er kurz zuvor in Gestalt eine Pferdes Verkehr hatte. Es heißt, er sei dem Hals der Medusa entsprungen, als diese von Perseus (▶ Seite 90 f.) geköpft wurde. Andere sagen, dass er dem Blut der Medusa entsprang, als es auf den Boden tropfte. Pegsasos wurde von Bellerophon gezähmt. Er ritt auf Pegasos bei seinem Angriff auf die Feuer speiende Chimaira. Tatsächlich gelang es

*Bellerophon zieht mit Pegasos in den Kampf gegen die Chimaira, hier zu sehen auf einem Gemälde von Alexander Andrejewitsch Iwanow.*

*Die Kentauren – Mischwesen aus Mensch und Pferd – waren ein wildes Volk, das im Ruf stand, unbeherrscht und lüstern zu sein.*

dem Helden, mithilfe des geflügelten Pferdes das Ungeheuer zur Strecke zu bringen. Doch als er sich damit zum Himmel hinaufschwingen wollte, warf ihn Pegasos ab und flog alleine in den Olymp. Dort wurde er in den Stall des Zeus aufgenommen und später in ein Sternbild verwandelt.

## Die **Kentauren** – halb Mensch, halb Pferd

Die Kentauren lebten als Stamm in der Wildnis der Bergwelt von Magnesia. So rau und wild wie die Gegend, die sie bewohnten, war auch ihr Wesen. Sie hausten in Höhlen, gingen auf die Jagd, indem sie Felsbrocken und Baumstämme nach der Beute warfen. Es heißt, dass die Kentauren von der Nymphe Nephele geboren wurden, einem Phantomwesen, das Zeus aus Wolken geschaffen und dem er das Aussehen seiner Gattin Hera verliehen hatte, um König Ixion zu täuschen, der es auf Hera abgesehen hatte. Aus der Verbindung des Königs mit der Nymphe gingen die Kentauren als Mischwesen hervor, vom Kopf bis zu den Lenden menschlich, darunter ein Pferd.

Unter ihnen lebte auch Chiron als weisester und ältester der Kentauren. Er war im Gegensatz zu den anderen unsterblich und stammte vom Titanengott Kronos ab, der sich mit Philyre, eine Okeanide, gepaart hatte und dabei von seiner Frau Rhea ertappt wurde. Kronos entkam der Situation, indem er sich in ein Pferd verwandelte und davongaloppierte. Die Folge war, dass die Nymphe einen Kentauren zur Welt brachte. Chiron kümmerte sich um seine wilden Artgenossen und sorgte für ihre Erziehung. Davon abgesehen stand er in so hohem Ansehen bei Menschen und Göttern, dass er zum Lehrer vieler berühmter Helden wurde, darunter Iason (▶ Seite 93 ff.) und Achilles (▶ Seite 96 f.). Auch für die Ausbildung des Heilergottes Asklepios und des Aristaios war er verantwortlich.

Sein Ende führte Herakles (▶ Seite 91 ff.) herbei. Bei einem Streit mit den Kentauren traf der Held Chiron versehentlich mit einem seiner Pfeile, die mit dem Gift der Hydra getränkt waren – eine Wunde, die nicht heilen konnte. Da Chiron unsterblich war, litt er fortan unermessliche Qualen, ohne davon erlöst werden zu können. Schließlich bat er Zeus darum, von seiner Unsterblichkeit befreit zu werden. Zeus gewährte ihm diesen Wunsch und setzte ihn als Sternbild an den Himmel.

Einige sagen auch, dass Chiron seine Unsterblichkeit für die Befreiung des Prometheus opferte, der erst von seinem Leiden befreit werden konnte, wenn ein Unsterblicher sein Leben für ihn hingeben würde.

*Der Minotaurus – ein Mischwesen aus Mensch und Stier – ist bis heute ein beliebtes Motiv der bildenden Kunst.*

## Der **Minotauros** – halb Mensch, halb Stier

Der gefürchtete Minotauros war ein Ungeheuer, ein Mensch mit dem Haupt eines Stiers. Er war der Sohn der Königin Pasiphae von Kreta, nachdem sie sich mit dem schönsten Stier aus dem Stall ihres Gatten Minos gepaart hatte. Dieser Stier wurde Minos von Poseideon gesandt, damit dieser ihn zu seinen Ehren opfere. Doch dem König gefiel der Stier so gut, dass er ihn behielt und an seiner statt einen minderwertigeren als Opfer darbrachte. Aus Zorn darüber ließ Poseidon Pasiphae sich vor Verlangen nach dem Stier verzehren. Um sich begatten zu lassen, ließ sie sich von Daidalos eine hölzerne Kuh bauen. Aus dieser Verbindung ging der Minotauros hervor.

Minos wollte das Monster umbringen, doch errichtete er auf Bitten seiner Tochter Ariadne ein Gefängnis, das von Daidalos entworfene Labyrinth, in dem der Minotauros fortan an sein Dasein fristen musste – bis er von Theseus (▶ Seite 101 f.) besiegt wurde.

## Die **Harpyien** – halb Mensch, halb Vogel

Die Harpyien waren die Töchter des Meerestitanen Thaumas und der Okeanide Elektra, damit Schwestern der Iris, der Göttin des Regenbogens. Im Gegensatz zu ihrer schönen Schwester werden sie als hässliche Dämoninnen

*Die Harpyien mussten auf Geheiß des Zeus Seelen in den Tartarus tragen oder die Feinde des Göttervaters töten.*

beschrieben, halb Mensch, halb Vogel. Sie wohnten in einer Höhle auf Kreta und hatten den Auftrag, die Seelen der Toten in den Tartarus zu tragen. Wenn Zeus es ihnen befahl, zogen sie auch aus, um seine Feinde zu töten. Die Harpyien sind schnell wie der Wind und unverwundbar. Nur Herakles (▶ Seite 91 ff.) gelang es, eine von ihnen zu töten, als er mit Iason (▶ Seite 93 ff.) und den Argonauten unterwegs war. Die Harpyien hatten nämlich den Auftrag, den blinden König Phineus zu quälen, indem sie ihm das Essen aus dem Mund raubten und es mit ihrem Kot besudelten. Nur so viel, dass er gerade am Leben bleiben konnte, ließen sie ihm übrig. Die Argonauten vertrieben die Vogeldämonen und Herakles traf eine von ihnen mit einem seiner mit dem Gift der Hydra getränkten Pfeile.

### Die **Sirenen** – tödliche Seenymphen

Die Sirenen waren drei Seenymphen in Gestalt von Vögeln mit Frauenköpfen oder dem Oberkörper von Frauen. Sie betörten Seefahrer mit ihrem Gesang, lockten sie zu sich und töteten sie. Es heißt, dass der Gesang der Sirenen nicht nur wunderschön war, sondern auch alles, was auf der Erde geschah und geschehen werde, offenbaren könne. Woher sie kamen, weiß niemand genau, manche sagen, sie seien Töchter des Flussgottes Acheloos und einer der neun Musen, vielleicht waren sie so etwas wie die Musen der Totenklage. Manche sagen, dass sie früher schöne junge Frauen gewesen seien, die im Gefolge der Demeter sich auf die Suche nach der von Hades geraubten Persephone machten. Sie baten Zeus um Flügel, um die verlorene Tochter der Göttin über dem Meer suchen zu können. Andere wiederum sagen, ihre Verwandlung geschah als Strafe dafür, dass

*Odysseus ließ sich an den Mast seines Schiffes binden, um nicht dem Gesang der Sirenen zu erliegen, während seine Männer ihre Ohren mit Wachs verschlossen.*

sie der Demeter ihre Hilfe bei der Suche verweigert hatten. Und schließlich behaupten einige, dass es sich um Mädchen handelte, die von Aphrodite in Vögel verwandelt wurden, weil sie sich weigerten zu heiraten.

Wie auch immer, es war gefährlich, sich ihnen zu nähern. Zwei Helden gelang dies jedoch unbeschadet. Odysseus (► Seite 98 f.) wollte den Gesang der Sirenen hören und befahl seinen Männern, sich die Ohren mit Wachs zu verschließen, während die ihn an den Mast des Schiffes fesseln und ihn erst wieder losbinden sollten, wenn sie die Insel der Sirenen passiert hätten. Der Plan ging auf. Auch Iason (► Seite 93 ff.) musste mit seinen Argonauten an der Insel vorbei. Diesmal sang Orpheus (► Seite 102) so laut, dass der Gesang der Sirenen übertönt wurde und die Helden heil vorbeisegeln konnten.

## Die Stymphalischen Vögel – menschenfressende Vogelungeheuer

Die Stymphalischen Vögel waren Vogelungeheuer, die im See Stymphalos in Arkadien lebten und sich von Menschenfleisch ernährten. Sie besaßen Schnäbel, Klauen und Federn aus Eisen, die so hart waren, dass sie jede Rüstung durchdrangen. Ihre Federn konnten sie außerdem wie Pfeile auf ihre Opfer schießen. Eine der Aufgaben des Herakles (► Seite 91 ff.) war, diese Plage für Mensch und Tier zu vertreiben. Athena gab ihm hierfür zwei metallene Klappern, die einen solchen Lärm veranstalteten, dass die Vögel aufgescheucht wurden und sich in die Lüfte erhoben. Nun holte der Held mit seinen Hydra-Pfeilen und seinem Bogen alle nacheinander vom Himmel. Vor den tödlichen Eisenfedern schützte er sich mit den Klappern, die er wir einen Schild vor sich hielt. Nicht alle Vögel konnte Herakles zur Strecke bringen. Einige entkamen, wurden aber nie mehr gesehen. Die Argonauten hatten noch einmal eine Begegnung mit ihnen: Als sie auf der Insel Kolchis landen wollten, wurden sie von ihnen angegriffen.

## Die **Lamia** – Kinderfresserin

Ein besonders unheimliches Monster aus der Tiefe des Meeres war die Lamia, eine kinderfressende Vampirin, Tochter des Poseidon. Ihr Name verweist auf ihre Verwandtschaft mit dem Hai. Vielleicht war sie auch mit Keto, der Frau des Phorkys, identisch, und gebar von ihm

*Dieses Bildnis der Lamia aus dem Jahre 1909 stammt von dem britischen Maler John William Waterhouse.*

das Seeungeheuer Skylla. Die Lamia taucht in den Sagen als ein alptraumhaftes Ungeheuer aus den Sümpfen auf, das sich auf Kinder als Beute spezialisiert hatte. Es heißt, dass sie einst Königin von Libyen war und die Geliebte des Zeus. Von ihm erhielt sie die sonderbare Gabe, die Augäpfel aus ihren Augenhöhlen zu nehmen. Der Sohn, den sie von Zeus empfing, wurde jedoch von der eifersüchtigen Hera ermordet. In ihrer Trauer begann sie, die Kinder anderer Mütter erst zu töten, dann zu häuten und zu zerstückeln, um sie schließlich zu verspeisen.

Manchmal sprach man auch von Lamien, also einer größeren Anzahl dieser schrecklichen Gespenster. Diese konnten junge Frauen sein, aber auch junge Männer, die von einem unstillbaren Verlangen nach Blut getrieben wurden.

## Helden und Halbgötter

Die Menschen brauchen Helden, denn sie sind Vorbilder für das Leben. Wer wäre nicht gerne so stark wie Herakles, so schlau wie Odysseus und so mutig wie Achilles? Der Held der Antike stammt mitunter von Göttern ab, aber er hat es deshalb nicht unbedingt leicht. Oft genug gerät er zwischen die Fronten sich streitender Göttinnen und Götter, wird zum Spielball des Schicksals, aus dem er sich aus eigener Kraft herausarbeiten muss, indem er Prüfungen zu bestehen hat, die ihn immer wieder an den Rand der Verzweiflung und in gefährliche Todesnähe bringen. Ungeheuer müssen bezwungen, Rätsel gelöst, die Laune der Götter ertragen, Irrfahrten durchlitten und Schlachten geschlagen werden. Am Ende glänzen sie durch ihre Taten, die nach und nach klar werden lassen, warum Helden eben aus anderem Holz geschnitzt sind als der durchschnittliche Sterbliche. Viele von ihnen werden deshalb auch in den Olymp erhoben und selbst zu Göttern. Wer in den Sternenhimmel blickt, wird viele Gestalten aus den Sagen um die berühmtesten Helden in den Sternbildern verewigt finden: Da kämpft Perseus immer noch gegen die Medusa, kämpft Herakles immer noch gegen den Nemäischen Löwen und segelt die Argo immer noch auf der Suche nach dem Goldenen Vlies …

### Perseus – Bezwinger der Medusa

Akrisios, der König von Argos, lebte in der Angst vor der Prophezeiung, dass einst ein Sohn seiner Tochter Danae ihm zum Verhängnis werden würde. Daher schloss er die Prinzessin in den Keller seines Palastes ein. Doch Zeus erschien der Schlafenden als Goldregen und sie gebar Perseus.

Als Akrisios das Kind entdeckte, schloss er Mutter und Sohn in eine Kiste ein und ließ sie auf hoher See aussetzen. Zeus und sein Bruder Poseidon retteten die beiden und sie wurden an das Ufer einer Insel gespült, wo sie ein Fischer fand, der Bruder des König Polydektes. Als dieser die schöne Danae entdeckte, wollte er sie zu seiner Frau machen, doch Perseus stellte sich ihm entgegen und erklärte, er würde alles tun, um seine Mutter zu beschützen. Um Perseus loszuwerden, verlangte der König von ihm, ihm das Haupt der Medusa zu bringen. Perseus bestand diese Aufgabe und als er auf dem Rückweg war, sah er eine schöne Frau an einen Felsen gekettet – es war Andromeda, die dem Meeresungeheuer Keto geopfert werden sollte, weil ihre Mutter geprahlt hatte, sie sei viel schöner als die Nereiden, die Töchter des Nereus. Poseidon war über diese Anmaßung derartig erzürnt, dass er die Küste mit schrecklichen Katastrophen heimsuchte. Nur ein solches Opfer könne die Wut des Meeresgottes besänftigen, verkündete ein Seher. Perseus versprach die Rettung der Andromeda, wenn er sie anschließend als Braut heimführen dürfe. Kepheus, der Vater der Andromeda, versprach ihm nicht nur die Hand seiner Tochter, sondern auch noch das ganze Königreich. Im Kampf gegen das Monster setzte Perseus das Haupt der Medusa ein und befreite Andromeda. Er zeugte mit ihr Perses, den Stammvater aller persischen Könige. Er selbst kehrte zu seiner Mutter zurück, und weil Polydektes in der Zwischenzeit nicht aufgehört hatte, ihr nachzustellen, zeigte er ihm das Haupt der Medusa – alle Versammelten versteinerten augenblicklich. Schließlich machte er sich auf den Weg zu seinem Großvater, dem König von Argos. Dieser war in das Land der Pelasger geflüchtet, durch welches Perseus kam. Er nahm an den dort stattfindenden Wettkämpfen teil und schleuderte einen Diskus so unglücklich, dass er Akrisios tödlich verletzte. So erfüllte sich die Prophezeiung letztlich doch.

## Herakles und die 12 Arbeiten

Der wohl berühmteste Held der Antike ist Herakles, der am Ende als Gott unter die Olympier aufgenommen wurde. Er wurde in Theben als Sohn des Zeus mit Alkmene, der Tochter des mykenischen Königs Elektryon, geboren, die aus dem Geschlecht des Perseus stammte. Im Kampf gegen die Giganten, die nur von einem Sterblichen bezwungen werden konnten, wollte der Göttervater einen Helden zeugen. Zeus erschien der Alkmene daher in Gestalt ihres abwesenden Gemahls Amphytrion und wohnte ihr bei. Als dieser zurückkehrte, flog der Betrug auf, aber Amphytrion verzieh seiner Gattin und zeugte mit ihr Iphikles. Alkmene brachte zwei Kinder zur Welt: einen Halbgott und einen Sterblichen.

Die Eifersucht der Hera, Gemahlin des Zeus, verfolgte Herakles sein Leben lang. Schon vor der Geburt bewegte sie ihren Gatten dazu, zu verkünden, dass der Erstgeborene aus dem Hause des Perseus zum Herrscher über Mykene werden sollte. Daraufhin veranlasste sie Eileithyia dazu, die Wehen der Alkmene hinauszuzögern, sodass vor der Geburt ihrer Zwillinge Eurytheus, Sohn des Sthenelos und der Nikippe und ein Enkel des Helden Perseus, zur Welt kommen konnte. Er wurde entsprechend zum König bestimmt und Herakles war ihm untertan.

Aus Angst vor der Rache Heras setzte Alkmene den Säugling Herakles aus, doch Athena nahm sich seiner an und brachte ihn unerkannt zu Hera, die ihn tatsächlich

*Perseus mit dem Kopf der Medusa – eine Aufgabe, die er bewältigen musste, um seine Mutter vor König Polydektes zu schützen.*

*Herakles am Scheideweg – er muss sich zwischen einem mühelosen, aber moralisch verwerflichen und einem beschwerlichen, aber tugendhaften Lebensweg entscheiden.*

stillte. Der Halbgott aber sog so heftig an ihrer Brust, dass sie vor Schmerzen aufschrie und ihn von sich stieß. Die Milch spritzte über den Himmel und ist heute als Milchstraße zu sehen. Da er aber von göttlicher Milch gekostet hatte, bekam Herakles auch göttliche Kräfte. Athena brachte das Kind zu seiner Mutter zurück. Als er acht Monate alt war, schickte Hera zwei riesige Schlangen, um ihn zu töten. Doch der kleine Herakles packte beide und erwürgte sie mit bloßer Hand.

Herakles genoss eine umfassende Ausbildung in Kampfeskünsten, wurde aber auch in Gesang und Leierspiel unterrichtet. So gelehrig er auch war, so wenig hatte er seine Wut unter Kontrolle. Im Jähzorn erschlug er beispielsweise seinen Lehrer mit der Leier, als dieser ihn tadelte, wenn auch zu Unrecht. Da schickte ihn sein Vater Amphytrion zu den Hirten seiner Rinderherden, wo er seine Jugend verbrachte.

Nach seiner Rückkehr machte sich Herakles einen Namen als starker Held, heiratete und zeugte Kinder. Eurystheus berief ihn an seinen Hof. Doch Herakles, der immer glaubte, der rechtmäßige Erbe des Thrones zu sein, verweigerte sich. Hera schlug den Halbgott daraufhin mit Wahnsinn, in dem er seine Frau und seine drei Kinder tötete. Wieder nüchtern, bereute er seine Tat und suchte beim Orakel von Delphi um Rat. Dieses verkündete, dass er sich nur dann entsühnen könne, wenn er sich zwölf Jahre in den Dienst des Eurystheus stelle. Herakles beugte sich dem Orakel.

Eurytheus verlangte von ihm die berühmten zwölf Arbeiten. Erst wenn er all diese Aufgaben bewältigt habe, wäre sein Mord gesühnt.

Zu diesen Aufgaben gehörte die Bezwingung zahlreicher Ungeheuer wie des Löwen von Nemea, der neunköpfigen Hydra und der Stymphalischen Vögel. Außerdem musste er die goldenen Äpfel aus dem Garten der Hesperiden pflücken und dabei das Ungeheuer Ladon besiegen. Als letzte Tat holte er den Kerberos, den Höllenhund, aus der Unterwelt.

Während der Zeit, in der Herakles die zwölf Aufgaben zu bewältigen hatte, bestand er zusätzlich viele weitere Abenteuer, zog unter anderem auch mit Iason und den Argonauten auf die Suche nach dem Goldenen Vlies.

Herakles wurde nach seinem Tode als Unsterblicher unter die Götter aufgenommen. Er wurde in weiten Teilen des Landes von den Menschen verehrt und ihm zu Ehren wurden Feste abgehalten. Hauptort für seinen Kult war seine Geburtsstadt Theben. Der Held wird in der Kunst mit seiner Keule dargestellt und dem Fell des Nemäischen Löwen.

### Iason – Anführer der Argonauten

König Aison von Iolkos verlor durch Hinterlist die Königswürde an seinen Halbbruder Pelias. Damit sein Sohn Iason nicht ebenfalls der Tücke von Pelias zum Opfer falle, versteckte er den Jungen bei Chiron, dem Kentaur, und ließ zugleich verkünden, Iason sei plötzlich verstorben. Chiron, der sanfteste und weiseste aller Kentauren, unterrichtete Iason in vielen Künsten.

Pelias erfuhr unterdessen durch ein Orakel, er solle sich vor einem Mann in Acht nehmen, der nur einen Schuh trüge. Zur selben Zeit machte sich Iason auf, um die seinem Vater entrissene Königswürde zurückzugewinnen. An einem reißenden Fluss begegnete ihm eine alte Frau, die sich nicht über das tobende Gewässer wagte. Da nahm Iason sie auf seine Schultern und trug sie ans andere Ufer. Dabei verlor einen Schuh. Die Greisin aber war keine andere als die große Hera, die, wie es die Götter gern taten, die Gesinnung der Menschen auf die Probe stellte. Sie war hoch erfreut über das große Herz des jungen Mannes. Von nun an konnte sich Iason des Schutzes dieser Göttin sicher sein.

Iason gelangte schließlich in seine Heimatstadt Iolkos. Seine strahlende Schönheit und sein männliches Auftreten ließen ihn in den Augen der Menschen wie einen Gott erscheinen. Bald drang die Kunde von dem schönen Fremden auch zu König Pelias, der ihn zu sich rief. Natürlich bemerkte Pelias sofort, dass dem jungen Mann ein Schuh fehlte, doch er ließ sich nichts anmerken und fragte ihn nach seiner Herkunft und seinem Begehr. Iason antwortete freimütig, er sei gekommen, seinen Vater zu rächen, Aison, den wahren König von Iolkos, und forderte die Königswürde zurück.

Der listige Pelias schlug Iason einen Vergleich vor: Wenn er das Goldene Vlies aus Kolchis heimhole, das einst seiner Familie gehörte, würde er nicht nur den Fluch von seinen Verwandten nehmen, sondern er, Pelias, sei auch bereit, ihm den Thron von Iolkos zu überlassen. Dieses Goldene Vlies war das Fell eines Widders und hing im Heiligen Hain des Gottes Ares in Kolchis, bewacht von einem riesigen Drachen, der niemals schlief.

Iason ließ ein Schiff bauen, die Argo, und lud viele Helden ein, ihn zu begleiten. Fünfzig der tapfersten und besten Männer seiner Zeit

*Die Einschiffung der Argonauten, ein Gemälde des italienischen Künstlers Lorenzo Costa aus dem 16. Jahrhundert*

fanden sich unter seiner Führung zusammen und wurden die Argonauten genannt, darunter Herakles, Theseus (▶ Seite 101 f.), die Dioskuren und Orpheus (▶ Seite 102).

Auf der Fahrt nach Kolchis mussten die Argonauten zahlreiche Abenteuer bestehen. Endlich erreichten sie das Land am Ostufer des Schwarzen Meeres. Iason forderte von König Aietes das Goldene Vlies, der bereit war, ihm das Vlies zu überlassen, wenn es ihm gelänge, die Feuer speienden Stiere vor einen Wagen zu spannen und Drachenzähne zu säen. Da sich Medea, die zauberkundige Tochter des Königs, in Iason verliebt hatte, half sie dem Recken bei der Bewältigung dieser Aufgabe. Doch Aietes weigerte sich, sein Versprechen einzuhalten. Da schläferte Medea den Drachen, der das Goldene Vlies bewachte, ein und half so Iason, das Vlies zu entwenden.

Erfolgreich kehrten die Helden nach Iolkos zurück, doch Pelias verweigerte Iason die Herrschaft. Iason musste fliehen und geriet nach Korinth, wo er mit Medea und drei gemeinsamen Söhnen zehn Jahre glücklich verlebte – bis Iason Glauke, die Tochter von Kreon, des Königs von Korinth, kennenlernte und sich in sie verliebte. Rasend vor Eifersucht ermordete Medea Vater und Tochter, und um Iason noch tiefer zu treffen, tötete sie auch zwei ihrer eigenen Söhne. Dann floh sie.

Iason blieb einsam und verlassen in Korinth zurück. Eines Tages saß er im Schatten seines alten Schiffes Argo, als dieses plötzlich in sich zusammenstürzte und ihm das Genick brach.

## Der Krieg um Troja

Der Krieg um Troja ist eines der wichtigsten Ereignisse in der griechischen Mythologie, erzählt in der Ilias des Homer. Er wird ausgelöst durch die Entführung der Helena, der Gattin des Menelaos, König von Sparta, durch Paris, den Sohn des trojanischen Königs Priamos.

Paris sollte einst den Streit zwischen den Göttinnen Hera, Athena und Aphrodite schlichten, der ausgebrochen war, als Eris, die Göttin der Zwietracht, ihnen einen goldenen Apfel zuwarf, auf dem stand: „Für die Schönste". Alle drei versuchten, die Gunst des Paris zu gewinnen: Hera versprach ihm Macht, Athena Klugheit, Aphrodite aber versprach ihm die schönste Frau der Welt. Und das war in jener Zeit Helena. Paris zögert nicht lange und urteilte, dass Aphrodite die Schönste sei.

Paris entführte Helena, wobei sich auch diese in ihn verliebte. Sie flohen nach Troja. Die Griechen unter der Führung des Agamemnon zogen nun in den Krieg gegen die Stadt und belagerten sie zehn Jahre lang, bevor sie schließlich den Sieg errangen – mit einer List.

Die Griechen bauten ein großes hölzernes Pferd und täuschten ihren Abzug vor. Sie ließen das Pferd zurück und die Trojaner glaubten, es handle sich um ein Opfergeschenk zu Ehren der Göttin Athena. Sie holten es in die Stadt und stellten es vor den Tempel der Göttin. Das Pferd war aber in Wirklichkeit innen hohl und beherbergte eine Schar griechischer Soldaten. Diese schlichen sich in der Nacht aus dem Pferd und öffneten dem griechischen Heer, das in der Nacht zurückgekehrt war, die Stadttore von innen. Dies war der Augenblick, in dem Troja fiel.

*Mithilfe einer List – dem Trojanischen Pferd – gelang es den Griechen, in die Stadt Troja einzudringen und sie zu zerstören.*

## **Achilles** – Held von Troja

Achilles war der Sohn von Peleus, dem König von Thessalonien, und der Meeresgöttin Thetis. Er gilt als der berühmteste Krieger der Antike. Sowohl Zeus als auch Poseidon hatten es auf die schöne Thetis abgesehen, doch Prometheus warnte beide davor, denn das Kind der Thetis sollte einst mächtiger werden als sein Vater. Um diese Gefahr für die Götterwelt zu bannen, suchten die Götter für Thetis einen Sterblichen und vermählten sie mit Peleus. Doch Thetis hing sehr an dem kleinen Achilles und beschloss, ihn unsterblich zu machen. Sie tauchte den Säugling in den Fluss Styx im Hades, denn das Wasser dieses Flusses konnte unverwundbar machen. Doch weil sie ihn dabei an der Ferse festhielt, blieb er genau an dieser Stelle verletzlich – der berühmten Achillesferse.

Achilles ging bei dem Kentauren Chiron in den Unterricht und lernte die Kunst der Kriegsführung. Unter der Obhut des weisesten der wilden Kentauren wuchs Achilles zu einem starken Kämpfer heran.

In den Wirren des Trojanischen Krieges wollte seine Mutter den jungen Achilles schützen, denn sie wusste, dass ihr Sohn in diesem Krieg umkommen würde. Sie verkleidete Achilles als Mädchen und versteckte ihn unter den Frauen im Palast des König Lykomedes in Skyros. Ohne Achilles waren die Griechen jedoch nicht in der Lage, die Trojaner zu besiegen, so hatte es ein Orakel bestimmt, doch niemand wusste, wo er war. Da folgte der listenreiche Odysseus den Spuren des Achilles bis nach Skyros. Er verkleidete sich als Kaufmann und brachte einen Haufen Schmuck an den Hof – und Waffen. Die Frauen bewunderten sogleich die glitzernden Juwelen, als plötzlich ein Horn ertönte, als ob der Palast von Feinden angegriffen würde. Dies war jedoch nur eine Finte des Odysseus, denn während alle Mädchen vor Schreck erstarrten, griff Achilles nach den Waffen, um sich zu verteidigen, und gab so seine Tarnung auf. Nun musste er mit nach Troja segeln.

Im Krieg kam es zu einem erbitterten Streit zwischen Agamemnon, dem Heerführer der Griechen, und Achilles. Der Recke zog sich zornig in sein Zelt zurück und schwor,

unter Agamemnon nicht weiter an der Schlacht teilzunehmen. Ohne den Helden steckten die Griechen eine Niederlage nach der anderen ein, doch Achilles blieb stur. Sein Freund und Waffengefährte Patrokolos überredete den Kämpfer, ihm zu erlauben, in dessen Rüstung am Kampf teilzunehmen. Dies zeigte zwar Wirkung, denn die Griechen glaubten nun, dass Achilles in den

Kampf zurückgekehrt sei, und neuer Kampfgeist erfasste sie. Und sie schlugen die Trojaner zurück. Allerdings kostete dies Patroklos das Leben, denn er wurde vom Trojaner Hektor getötet. Achilles wollte sich rächen – ungeachtet der Warnung seiner Mutter, dass ein Angriff gegen Hektor seinen sicheren Tod bedeuten würde. Er forderte den trojanischen Recken zum Kampf heraus. Und tatsächlich tötete er ihn mit Athenas Hilfe, band ihn an seinen Streitwagen und schleifte den Leichnam des Mörders seines geliebten Patroklos dreimal um die ganze Stadt.

*Mit dem Griff zum Schwert verriet sich Achilles, den seine Mutter unter den Frauen im Palast des Königs Lykomedes versteckt hatte.*

*Als der betrunkene Polyphemos eingeschlafen war, blendeten Odysseus und seine Männer ihn mit einem glühenden Pfahl.*

Doch die Tage des Achilles waren gezählt. Ein Pfeil aus dem Bogen des Paris, geführt von Apollon, verletzte ihn an seiner einzigen verwundbaren Stelle, der Ferse. Er starb. Seine Asche wurde mit der des Patroklos vermischt und in einer goldenen Urne in den Fluten des Hellespont bestattet. Den Sieg der Griechen über Troja erlebte er nicht mehr.

### Die Irrfahrten des **Odysseus**

Odysseus, Sohn des Laertes und König von Ithaka, galt als einer der klügsten Männer seiner Zeit. Im Trojanischen Krieg hatte er eine Schlüsselstellung inne und ihm ist die Idee mit dem hölzernen Pferd zu verdanken, mit dem die Griechen den Krieg letztlich zu ihren Gunsten entschieden. Doch nach dem Fall Trojas sollten sich die Griechen nicht lange an ihrem Triumph erfreuen. Die Götter waren erzürnt über das jahrelange Blutvergießen, insbesondere Athena, denn in ihrem Heiligtum hatte man die Seherin Kassandra vergewaltigt – ein ungeheurer Frevel. Daraufhin schickte sie einen gewaltigen Sturm über die Flotte der Griechen, der sie in alle Himmelsrichtungen zerstreute. Die Schiffe des Odysseus wurden auf eine zehnjährige Irrfahrt geschickt, bevor er endlich wieder nach Ithaka zurückkehren konnte, wo ihn seine Gemahlin Penelope sehnsüchtig erwartete. Auf dieser Reise geriet er an die Gestade fremdartiger Länder, bevölkert mit fantastischen Wesen, überstand zahlreiche Gefahren und focht blutige Kämpfe mit Ungeheuern aller Art aus. So überlistete er den menschenfressenden Kyklopen Polyphemos, lauschte, gefesselt an den Mast seines Schiffes, den Stimmen der Sirenen und entging mit knapper Not der Skylla und der Charybdis. Er gelangte auch auf die Insel der Zauberin Kirke, die einen Teil seiner Gefährten, welche die Insel erkunden wollten, scheinbar freundlich bei sich aufnahm, dann aber in Schweine verwandelte. Als Odysseus, der auf dem Schiff zurückgeblieben war, davon erfuhr, machte er sich sogleich auf den Weg, um seine Männer zu retten. Dazu erhielt er von Hermes ein Zauberkraut, das ihn gegen die Magie der Kirke schützen sollte. Das Kraut zeigte seine Wirkung und Odysseus konnte Kirke überwältigen. Sie musste den Männern ihre menschliche Gestalt wiedergeben. Odysseus und Kirke fanden Gefallen aneinander und der Held blieb ein ganzes Jahr bei der Zauberin, die ihm wichtige Ratschläge für seine weitere Fahrt gab und ihn mit Vorräten versorgte.

Am Ende der Reise blieb nur noch Odysseus selbst am Leben. Er strandete auf der Insel Ogygia und wurde Gast der Nymphe Kalypso. Sieben Jahre blieb er als Geliebter bei der schönen Frau, doch dann packte ihn das Heimweh nach seiner Gemahlin. Über einige Umwege fand er schließlich zurück nach Ithaka, wo er von der Göttin Athena empfangen wurde. Diese verriet ihm, dass sein Palast von zahlreichen Freiern belagert wurde, die alle nur darauf warteten, von seiner Gattin Penelope empfangen zu werden, denn sie hielten Odysseus für tot und machten sich Hoffnung auf das Königreich. Penelope aber hielt über all die Jahres standhaft ihrem Mann die Treue. Als Bettler verkleidet schlich er sich in die Stadt, wo ihn niemand erkannte. Einzig seinem Sohn Telemachos offenbarte er sich. Gemeinsam mit ihm schmiedeten sie einen Plan, wie sie die Freier töten könnten.

Penelope hatte inzwischen einen Wettkampf ausgeschrieben und versprach demjenigen ihre Hand, der mit dem Bogen des Odysseus einen Pfeil durch die Schaftlöcher von zwölf in einer Reihe stehenden Äxte treffen würde. Keiner der anwesenden Freier war in der Lage, den Bogen des Odysseus zu spannen. Schließlich trat Odysseus als Bettler unerkannt vor und griff nach dem Bogen. Ihm gelang das Kunststück. Im Anschluss daran tötete er alle Freier, unterstützt von seinem Sohn. Damit war der König wieder Herr in seinem Land.

### Aineias – Stammvater Roms

Während sich Odysseus auf Irrfahrt nach Hause begibt und ein Abenteuer nach dem anderen bestehen muss, wird ein anderer berühmter Held aus dem trojanischen Herrschergeschlecht sich auf den Weg nach Westen machen und zum Stammvater einer ganzen Nation werden: Aineias. Er ist Sohn des Anchises mit der Göttin Aphrodite. Nach Hektor galt er als der Tapferste unter den Trojanern. Er stand im Kampf unter dem besonderen Schutz der Göttin der Liebe, aber auch des Apollon und der Artemis, die ihm zur Seite standen und seine Wunden heilten.

Nach dem Untergang Trojas gelang Aineias zusammen mit seinem Vater Anchises, seiner Frau Kreusa und seinem Sohn Askanios die Flucht. Er trug den alten Mann auf seinen Schultern aus der brennenden Stadt. Gemeinsam mit einer Schar Getreuer entkam er und begab sich auf große Fahrt über das Meer Richtung Westen, die sich bald zu einer Irrfahrt gestaltete. Dabei verlor er seine Gemahlin, die ihm später als Geist erschien und ihm prophezeite, er werde ein neues Troja gründen. Auch Anchises starb auf der beschwerlichen Fahrt. Unter anderem gelangten sie nach Karthago, wo sich die Königin Dido in Aineias verliebte. Als der Held sie schließlich verließ, weil er sich an seinen ursprünglichen Auftrag erinnerte, beging sie vor Kummer Selbstmord.

Ein Orakel des Apollon befahl Aineias, sich auf die Suche nach der „alten Mutter“ zu begeben. Damit war Italien gemeint, wie sich bald herausstellte. Nach seiner Ankunft in Latium wurde er von König Latinus freundlich empfangen und er warb um dessen Tochter Lavinia. Nachdem er seinen Rivalen in der Gunst um die schone Prinzessin im Zweikampf besiegt hatte, heiratete er Lavinia und gründete ihr zu Ehren die Stadt Lavinium. In einem Kampf starb der Held und wurde in den Olymp erhoben. Sein Sohn gründete später Alba Longa, die Mutterstadt Roms. Auf ihn berief sich das Geschlecht der Julier bis hin zu Gaius Julius Caesar. Auch Romulus und Remus, die Zwillingsbrüder und Gründer Roms, stammten aus diesem Geschlecht.

*Die Göttin Aphrodite heilt die tödlichen Wunden ihres Sohnes, die Aeneas im Kampf mit Diomedes während des Trojanischen Kriegs davongetragen hatte.*

*Theseus erschlägt den Minotauren – diese Skulptur steht im Jardin des Tuileries, dem Tuileriengarten in Paris.*

## Theseus – Bezwinger des Minotauros

Schon die Umstände der Geburt des Theseus, Sohn des Aigeus, König von Athen, deuten darauf hin, dass diesem Kind ein ganz besonderes Schicksal zugedacht war. Da Aigeus kinderlos geblieben war, befragte er das Orakel von Delphi, erhielt aber nur die seltsame Antwort, er solle seinen Weinschlauch nicht vor seiner Rückkehr öffnen. Der König besuchte daraufhin seinen klugen Freund Pitheus, König von Troizen. Dieser verstand den Orakelspruch und erkannte, dass Aigeus nach seiner Rückkehr wohl einen mächtigen Nachfolger zeugen würde. Da machte Pittheus Aigeus betrunken und schickte ihn zu seiner Tochter Aithra ins Schlafgemach, wo er ihr beiwohnte und Theseus zeugte. Auf diese Weise sorgte Pittheus dafür, dass der Held, den Aigeus zeugen würde, mit seinem Hause verbunden war. Bevor Aigeus nach Athen aufbrach, versteckte er ein Schwert und Sandalen unter einem schweren Stein. Wenn ihm von Aithra ein Sohn geboren würde, so sollte dieser, wenn er stark genug geworden wäre, den Stein zur Seite rollen und mit den Gegenständen nach Athen kommen.

Als Theseus alt genug war, gelang es ihm tatsächlich, den Stein wegzurollen und die Gegenstände an sich zu nehmen. Er machte sich auf den Weg nach Athen zu seinem Vater. Unterwegs focht er manche Kämpfe gegen wilde Bestien aus und besiegte einige Schurken wie den Riesen Prokrustes. Dieser bot den Reisenden ein Bett an, auf das er sie legte. Waren sie zu groß für das Bett, hackte er ihnen die Füße ab, waren sie zu klein, streckte er sie gewaltsam. Theseus machte seinem Unwesen ein Ende.

Als er Athen schließlich erreichte, versuchte zunächst Medea, die frühere Gattin Iasons, die von Korinth nach Athen geflohen war und Aigeus mit einem Zauberbann belegt hatte, Theseus' Ansprüche auf den Thron zu vereiteln. Sie redete Aigeus ein, der Fremde wolle ihm Böses und er müsse ihn töten, indem er ihm ein vergiftetes Essen serviere. Als Theseus aber das Fleisch, das man ihm anbot, mit dem Schwert des Aigeus schnitt, erkannte der König, wen er vor sich hatte, und stieß das vergiftete Essen zu Boden. Medea floh, indem sie sich in einen dichten Nebel hüllte. Aigeus aber ernannte Theseus daraufhin zu seinem Nachfolger.

Vor den Toren der Stadt trieb ein gewaltiger Stier sein Unwesen. König Aigeus hatte einst den Sohn des König Minos damit beauftragt, das Untier zu töten, denn es soll jener Stier gewesen sein, den Minos eigentlich hätte opfern sollen zu Ehren des Gottes Poseidon. Weil Minos aber den Stier lieber behalten wollte, hatte Poseidon das Tier mit Wahnsinn geschlagen und fortan richtete es überall große Schäden an. Der Sohn des Minos aber starb bei dem Versuch, den Stier zur Strecke zu bringen. Nun verlangte Minos von den Athenern Genugtuung und forderte alle neun Jahre sieben Jungfrauen und Jünglinge, die dem Minotauros als Menschenopfer dargebracht werden sollten, einem Mischwesen, halb Mensch, halb Stier, Abkömmling der Gemahlin des Minos und eben jenes Stiers. Theseus gelang es, den Stier einzufangen, und opferte ihn Apollon in Delphi. Dann versprach er, dem ungerechten Tribut der Athener an die Kreter ein Ende zu setzen. Er meldete sich freiwillig unter die sieben Jünglinge, die in Knossos geopfert werden sollten. Er legte vor der Abreise fest, dass er weiße Segel auf seiner Rückkehr hissen würde, wenn die Mission erfolgreich verlaufen sei, schwarze, wenn nicht.

Nach seiner Ankunft in Kreta verliebte sich Theseus in Ariadne, die Tochter des Minos. Sie gab Theseus den berühmten Faden, mit dessen Hilfe er aus dem Labyrinth wieder herausfinden würde. Theseus gelang es, das Ungeheuer zur Strecke zu bringen und aus dem Labyrinth zu entkommen. Er nahm Ariadne nach Athen mit. Vor Freude über den Sieg vergaß er jedoch, die weißen Segel zu hissen, und so erblickte sein Vater Schiffe mit schwarzen Segeln. Er glaubte, alles sei verloren und stürzte sich ins Meer, das noch heute nach ihm Ägäis heißt. Theseus wurde nach dem Tod seines Vaters Herrscher von Athen.

## Orpheus – der Sänger

Orpheus war der Sohn der Muse Kalliope und des thrakischen Königs Oiagros, der auch ein Flussgott war. Apollon schenkte ihm die Lyra, die er selbst einst von Hermes erhalten hatte. Er galt als der beste Sänger unter den Menschen. Seine Musik verzauberte Menschen wie Götter, selbst Tiere und Pflanzen, ja sogar Steine schlug er mit seiner Stimme und seinem Spiel in den Bann. Er war mit Iason bei den Argonauten und besänftigte mit seiner Musik das stürmische Meer. Als sie ihr Schiff an der Insel der Sirenen vorbeilenken mussten, übertönte er den tödlichen Gesang mit seiner Stimme.

Seine Frau war die Nymphe Eurydike. Als der Gott Aristaios versuchte, sie zu vergewaltigen, floh sie vor ihm, trat aber auf eine Schlange und starb an deren Biss. In seinem Kummer suchte Orpheus die Unterwelt auf und es gelang ihm tatsächlich, Hades mit seinem Lyraspiel zu erweichen, ihm seine geliebte Frau wiederzugeben. Hades gewährte ihm die Bitte, allerdings unter der Bedingung, dass er beim Aufstieg in die Oberwelt Eurydike vorausgehen müsse und er sich nicht eher nach ihr umdrehen dürfe, bis sie die Unterwelt verlassen hätten. Als er ihre Schritte hinter sich nicht hören konnte, drehte sich der Sänger um und Eurydike musste wieder in den Hades zurück.

Es heißt, dass Orpheus von den Anhängerinnen des Dionysos, den Mänaden, in Stücke gerissen wurde. Sie warfen seinen Kopf zusammen mit der Lyra in den Fluss Hebros, bis er ins Meer trieb und an die Gestade der Insel Lesbos gespült wurde, wobei er die ganze Zeit sang – bis Apollon ihm gebot, zu schweigen.

*Das Gemälde von Pierre Narcisse Guérin zeigt Orpheus am Grab seiner geliebten Frau Eurydike, für die er in die Unterwelt hinabstieg.*

*Aus Übermut kam Ikarus bei seiner Flucht der Sonne zu nahe und stürzte ab; sein Vater Daidalos benannte die Insel, auf der er seinen Sohn beisetzte, zur Erinnerung an ihn Ikaria.*

### Daidalos – der Erfinder

Daidalos wurde in Athen geboren und soll der Enkel des Ares gewesen sein. Was ihn jedoch vor allen anderen Menschen kennzeichnete, waren sein besonderes handwerkliches Geschick und sein begnadeter Erfindungsreichtum. Er war Künstler und Architekt. Aus diesem Grunde trat er in die Dienste des König Minos in Knossos auf Kreta, wo er für ihn das Labyrinth für den Minotauros entwarf, das so kompliziert war, dass er selbst am Ende kaum herausfand. Zuvor hatte er eine hölzerne Kuh gebaut, mit deren Hilfe sich Minos' Gemahlin Pasiphae von einem Stier hatte besteigen lassen. Minos hielt Daidalos und seinen Sohn Ikaros in seinem Palast gefangen, damit er das Geheimnis des Labyrinths nicht verraten konnte. Da erfand Daidalos Flügel aus Wachs und Federn, die er für sich und seinen Sohn anfertigte. Mit ihnen wollte er von Kreta weg und übers Meer fliegen. Daidalos mahnte seinen Sohn, er solle darauf achten, mit den Flügeln aus Wachs der Sonne nicht zu nahe zu kommen. Doch Ikaros schwang sich in die Lüfte und schlug die Warnungen seines Vaters in den Wind. Schließlich schmolz die Hitze der Sonne das Wachs in seinen Flügeln und er stürzte ins Meer, worin er ertrank. Daidalos floh nach Sizilien. Als Minos ihn aufgespürt hatte, überredete er die Töchter seines Gastgebers Kokalos, dem Minos ein Bad mit kochendem Öl einzulassen, in dem der König von Kreta starb.

## Römische Mythologie

Die Mythologie der Römer deckt sich in weiten Teilen mit der der griechischen Sagenwelt. Ursprünglich war die Religion der Römer von bäuerlichen Gottheiten geprägt, die eher Personifikationen der Natur waren als Persönlichkeiten. Im 5. Jahrhundert v. Chr. begannen die Römer unter dem Einfluss der dem Hellenismus zugewandten Kultur der Etrusker, die griechische Götterwelt für sich zu vereinnahmen.

Die zwölf olympischen Götter entsprachen in Rom den *Dei Consentes*. Sie wurden auf dem Forum Romanum in einem gemeinsamen Tempel, der *Porticus Diorum Consentium*, verehrt. Auch viele der anderen Götter hatten ihre Entsprechungen im römischen Götterkosmos (▶ Tabelle 1). Und selbst einige der älteren Gottheiten fanden sich bei den Römern wieder (▶ Tabelle 2), ebenso wie einige Naturwesen und Helden (▶ Tabelle 3).

| Griechisch | Römisch | Griechisch | Römisch |
|---|---|---|---|
| Aphrodite | Venus | Hephaistos | Vulcanus |
| Apollon | Apollo | Hera | Juno |
| Ares | Mars | Hermes | Mercurius |
| Artemis | Diana | Hestia | Vesta |
| Asklepios | Aesculapius | Horen | Horae |
| Athena | Minerva | Leto | Latona |
| Chariten | Gratiae | Moiren | Parcae |
| Demeter | Ceres | Musen | Musae |
| Dionysos | Liber | Nike | Victoria |
| Eileithyia | Lucina | Persephone | Proserpina |
| Eros | Cupido, Amor | Poseidon | Neptunus |
| Hades | Pluto | Tyche | Fortuna |
| Hebe | Juventas | Zeus | Jupiter |

Tabelle 1: *Griechische Gottheiten und ihre römischen Entsprechungen*

*Der römische Kriegsgott Mars wurde dem griechischen Ares gleichgesetzt, unterschied sich von diesem aber durch die größere Bedeutung und Verehrung.*

| Griechisch | Römisch |
|---|---|
| Erinnyen | Furiae |
| Gaia | Tellus |
| Kronos | Saturn |
| Nyx | Nox |
| Okeanos | Oceanus |
| Ouranos | Caelus, Uranus |
| Rhea | Ops |

Tabelle 2: *Ältere Gottheiten der griechischen Mythologie und ihre römischen Entsprechungen.*

| Griechisch | Römisch |
|---|---|
| Herakles | Hercules |
| Pan | Faunus |
| Satyren | Fauni |

Tabelle 3: *Naturwesen und Helden der griechischen Mythologie und ihre römischen Entsprechungen*

Doch nicht alle römischen Götter sind einfach nur Kopien der griechischen Originale. Vor allen Dingen der bedeutendste römische Gott, Mars, geht auf eine eigenständige latinische Gottheit zurück, die ursprünglich deutliche Züge einer Fruchtbarkeitsgottheit der Wiesen und Wälder trug und keinerlei aggressiven Charakterzüge besaß. Erst später wurde er dann dem Kriegsgott Ares gleichgesetzt und übernahm dessen typische Eigenschaften.

Mars ist auch der Stammvater Roms, denn er zeugte mit Rhea Silvia, der Tochter des Numitor, die Zwillinge Romulus und Remus, die der Legende nach im Jahre 735 v. Chr. die Stadt Rom gründeten.

Numitor war von seinem Bruder Amulius vom Thron gestürzt worden. Deshalb ließ Amulius die Kinder nach der Geburt in einem Weidenkorb auf dem Tiber aussetzen. Doch sie wurden ans Ufer gespült. Eine vom Schreien der Kinder angelockte Wölfin brachte sie in ihre Höhle und säugte sie. Sie wurden vom Faustulus, dem Schweinehirten des Amulius, entdeckt, der sie bei sich aufnahm und großzog, ohne zu wissen, wer die beiden waren. Später gelang es den beiden, den tyrannischen Amulius zu stürzen. Zum Dank gestattete Numitor Romulus und Remus am Fuße des Hügels Palatin, wo sie einst ausgesetzt worden waren, eine Stadt zu gründen. Romulus und Remus gerieten jedoch in Streit darüber, wer der Bauherr und damit der Namensgeber der Stadt sein würde. Romulus siegte und zog die heilige Furche, um die Größe der Stadt zu bestimmen. Remus verspottete ihn und sprang über die Begrenzung, woraufhin der wütende Romulus seinen Bruder mit den Worten erschlug: „So möge es jedem ergehen, der über meine Mauern springt!"

## Die griechische Mythologie heute

Mit Fug und Recht kann man behaupten, dass die Griechen mit ihren Göttern und Helden uns ein mythisches Erbe hinterlassen haben, das noch heute unser Bewusstsein prägt. Die Gestalten ihrer Sagen bevölkern unseren Alltag – sei es in der Werbung, in der Kunst oder in der Literatur – und die Lebendigkeit und Farbigkeit ihrer Götter sind ungebrochen: die Eifersucht der Hera, die Untreue des Zeus, die Wut des Ares, die Verführungskunst der Aphrodite. Dabei decken die Götter nicht nur jede erdenkliche menschliche Eigenschaft ab – gute wie schlechte, wünschenswerte wie fehlerhafte –, sondern wirken selbst ganz menschlich.

Auf diese Weise wurden sie zu Persönlichkeiten, mit denen wir uns sehr gut identifizieren können und die einen Himmel zeigen, in dem „die da oben" im Grunde nicht besser sind als wir selbst – auch wenn sie mit übernatürlichen Eigenschaften ausgestattet sind. Sie unterscheiden sich damit ganz deutlich von dem einen fernen Gott des Christentums, der nie begriffen und verstanden werden kann. Die Götter der Griechen verlassen den Olymp, mischen sich unter die Menschen, wandeln unter uns, begehen Fehler, lieben sich, rächen sich, beneiden sich, vertragen sich. Sie sind wie Spiegelungen unseres eigenen Menschseins.

Und genau das macht die Kraft der Mythen aus: Sie berühren uns in unserem eigenen Dasein und geben uns so die Gelegenheit, über uns selbst nachzudenken. Wenn schon die Götter unvollkommen sind, dann dürfen wir es auch sein. So hat die Mythologie der Antike etwas Tröstliches, gerade in einer Zeit, in der wir immer mehr zur Perfektion angehalten werden. Dass uns die Götter nie verlassen haben, erleben wir in ihrer Auferstehung in den großen Filmen Hollywoods. Jede gute Geschichte wird noch heute nach dem Strickmuster des antiken Heldenepos gestaltet: Der Held muss sich gegen unzählige Gefahren zur Wehr setzen, reift dabei und wird am Ende als Sieger hervorgehen. Dieser Wandlungsprozess ist bekannt als archetypisches Muster der „Heldenreise".

Die Mythologie der Griechen ist als fundamentale Bildersprache des abendländischen Selbstverständnisses nicht mehr aus unserem Leben wegzudenken. Wer sich also mit den Göttern und Helden der Antike auseinandersetzt, unternimmt eine Reise zu den Wurzeln unserer Geschichte.

*Der Parthenon ist eines der berühmtesten noch existierenden Baudenkmäler des antiken Griechenlands und eines der bekanntesten Gebäude weltweit.*

# Die Mythologie der Germanen 2

Die germanischen Stämme bildeten eine weitverzweigte Kultur, die von Skandinavien bis nach Mitteleuropa reichte. Neben ihrer gemeinsamen Sprache und einer ähnlichen Lebensweise verband diese Stämme ein gemeinsamer mythologischer Kosmos, in dem Zwerge und Riesen die Natur bevölkern, die Nornen den Faden des Schicksals spinnen, Asen und Wanen die Geschicke der Menschen begleiten, Recken gegen Drachen kämpfen – und ein gewaltiger Weltenbaum das gesamte Universum zusammenhält ... Die Mythologie der Germanen ist dunkel und geheimnisvoll, geprägt von dem Leben in einer aus Feuer und Eis gewachsenen Landschaft. Es ist eine Welt, in der die Mächte des Chaos an allen Ecken und Enden die von den Göttern eingesetzte Ordnung bedrohen – und ihnen am Ende erliegen ...

## Die Entstehung der Welt

Am Anfang war das Nichts, so schildert es die Edda. Es gab weder Sand noch Meer, keine Erde und keinen Himmel darüber. Nur ein gähnender Schlund klaffte: Ginnungagap. Manche sagen, dass sich dieser Schlund wie ein Abgrund zwischen Niflheim, dem Reich der Dunkelheit, und Muspellsheim, dem Reich des Feuers, erstreckte. Feuer und Eis trafen hier aufeinander, das Eis schmolz zu den Strömen des Eliwagar, aus dessen Tropfen sich nach und nach der Urriese Ymir bildete, ein Zwitter, weil er nur aus sich selbst heraus entstanden war, und die Urkuh Audhumla, die Hornlose. Aus deren Euter floss Milch, von welcher sich Ymir ernährte. Ymir, der auch Aurgelmir genannt wird, schwitzte und unter seinem linken Arm entstanden ein Mann und eine Frau. Als er die Füße aneinanderrieb, zeugte er einen Sohn, von dem die Reifriesen abstammen. Audhumla leckte das Salz von einem Stein. Nach drei Tagen hatte sie ein menschenähnliches Wesen namens Buri herausgeleckt, einen schönen und starken Mann. Er brachte einen Sohn zur Welt namens Burr, der sich Bestla, eine Reifriesin, zur Frau nahm und mit ihr die drei Söhne Odin, Wili und We zeugte, die drei ersten Götter.

*Audhumla, „die Milchreiche", nährt den Urriesen Ymir und leckt Buri, den Stammvater der Götter Odin, Willi und We, aus einem Stein.*

Einige sagen, dass die drei Brüder die Welt erschufen, indem sie das feste Land aus Ginnungagap oder auch dem Urozean hoben. Andere wiederum wissen, dass die drei Söhne des Burr den Riesen Ymir erschlugen und ihn in den gähnenden Abgrund warfen. Aus seinem Körper schufen sie die Welt: aus seinen Knochen die Berge, aus seinem Schädel den Himmel und aus seinem Blut das Meer. Sie warfen das Gehirn des Riesen an den Himmel und es wurde zu Wolken. Aus den Haaren schufen sie die Wälder. Doch aus Ymirs Wunden floss so viel Blut, dass die Reifriesen darin ertranken. Nur der Riese Bergelmir und seine Frau konnten den Fluten in einem Boot entkommen und so überlebte das Geschlecht der Riesen.

Am Himmel befestigten die Götter Funken aus Muspellsheim und schufen daraus die Gestirne. Dann schien die Sonne und trocknete das Land, auf dem das erste Grün zu sprießen begann. Die Götter gaben der Sonne den Tag, dem Mond die Nacht und schufen so die Zeit. In der Mitte der Welt errichteten sie Midgard, die spätere Wohnstätte der Menschen, und umgaben sie zum Schutz mit einem Wall aus den Augenbrauen des Ymir. Außerhalb dieses Walls umgaben sie die Erde mit einem Meer und teilten den Riesen die Länder an seinen Stränden als Wohnstätte zu. Diese Gegend heißt Utgard, die Außenwelt, außerhalb der Welt der Götter und Menschen. Für sich selbst errichteten sie eine Burg im Himmel, das wundervolle Asgard. Die Welt der Menschen und der Götter verbanden sie mit Bifröst, einer Brücke aus Regenbogen.

Nachdem sie die Welt erschaffen hatten, versammelten sich die Götter auf dem Idafeld, eine Ebene in der Mitte Asgards, und errichteten dort Tempel und eine Schmiede, um Werkzeuge herzustellen. Zunächst lebten sie unbeschwert vor sich hin, vertrieben sich die Zeit mit Brettspielen und erfreuten sich am Glanz des Goldes. Doch dann tauchten drei abscheuliche, den Göttern feindlich gesinnte Riesinnen auf, die, wie es heißt, alles verdarben. Was genau geschah, ist nicht überliefert, doch im Anschluss daran nahmen die Götter ihr Werk wieder auf. Das Goldene Zeitalter war zu Ende.

*Aus dem toten Körper des Urriesen Ymir schufen die ersten Göttern der Sage nach die Erde, die Berge, den Himmel, das Meer.*

Sie erschufen die Zwerge und dann schließlich auch die Menschen aus dem Blut und den Knochen des Ymir. Einige sagen, dass sie zuerst als Maden im Fleisch des Ymir lebten und erst später von den Göttern ihre menschengleiche Gestalt erhielten. Als Wohnstätte wiesen ihnen die Götter das Erdinnere und die Berge zu. Es heißt, dass sie im Svartalfheim leben, dem Reich der Schwarzalben, mit denen sie gleichgesetzt werden.

Einst gingen Odin und seine Brüder am Ufer des Meeres entlang, da entdeckten sie zwei Bäume, eine Esche und eine Ulme. Aus diesen formte Odin die ersten Menschen, aus der Esche den ersten Mann und aus der Ulme die erste Frau. Von Odin bekamen sie die Seele und Leben eingehaucht, Wili gab ihnen Verstand und We schenkte ihnen die Fähigkeit, zu sehen und zu hören und die Sprache. Andere sagen, dass nicht Wili und We Odin bei der Erschaffung der Menschen begleiteten, sondern Hönir und Lodur. Die Götter kleideten die beiden ein und gaben ihnen Midgard als Zuhause. Von ihnen stammen alle Menschen ab.

## Yggdrasil, der Weltenbaum

Yggdrasil heißt der Weltenbaum, der älteste und größte Baum aller Zeiten. Sein Name bedeutet „Yggs Pferd“, wobei Yggr so viel wie „Furcht, schrecklich“ bedeutet und ein Beiname keines geringeren als des Odin war, des Göttervaters selbst. Andere sagen, dass der Name des Baumes sich von einem germanischen Wort für Eibe und einem noch älteren Wort für „stützen“ ableitet. Yggdrasil wäre demnach eine „Eibensäule“, was gut passen würde, da Yggdrasil als immergrüner Baum beschrieben wird. Allgemein wird Yggdrasil jedoch als riesige, das gesamte Universum umfassende Weltesche bezeichnet. Zu finden ist sie in der Mitte der Welt. Ihre immergrünen Zweige und Äste überwölben die Erde und erfüllen den Himmel. Unter ihrem Blätterdach halten die Götter alle Tage Gericht.

Mit drei Wurzeln ist der Baum in der Welt verankert: Eine wächst bis in das lichtlose Niflheim, die andere reicht bis in das Reich der Riesen und die dritte, so wollen einige wissen, reicht bis in das Reich der Götter, also in den Himmel hinauf. Andere sagen, dass die letzte Wurzel das Reich der Menschen stützt. Unter den drei Wurzeln entspringt jeweils eine Quelle. Unter der Wurzel, die bis in das tiefe Niflheim ragt, fließt Hvergelmir, der brausende Kessel, Quelle aller Flüsse der Unterwelt Hel (▶ Seite 140). Hier lebt der Totendrache Nidhögg (▶ Seite 159), der hassvolle Schlagende, der das Blut der Entseelten trinkt und an der über ihm aufragenden Wurzel nagt.

An der Wurzel, die in das Reich der Götter ragt, befindet sich der Urdbrunnen. Hier leben die drei Nornen (▶ Seite 159) und bestimmen das Schicksal der Menschen. Sie begießen die Wurzeln der Weltesche und schenken ihr dadurch Lebenskraft. Unter der Wurzel, die sich ins Reich der Riesen verästelt, entspringt Mimirs Brunnen (▶ Seite 143), die Quelle der Weisheit.

Yggdrasil verbindet die drei Ebenen des Kosmos miteinander: Himmel, Erde und Unterwelt. Diese drei Ebenen sind wiederum in verschiedene Welten aufgeteilt, die von unterschiedlichen Völkern bewohnt werden. In der oberen Welt befindet sich vor allen Dingen Asgard, die Wohnstätte der Götter, aber auch Wanaheim, wo die Wanen, ein älteres Göttergeschlecht, leben. In der unteren Welt finden wir Niflheim, die Dunkelwelt der ewigen Nacht, die Heimat der Reifriesen. Auch Hel, das Totenreich, ist dort verortet. Dazwischen liegen die anderen Welten, Midgard natürlich, die Welt der Menschen, Jötunheim, das Reich der Riesen, Alfheim, das Reich der Alben, Muspellsheim, das Reich der Feuerriesen, und Svartalfheim, das Reich der Zwerge.

Tiere bevölkern den Weltenbaum. In seinem Wipfel sitzt ein alles sehender und viel wissender Adler, sein weiser Ratgeber ist ein Habicht, der zwischen seinen Augen sitzt. Andere wiederum setzen dem Baum zu: Vier Hirsche mit Namen Dain, Dwalin, Dunneir und Durathror fressen die Triebe der Weltesche ab. Neben dem Drachen Nidhögg nagen Schlangen, darunter namentlich Goin und Moin, an den Wurzeln von Yggdrasil und fressen seine Zweige ab. Den Stamm der Weltesche jagt ein Eichhörnchen rauf und runter, Ratatöskr genannt. Sein Auftrag ist, die Botschaften des Adlers im Wipfel des Baumes zum Drachen an der Wurzel des Baumes zu bringen – und umgekehrt. Auf diese Weise, so heißt es, führen die beiden ein ununterbrochenes Streitgespräch.

Yggdrasil ist das Maß aller Dinge. Die Welt reicht nur so weit, wie seine Zweige und Wurzeln reichen, und sie besteht auch nur, solange er besteht. Die Nornen sorgen dafür, dass er die Lebenskraft, die er durch die Tiere, die an ihm zehren, verliert, wiedergewinnt und so immergrün und unsterblich ist.

Odin verbindet eine besondere Beziehung zu diesem Baum, denn der Überlieferung nach beging er hier ein Selbstopfer, indem er sich mit seinem eigenen Speer verwundete und sich an einen Ast des Baumes hängte. Auf diese Weise erlangte er das Wissen um die Runen.

Die Idee eines Weltenbaumes kennen wir aus vielen Kulturen der Welt. Wir finden ihn in den baltischen Religionen, bei den Slawen, bei den Indern und Persern. Überall fungierte er als

*Yggdrasil stellt nicht nur das Zentrum der Welt dar, das Himmel, Mittel- und Unterwelt miteinander verbindet, sondern ist auch ein Sinnbild für das Leben an sich.*

eine Achse, um die sich die Welt dreht und die Himmel und Erde miteinander verbindet. Auch in der Antike kennen wir heilige Bäume, wie den Baum mit den goldenen Äpfeln im Land der Hesperiden. In der hebräischen Mythologie kennen wir den Baum des Lebens im Garten Eden. Es gibt Bezüge zu schamanischen Weltvorstellungen, in denen oft ein Baum zu finden ist, der im Mittelpunkt des Kosmos steht und an dem der Schamane zwischen den Welten auf- und absteigen kann.

Einige germanische Stämme verehrten bestimmte Bäume, wie die Donar-Eiche, die im Jahre 723 von Bonifatius im Zuge der Missionierung der Sachsen gefällt wurde, oder stellten Kultsäulen auf, wie die Irminsul, die wohl eine Entsprechung des Weltenbaumes waren. Wie die Götter hielten auch die Menschen ihre Versammlungen gerne unter prominenten Bäumen ab, die damit ebenfalls zu Repräsentanten des Weltenraums wurden. Die Dorf- und Gerichtslinden erinnern noch daran.

## Asgard, die Welt der Asen

Asgard ist eine riesige Burg im Wipfel der Weltesche Yggdrasil und Wohnort des Göttergeschlechts der Asen. Sie besteht aus zwölf Palästen aus Gold und Edelsteinen für die Götter und ist von einer unüberwindbaren Mauer umgürtet. Der Sage nach wurde sie von einem Riesen errichtet, der als Belohnung die Göttin Freyja (▶ Seite 119) zur Gattin erhalten wollte sowie Sonne und Mond. Loki (▶ Seite 125 f.), der listigste der Götter, empfahl den Asen, dem Riesen eine Frist zu setzen. Wenn es ihm gelänge, die Burg binnen sechs Monaten zu errichten, sollte er seine Belohnung erhalten, wenn nicht, dann müsse er mit leeren Händen davongehen. Der Riese willigte ein, bestand jedoch darauf, dass ihm sein Pferd Svadilfari helfen dürfe. Die Götter akzeptierten dies, weil sie glaubten, dass auch mit der Hilfe eines Pferdes diese Aufgabe nicht fristgerecht zu erledigen sei. Und tatsächlich: Drei Tage vor dem Ablauf der Frist fehlte nur noch ein Torbogen. Da verwandelte sich Loki in eine Stute, verführte Svadilfari und hielt ihn so von der Arbeit ab – der Riese als Baumeister verlor den Kampf gegen die Zeit. Wütend über sein Versagen eröffnete der Riese, dass er ein Hrimthurse sei, einer der Reifriesen, die seit jeher Feinde der Asen waren. Da nahm Thor (▶ Seite 133 f.) seinen Hammer Mjöllnir und erschlug den Thursen. Loki aber gebar ein Pferd: Sleipnir (▶ Seite 160), das achtfüßige Pferd des Odin.

## Asen und Wanen

Die Götter der nordischen Mythologie unterteilen sich in zwei Geschlechter, die Wanen und die Asen. Die Wanen stellte man sich als sehr altes Göttergeschlecht vor, das in Wanaheim lebte, das man bevorzugt im Inneren der Erde oder in der Tiefe des Meeres vermutete, immer aber weit entfernt von Asgard. Darin spiegelt sich ihre ursprüngliche Funktion als Gottheiten der Fruchtbarkeit der Erde wider, wie sie für eine bäuerliche Kultur, die der eher kriegerischen der Asen voranging, wichtig war. Sie galten entsprechend auch als sanftmütiger und freundlicher als die Asen.

Schon bald nach der Schöpfung der Welt kam es zu einem Streit zwischen Asen und Wanen, ausgelöst durch den Mord der Asen an der Wanin Gullveig. Das mündete in einen großen Krieg zwischen den beiden Götterlinien. Irgendwann waren beide Parteien des Krieges müde und erkannten, dass sie beide gleichberechtigt nebeneinander leben konnten. So schlossen sie Frieden, den sie damit

*▶ Asgard, die Wohnstatt der Asen, liegt in den Wipfeln der Weltesche Yggdrasil und ist über die Regenbogenbrücke Bifröst mit der Welt der Menschen verbunden.*

*Um den Frieden zu besiegeln, der dem Wanenkrieg folgte, tauschten die beiden Göttergeschlechter Geiseln aus und vermischten sich dadurch.*

besiegelten, dass sie aus ihrem gemeinsamen Speichel den Weisen Kvasir erschufen und Geiseln austauschten als Unterpfand für den ewigen Frieden: Die Asen Mimir und Hönir gingen nach Wanaheim, während Njörd und seine beiden Kinder Freyja und Freyr nach Asgard kamen.

Im Gegensatz zu den Göttern anderer Mythologien sind die nordischen Götter dank der goldenen Äpfel der Idun zwar ewig jung, aber nicht unsterblich. Doch verfügen sie über jede Menge magischer Hilfsmittel, sogenannte Kleinode, die ihnen helfen, lebensbedrohlichen Schaden von sich abzuwenden.

### Balder – Gott des Lichts, der Sonne und des Frühlings

Balder war der Sohn des Odin (▶ Seite 128 ff.) und der Frigg (▶ Seite 119 f.). Er galt als der strahlendste aller Götter, die Verkörperung aller guten Eigenschaften und Tugenden. Er war derart schön und gut, dass ein Leuchten von ihm ausging. Er lebte in Asgard in seinem

Palast Breidablick, „der weithin Glänzende", zusammen mit seiner Frau Nanna (▶ Seite 126 f.), von der er einen Sohn, Forseti (▶ Seite 118 f.) genannt, hatte.

Eines Tages hatte Balder einen bösen Traum von seinem eigenen Tod. Daraufhin ging Frigg zu jedem Tier und zu jeder Pflanze und verlangte, dass sie einen Eid ablegen, Balder niemals zu verletzen. Einzig die Mistel ließ Frigg aus, da sie ihr zu unbedeutend erschien. Die Götter machten sich mit dem nun unverwundbaren Balder ein Spiel und bewarfen ihn zum Vergnügen mit Speeren, Steinen und anderen Gegenständen, ohne ihm auch nur ein Haar krümmen zu können. Der verschlagene Loki (▶ Seite 125 f.) reichte Höder (▶ Seite 123), dem blinden Bruder von Balder, einen Mistelzweig und ermunterte ihn, diesen auf seinen Bruder zu schießen. Der Zweig traf den Gott und er sank tot zusammen.

Zur Bestattung des Balder kamen alle Götter und sogar die gefährlichen Thursen. Doch die ganze Welt war so sehr verweifelt über die Abwesenheit des Lichtgottes, dass die Götter Hermod (▶ Seite 122) beauftragten, ihn aus der Unterwelt zurückzuholen. Allerdings verweigerte die Totengöttin Hel (▶ Seite 140) diesen Wunsch, es sei denn, alle lebenden und toten Dinge würden um Balder weinen. Da sandten die Asen Boten in alle Winkel der Welt und überzeugten jedes Lebewesen, selbst die Steine und Erze, um Balder zu trauern. Nur die Riesin Thökk weigerte sich, auch nur eine Träne zu vergießen, denn sie habe ja weder vom lebenden noch vom toten Balder irgendeinen Nutzen. Der Gott des Lichts musste also im Reich der Hel bleiben. Die Asen aber mutmaßten, dass diese Riesin niemand anders als Loki selbst gewesen sein muss.

Balder kommt erst wieder nach der Götterdämmerung aus der Unterwelt zurück. Es heißt, dass dann mit ihm ein neues, glänzendes Zeitalter beginnen würde.

*Ein Mistelzweig wurde Balder zum Verhängnis und der Versuch, ihn aus dem Totenreich zurückzuholen, scheiterte.*

*Auf die aus dem Geschlecht der Wanen stammende Freyja gehen zahlreiche dänische und schwedische Ortsnamen zurück wie Fröjel und Frejlev.*

### Bragi – Gott der Dichtung, der Rede und des Gesangs

Bragi war ein Sohn von Odin (► Seite 128 ff.) und der Riesin Gunnlod. Er war mit Idun (► Seite 124 f.) verheiratet und begrüßte die gefallenen Helden in Walhall mit seinem Gesang.

Als Loki (► Seite 125 f.) nach dem Tod Balders nach Asgard zurückkehrte, ließ Bragi ihn wissen, dass er nicht willkommen sei. Loki wurde daraufhin so wütend, dass er sich zu einer Schmährede auf alle anwesenden Götter verleiten ließ, schließlich das Ende der Götter prophezeite und aus Asgard floh.

### Buri – Stammvater der Götter

Buri wurde in drei Tagen aus einem salzigen, bereiften Stein von der Urkuh Audhumla (► Seite 153) geleckt. Am ersten Tag löste sie seine Haare heraus, am zweiten kam sein Kopf zum Vorschein, am dritten der restliche Leib. Buri wird als schöner und starker Mann beschrieben. Er zeugte einen Sohn: Burr.

### Burr – Sohn des Buri

Burr war der Sohn des Buri. Wie dieser ihn gezeugt hatte, ist unklar. Burr selbst nahm die Riesin Bestla zur Frau und zeugte die drei ersten Asen: Odin, Wili und We.

### Forseti – Gott der Gerechtigkeit

Sein Name bedeutet so viel wie „der Vorsitzende" und als solcher sprach er Recht in Asgard.

Er war der Sohn von Balder und Nanna (► Seite 126 f.) und lebte in Asgard in seinem glänzenden Palast Glitnir, dessen silbernes Dach auf goldenen Säulen ruhte.

Forseti ist der Schlichter allen Streits. Er wird für seine unbestechliche Tugendhaftigkeit und seinen außerordentlichen Gerechtigkeitssinn gerühmt, seine Urteile waren stets ohne Tadel.

### Freyja – Göttin der Liebe, der Ehe und der Fruchtbarkeit, Schutzherrin der Ernte und des Frühlings

Freyja entstammte dem Göttergeschlecht der Wanen und war die Tochter von Njörd (► Seite 127 f.) und Skadi (► Seite 132). Als Schwester des Freyr (► Seite 127) kam sie wie dieser nach Asgard als Zeichen des Friedens zwischen den Asen und Wanen.

Ihr Name bedeutet „die Herrin“ und sie war die berühmteste und schönste aller Göttinnen, verheiratet mit dem Gott Odr, von dem sie zwei wunderschöne Töchter hatte, Hnoss und Gersimi, die Kostbaren. Sie lebte in Asgard in ihrem Palast Folkwang, das Volksfeld. Als Anführerin der Walküren (► Seite 160) war sie auch eine Göttin des Kampfes und in ihrem Palast befand sich der neben Walhall größte Saal Asgards, Sessrumnir, in dem die in der Schlacht gefallenen Helden ebenfalls Aufnahme fanden.

Als Wanin war Freyja überdies zauberkundig und brachte den Asen die Kunst der Magie bei. Ihr kostbarster Besitz war das Halsband *Brisingamen*, das sie von vier Zwergen bekam, nachdem sie mit jedem von ihnen eine Nacht verbracht hatte. Wenn sie diesen Halsschmuck trug, konnte ihr kein Mann widerstehen.

Sie fuhr mit einem von zwei Katzen gezogenen Wagen durch die Lüfte und hinterließ dabei eine Spur aus Morgentau und Sonnenlicht. Wenn sie ihre goldenen Haare schüttelte, fielen daraus Frühlingsblumen. Sie besaß ein Falkengewand, mit dem sie sich in die Lüfte erheben konnte. Wenn sie weinte, verwandelten sich ihre Tränen in Gold oder in Bernstein. Weil sie so schön war, wurde sie von allen Lebewesen begehrt, vor allem aber von den Riesen.

### Frigg – Göttin der Fruchtbarkeit, der Ehe und der Mutterschaft

Frigg war die Tochter des Fjörgynn, über den nichts weiter bekannt ist. Sie heiratete den Göttervater Odin (► Seite 128 ff.) und gebar Balder sowie andere Asen.

Sie lebte in einem Palast in Asgard namens Fensal. Hier führte Frigg Liebende zusammen, die zu Lebzeiten nicht zueinanderfinden konnten. Dort webte sie auch die Wolken. Sie wurde als Schutzherrin der Ehe und der Mutterschaft verehrt.

*Mit Odin zeugte Frigg die Götter Balder, Hödur, Hermor, Bragi und die Walküren.*

*Die Aufgabe der jungfräulichen Fulla war es, das Schmuckkästchen der Göttermutter Frigg zu hüten.*

In der Geschichte um Baldurs Tod war sie es, die allen Dingen auf der Welt das Versprechen abnahm, dem Lichtgott niemals zu schaden. Dabei ließ sie die Mistel aus, weil sie diese nicht für bedeutend genug erachtete – ein schwerer Fehler, wie sie später schmerzlich erfahren musste, als ausgerechnet mit einem Mistelzweig ihr Sohn Höder (▶ Seite 123) ohne Absicht seinen Bruder Balder erschoss.

Die Gestalt der Frigg, die auch Frija gerufen wurde, verschmolz an vielen Stellen mit der Freyjas, Göttin der Liebe.

## Fulla – Dienerin der Frigg

Fulla war eine Asin und die Dienerin der Frigg. Ihre Aufgabe bestand darin, den Schmuck der Göttin zu bewachen. Ihrem Namen nach, „Fülle", könnte sie einst eine Fruchtbarkeitsgottheit gewesen sein, vielleicht war sie auch mit Frigg ursprünglich eins.

## Gefion – Göttin der Familie und des Glücks

Gefion stellte man sich als Jungfrau vor, so rein wie der Morgentau. Entsprechend war sie auch die Schutzherrin der Frauen, die jungfräulich starben. Odin (▶ Seite 128 ff.) hatte ihr

*Dieser Brunnen im Kopenhagener Langelinie Park ist der Göttin Gefion gewidmet, hier dargestellt mit den vier Riesenochsen.*

aufgetragen, den Menschen ein schönes Land zu erschaffen. Als fahrende Sängerin verkleidet, begeisterte sie König Gylfi von Schweden so sehr mit ihrem Gesang, dass er ihr zum Lohn so viel Land versprach, wie vier Ochsen in einem Tag und einer Nacht beackern könnten. Die kluge Gefion holte daraufhin vier Ochsen aus dem Reich der Riesen und spannte sie vor den Pflug. Diese schnitten so tief in das Land der Schweden, dass die Insel Seeland im heutigen Dänemark herausgetrennt wurde. Es heißt, dass Gefion schließlich mit einem der Söhne Odins vermählt und in Dänemark Königin wurde.

## Gullveig – Hüterin der Schätze

Gullveig, deren Name so viel wie „Goldrausch" bedeutet, war eine Zauberin aus dem Geschlecht der Wanen. Als Seherin beherrschte sie die besondere Magie der Wanen, Seidr genannt. Es heißt, dass Gullveig die Gier nach Gold unter die Asen brachte. Als sie aber den Göttern den Ursprung allen Reichtums nicht verraten wollte, folterten sie die Wanin und verbrannten sie schließlich. Dreimal mussten sie dies tun, denn jedes Mal erstand sie aus der Asche von Neuem. Dies war der Auslöser für den Krieg der Wanen mit den Asen.

## Heimdall – Wächter Asgards und Beschützer der Götter

Es heißt, Heimdall stamme von neun Schwestern ab, die alle seine Mütter waren, und wäre am Rande der Erde geboren, im Land der Riesen. Wer sein Vater war, bleibt dagegen im Dunkeln.

Sein Palast in Asgard ist Himinbjörg, die Himmelsburg, die sich direkt am Rande des Reichs der Asen befand, nahe der Regenbogenbrücke Bifröst, die Asgard mit Jodgrad, dem Reich der Menschen, verbindet.

Heimdall bewachte Bifröst. Er brauchte nur wenig Schlaf und verfügte über ein so ausgezeichnetes Gehör und so scharfe Augen, dass ihm nichts auf der Welt entgehen konnte. So beobachtete er, wie Loki (▶ Seite 125 f.) der Freyja das Halsband *Brisingamen* entwendete, und brachte es der Bestohlenen nach einem harten Kampf wieder zurück.

Er wird als von besonderer Schönheit beschrieben. Auf seinem Pferd Gulltopp, dem Goldzopf, ritt er zu den täglichen Versammlungen der Asen an der Weltesche Yggdrasil.

Heimdall besaß das *Gjallarhorn*, das weithin schallende Horn, mit dem er das Schicksal der Götter, Ragnarök, auch Götterdämmerung genannt, einläuten wird. In der alles entscheidenden Schlacht wird Heimdall Loki im Kampfe gegenüberstehen.

Einer Überlieferung nach ist er unter dem Namen Rig auch der Begründer der drei Stände: des Adels, der Bauern und der Unfreien.

*Heimdall, der Wächter und Beschützer mit dem Gjallarhorn aus der Eddaschrift des Geistlichen Ólafur Brynjúlsson.*

## Hermod – Götterbote

Hermod war ein Sohn des Odin (▶ Seite 128 ff.) und der Frigg, Bruder von Balder und Höder. Er trat als eine Art Götterbote in Erscheinung, der nach der Ermordung des Lichtgottes Balder den Auftrag erhielt, auf Odins Ross Sleipnir (▶ Seite 160) in die Unterwelt zu reiten, um die Totengöttin Hel (▶ Seite 140) zu bewegen, Balder wieder zurückkehren zu lassen. Er ritt neun Tage durch düstere Täler und verbrachte eine Nacht im furchtbaren Reich der Hel. Doch es half nichts. Hel wollte Balder nur freigeben, wenn alles auf der Welt, ob lebendig oder nicht, um den Lichtgott weine. Es heißt, dass es wiederum Loki (▶ Seite 125 f.) war, der dies verhinderte, weil er sich in Gestalt einer Riesin weigerte, auch nur eine Träne zu vergießen. Aus der Unterwelt brachte Hermod den Ring *Draupnir* mit und überreichte ihn Odin als Geschenk des Balder.

*Angestiftet von dem listigen Gott Loki tötete der blinde Höder versehentlich seinen Bruder Balder mit einem Mistelzweig.*

## Höder – unfreiwilliger Brudermörder

Höder war der Zwillingsbruder von Balder, Sohn des Odin (▶ Seite 128 ff.) und der Frigg, wurde allerdings blind geboren. Er führte den Bogen, von dem der Mistelzweig abgeschossen wurde, dem Balder zum Opfer fiel. Es war der arglistige Loki (▶ Seite 125 f.), der ihm die Mistel überreichte, weil er wusste, dass nur diese Pflanze den Schwur nicht geleistet hatte, Balder nicht zu schaden. Er wurde von seinem Bruder Wali (▶ Seite 136) in einem Racheakt getötet.

Nach dem Ende der Welt werden sich Höder und Balder wieder miteinander versöhnen.

*Die Göttin Idun, die Hüterin der goldenen Äpfel, erinnert stark an den Mythos vom Baum der Hesperiden und ist möglicherweise aus der griechischen Sagenwelt entlehnt worden.*

## Hönir – schweigsamer Gott und Begleiter des Odin

Hönir war ein Bruder des Odin (▶ Seite 128 ff.) und begleitete ihn bei der Schöpfung der Welt. Auch später tauchte er öfters in der Begleitung Odins auf, wenn dieser durch die Welt wanderte. Er habe den ersten Menschen den Verstand gegeben, heißt es. Er wird als schöner und kühner Recke beschrieben, ein schneller Läufer mit langen Beinen und ein Meister der Jagdkunst. Im Gegensatz zum geschwätzigen Loki (▶ Seite 125 f.) verkörperte er die Tugenden der Schweigsamkeit und der Achtsamkeit.

Nach dem Krieg der Asen gegen die Wanen wurde er zusammen mit dem Riesen Mimir (▶ Seite 143) zu den Wanen als Unterpfand des Friedens geschickt. Dabei priesen die Götter ihn als hervorragenden Anführer und die Wanen machen ihn zu ihrem Häuptling. Doch Hönir wollte keine Entscheidung treffen, ohne zuvor den weisen Mimir um Rat zu fragen. Er fürchtete, Verantwortung zu übernehmen. Die Wanen waren über die Schwäche ihres neuen Königs so enttäuscht, dass sie Mimir töteten und seinen Kopf den Asen schickten.

Hönir gehört zu den wenigen Göttern, welche die Götterdämmerung überstehen werden.

## Idun – Göttin der Jugend und der Unsterblichkeit

Idun war die jüngste Tochter des Zwerges Ivaldi (▶ Seite 149) und Gemahlin des Dichtergottes Bragi. Sie hütete die goldenen Äpfel, die den Asen ewige Jugend verliehen.

Einmal wurde Loki vom Riesen Thiazi (▶ Seite 145) entführt. Loki versprach ihm unvorsichtigerweise Idun mitsamt ihren Äpfeln, wenn er ihn freiließe. Mit einer List gelang es Loki, Idun in die Burg des Riesen zu locken. Kaum war dies geschehen, begannen die Götter zu altern und bangten um ihre Unsterblichkeit. Sie verlangten von Loki, dass er Idun zurückhole. Loki borgte sich das Falkengewand der Freya, gelang so in die Burg des Riesen, wo er Idun in eine Nuss verwandelte und nach Asgard zurückbrachte.

Vor dem Ende der Welt verschwindet Idun in die Unterwelt, gefolgt von ihrem Gemahl.

### Jörd – Göttin der Erde

Sie war die große Mutter Erde und zeugte zusammen mit Odin (▶ Seite 128 ff.) den Donnergott Thor (▶ Seite 133 f.). Auch wenn sie große Verehrung genossen haben mag, sind in der Mythologie keine weiteren Geschichten von ihr überliefert.

### Kvasir – weiser Berater der Asen

Kvasir war ein Weiser, dessen Name aus etymologischer Sicht möglicherweise auf seine Herkunft verweist: Speichel. Nach dem Krieg der Asen und der Wanen besiegelten die Götter den Frieden, indem sie in einen Krug spuckten. Aus diesem Speichel schufen die Asen Kvasir.

Kvasir wurde für seine Klugheit gepriesen. Wenn er unterwegs war, kamen die Menschen in Scharen zu ihm, um seinen Weisheiten zu lauschen. Dies erweckte den Neid der Zwerge Fjalar und Galar (▶ Seite 149). Sie töteten den Weisen, vermischten sein Blut mit Honig und brauten daraus das *Skaldenmet*, einen Zaubertrank, der jedem die Gabe der Dichtkunst verlieh.

### Loki – Gott der Zwietracht und der Magie

Loki war der Sohn des Riesen Farbauti und der Riesin Laufey. Er war also kein Ase dem Blute nach, aber ein Blutsbruder des Odin (▶ Seite 128 ff.). Loki war ein gut aussehender, aber äußerst unberechenbarer Gott, der Menschen und Götter, wo er nur konnte, hinters Licht führte, betrog, bestahl und ins Unglück stürzte. Nicht umsonst wird er auch „Verleumder der Asen" und „Schande aller Götter und Menschen" gerufen. Doch so verschlagen er auf der einen Seite war, so nützlich war seine Listigkeit den Göttern immer wieder.

*Zur Bestrafung hängte man über den mit den Därmen seines Sohnes gefesselten Loki eine giftige Schlange, aus deren Maul ätzender Speichel troff.*

Dabei half ihm, dass er ein Meister der Verwandlung war und jede beliebige Gestalt annehmen konnte – ob Mensch oder Tier. Zudem konnte er sein Geschlecht wechseln, was ihn den Göttern äußerst suspekt machte (so brachte er beispielsweise in eine Stute verwandelt Sleipnir zur Welt, das achtfüßige Lieblingspferd des Odin). Trotzdem wurde Loki von den Asen toleriert – bis er zu weit ging und sich für den Tod des Balder verantwortlich machte.

Er war mit der Asin Sigyn (▶ Seite 131) verheiratet, mit der er einen Sohn namens Narfi hatte. Als weiterer Sohn wird ein Wali genannt. Darüber hinaus zeugte Loki mit der Riesin Angrboda (▶ Seite 139) drei Feinde der Asen: die Midgardschlange (▶ Seite 157 ff.), die Todesgöttin Hel (▶ Seite 140) und den Fenriswolf (▶ Seite 155 f.).

Einmal hatte er die Götter durch eine Schmährede, in der er die Schwächen der Götter offen aussprach, derart erzürnt, dass er vor ihnen fliehen musste. Er versteckte sich in einem Haus auf einem Berg, durch dessen vier Türen er in alle Himmelsrichtungen blicken konnte. Tagsüber tauchte er als Lachs in den Fluten eines Wasserfalls unter. Eines Tages flocht er aus Flachs das erste Fischernetz. Plötzlich näherten sich ihm die Asen. Da verwandelte er sich schnell in den Lachs und sprang ins Wasser. Die Götter entdeckten das Netz und befanden es als nützlich, um damit Fische zu fangen. Sie erwischten Loki, der auf diese Weise zum Opfer seiner eigenen Erfindung wurde.

Loki wurde für seine Vergehen gegen die Asen hart bestraft. Vor allen Dingen den Tod des Balder konnten sie ihm nicht verzeihen. Er wurde in eine Höhle gebracht, wo er zusehen musste, wie die Götter seinen Sohn Wali in einen Wolf verwandelten, der seinen Bruder Narfi zerfleischte. Mit den Därmen des Getöteten fesselten sie Loki auf drei scharfkantige Steine. Die Göttin Skadi (▶ Seite 132) befestigte eine Giftschlange über seinem Gesicht, deren ätzendes Gift unaufhörlich herabtropfte. Seine Frau Sigyn fing allerdings das Gift in einer Schale auf. Nur wenn diese voll war und ausgeschüttet werden musste, fielen Tropfen auf Lokis Gesicht und er zuckte zusammen – es kam zu Erdbeben auf der Erde.

Lokis Bestrafung endete erst mit der Götterdämmerung, dann kam er aus seinen Fesseln frei und stellte sich in einem letzten Kampf gegen die Asen.

Loki ist ein Gott voller Widersprüche. So ist er einerseits der Sohn zweier Riesen, wird aber zu den Asen gezählt. Anders als die meisten anderen Götter hatte er keine besonderen Funktionen und genoss auch keine kultische Verehrung. Am ehesten lässt sich seine einzigartige Rolle mit der eines Tricksers vergleichen, einer mythischen Gestalt also, die in vielen Mythologien vorkommt und deren Aufgabe vorrangig darin besteht, durch Tricks die bestehende Ordnung des Kosmos herauszufordern, indem sie Regeln bricht, so aber auch zur Kulturschaffenden wird, die Neues erfindet.

### **Magni und Modi** – der Starke und der Zornige

Magni und Modi waren die Söhne des Thor (▶ Seite 133 f.) und der Riesin Jarnsaxa, einer Tochter des Meerriesen Ägir (▶ Seite 137 ff.).

Im Zweikampf ihres Vaters mit dem Riesen Hrungnir (▶ Seite 141) bewies Magni schon als nur wenige Tage alter Säugling seine ungewöhnliche Stärke, als er das Bein des Riesen, unter dem Thor lag, hochheben konnte, um ihn zu befreien. Dafür erhielt er das Pferd Gullfaxi, das wunderschöne Pferd des besiegten Riesen.

Zusammen mit seinem Bruder Modi wird er Thors Hammer *Mjöllnir* erben und nach der Götterdämmerung in der neu erstandenen Welt wohnen.

### **Nanna** – Gemahlin des Balder

Nanna – deren Name so viel wie „Mutter“ oder „Wagemutige“ bedeutet – war eine Asin und die Gemahlin des Balder, dem sie den Sohn Forseti schenkte. Nach Baldurs Tod starb sie an gebrochenem Herzen und wurde zusammen mit ihm verbrannt.

Als Hermod in die Unterwelt reiste, um Hel dazu zu bewegen, Balder wieder aus der

*Die Erd- und Fruchtbarkeitsgöttin Nerthus während ihrer Fahrt durch das Land, hier eine Illustration aus dem Jahre 1900.*

Unterwelt zu entlassen, begegnete er auch Nanna. Von ihr bekam er ein Kopftuch für Frigg und einen goldenen Fingerring für Fulla, während er von Balder den Ring *Draupnir* als Andenken erhielt.

## **Nerthus** – Göttin des Wachstums

Nerthus wird vom römischen Schriftsteller Tacitus erwähnt. Sie wurde auf einer Insel im Ozean, wohl der Ostsee, in einem heiligen Hain verehrt.

In einem von Kühen gezogenen Wagen wurde sie durch das Land gefahren, den nur die Priester berühren durften. Während dieser Fahrt herrschte heiliger Friede bei den Stämmen. Nach der Fahrt wurde der Wagen in einem See gewaschen. Die Sklaven, die diesen Dienst zu verrichten hatten, wurden ihr im Anschluss daran geopfert, indem sie in dem See ertränkt wurden. Einige Forscher gehen davon aus, dass der besagte Hain mit dem See sich auf der Insel Rügen befunden habe.

## **Njörd** – Gott des Meeres und der Seefahrt

Njörd entstammte dem Göttergeschlecht der Wanen und kam mit seinen beiden Kindern Freyja und Freyr als Unterpfand des Friedens nach dem Krieg der Asen gegen die Wanen nach Asgard. Dort hatte er einen Palast am Meer, Noatun, die Stadt der Schiffe. Er herrschte über die Winde, sorgte für eine ruhige See und hatte Macht über das Feuer. Er wurde von Seefahrern und Fischern um Hilfe angerufen.

Er war mit der Riesin Skadi (▶ Seite 132) verheiratet, die aber nicht bei ihm leben wollte, weil sie die Berge liebte. Njörd schloss mit ihr zunächst einen Kompromiss: Abwechselnd wollten sie für jeweils neun Nächte in der Heimat des anderen leben. Doch Skadi missfiel das Geschrei der Möwen über dem Meer und Njörd konnte das Heulen der Wölfe in den Bergen nicht ertragen. Schließlich beschlossen die beiden, ein unabhängiges Leben voneinander

*Diese 10 Meter hohe Skulptur des Meeresgottes Njörd wurde von einem rumänischen Künstler anlässlich der Internationalen Gartenbauausstellung 2003 in Rostock geschaffen.*

zu führen. Vielleicht verbirgt sich hinter diesem Mythos das Sinnbild für den Wechsel zwischen der kalten und der warmen Jahreszeit.

### Odin – Göttervater der Asen, Schöpfer der Welt und der Menschen

Odin wird der „Allvater" genannt und war der Hauptgott der Germanen. Aber dies ist nicht sein einziger Beiname. Über 170 sind überliefert und bezeugen die Vielgestaltigkeit dieses Gottes. In den Sagen über ihn entfaltet sich sein vielschichtiger Charakter. Er war auf der einen Seite ein Kriegsgott, auf der anderen Seite aber auch Künstler, Poet und Zauberer. Ihn verehrten die Krieger genauso wie die Skalden, die höfischen Dichter. Odin lebte in Asgard in dem Palast Gladsheim, wo Frohsinn und Glanz herrschten und in dem sich der große Saal Walhall befand, in den die Helden nach ihrem Tod Aufnahme fanden.

Odins Frau war Frigg, mit der er viele Götter zeugte, darunter Hödur und Balder. Die Erdgöttin Jörd brachte den Gott Thor von ihm zur Welt. Begleitet wurde Odin von den beiden sprechenden Raben Hugin und Munin. Sie trugen ihm alle Neuigkeiten zu, die sie in der Welt entdecken konnten, während er auf seinem achtbeinigen Zauberpferd Sleipnir (▶ Seite 160) durch die Lüfte ritt. Zudem begleiteten ihn zwei Wölfe, Geri und Frei, der Gierige und der Gefräßige. Außerdem besaß Odin den magischen Ring *Draupnir*, von dem in jeder neunten

Nacht acht gleich schwere Ringe wie Tropfen herabfielen und der ein Zeichen für seinen Reichtum war. Sein Speer *Gugnir* verfehlte nie sein Ziel und kehrte stets zu ihm zurück, wenn er ihn geschleudert hatte.

In vielen Geschichten erleben wir Odin auf der Suche nach Weisheit und Erkenntnis. So machte er sich auf, die Quelle der größten Weisheit zu finden, die sich unter den Wurzeln der Weltesche Yggdrasil befand. Es hieß, wer aus dieser Quelle trinke, würde die Wahrheit erkennen. Der Wächter dieses Brunnens aber war der Riese Mimir (► Seite 143). Dieser wollte dem Gott nur dann Zutritt gewähren, wenn er zuerst ein Opfer brächte. Da schnitt sich Odin ein Auge heraus, was den Riesen so sehr beeindruckte, dass er ihn einen Schluck von dem Wasser der Quelle nehmen ließ. Damit

*Um aus der Quelle der Weisheit zu trinken, opferte Odin ein Auge, das der Sage nach noch heute auf deren Grund liegt.*

konnte Odin die Vergangenheit, die Gegenwart und die Zukunft sehen. Sein Auge aber liegt bis heute auf dem Grund der Quelle als beredtes Zeugnis dafür, dass jede Erkenntnis ihren Preis hat.

Um die Geheimnisse der Runen zu ergründen, hängte er sich kopfüber an die Weltesche Yggdrasil und blieb so neun Tage und Nächte. Dabei stach er sich mit seinem Speer in die Seite. Dieses Selbstopfer hatte Erfolg: Ihm wurden die Geheimnisse der Zauberzeichen in magischen Liedern offenbart.

Einst ermordeten die Zwerge Fjalar und Gala (► Seite 149) den weisen Kvasir, den Asen und Wanen als Zeichen des Friedens aus dem gemeinsamen Speichel erschaffen hatten. Aus seinem Blut, gemischt mit Honig, stellten sie das *Skaldenmet* her, das jeden, der von ihm trank, zu einem Dichter machte. Um sich des Riesen Gilling als Mitwisser zu entledigen, brachten sie ihn und seine Frau um. Als Sühne für diesen Mord mussten sie das *Skaldenmet* an Gillings Sohn Suttung ausliefern, der es in einem Berg von seiner Tochter bewachen ließ. Odin wollte in Besitz dieses Mets kommen und kroch nach einigem Hin und Her in Schlangengestalt durch ein Loch in den Berg. Dort verbrachte er drei Nächte mit der Tochter des Riesen und sie gab ihm dafür drei Schlucke von dem Zaubertrank. Daraufhin verwandelte Odin sich in einen Adler und flog davon. Er gelangte nach Asgard und spuckte das Met in die von Asen aufgestellte Gefäße.

### Saga – Göttin der Sagen

Saga lebte in Asgard in ihrem Palast Sökkwabeck, der die Gestalt einer gläsernen Grotte hatte. Hier traf sich die Göttin mit Odin jeden Tag und sie tranken aus goldenen Gefäßen.

### Sif – Gemahlin des Thor

Sif war die Gemahlin des Gottes Thor (► Seite 133 f.). Sie gebar ihm eine Tochter namens Thrud, was „Kraft" bedeutet. In die Ehe brachte sie Uller mit, den Gott des Winters (► Seite 135 f.). Sie soll die schönste aller Frauen gewesen sein und besaß herrliche goldene Locken.

Einmal schnitt ihr Loki bösartigerweise die herrlichen Haare ab. Der wütende Thor zwang darauf den tückischen Gott, der beteuerte, er habe sich nur einen Scherz erlauben wollen, Sif neues Haar aus Gold von den Söhnen des Zwerges Ivaldi (► Seite 149) machen zu lassen, das wie echtes Haar nachwachsen konnte. Zugleich bauten diese für Freyr das zusammenfaltbare Schiff *Skidbladnir* und schufen für Odin den Zauberspeer *Gungnir*. Auf seinem Rückweg traf Loki die Zwerge Brock und Sindri, die voller Bewunderung für die herrlichen Gegenstände waren, die Loki mit sich führte. Dieser entfachte in den Zwergen den Ehrgeiz, indem er behauptete, sie könnten nichts Wertvolleres herstellen, und wettete dabei um seinen eigenen Kopf. Daraufhin schmiedeten die

Zwergenbrüder den Wunderhammer *Mjöllnir*, den Zauberring *Draupnir* und den goldenen Eber *Gullinborsti*. Als Loki mit den Schätzen heimkehrte, waren die Asen entzückt über die kostbaren Geschenke. Die Zwerge jedoch forderten Lokis Kopf. Loki offenbarte den Zwergen daraufhin, er habe zwar um seinen Kopf, aber nicht um seinen Hals gewettet – und den müssten sie ja schließlich durchtrennen, wenn sie seinen Kopf haben wollten. Die Asen mussten zugeben, dass Loki die Zwerge ausgetrickst hatte, gestanden aber Brock zu, Lokis Mund für seine Betrügerei zuzunähen.

## Sigyn – Gemahlin des Loki

Sigyn, eine Ase, war die Frau des listigen Gottes Loki. Gemeinsam mit ihm hatte sie zwei Söhne namens Narfi und Wali. Weil sie die fürchterliche Bestrafung ihres Mannes linderte, indem sie das Gift in einer Schale auffing, das von einer über ihrem gefesselten Ehemann hängenden Schlange ununterbrochen in sein Gesicht tropfte, wurde sie zum Sinnbild der ehelichen Treue.

*Durch den Versuch, die Qualen ihres Mannes Loki zu lindern, wurde Sigyn zum Sinnbild der ehelichen Treue.*

## Skadi – Göttin des Winters und der Jagd

Ursprünglich stammte Skadi aus dem Geschlecht der Riesen. Ihren Vater Thiazi (▶ Seite 145) hatten die Götter getötet, weil er die Frühlingsgöttin Idun entführt und ihre Äpfel, die den Asen ewige Jugend verliehen, gestohlen hatte. Skadi machte sich auf nach Asgard und verlangte als Sühne einen Asen als Ehemann und einen Sack Gelächter. Die Götter gestanden ihr diese Wünsche zu, sie müsse aber ihren Zukünftigen nur anhand seiner Füße auswählen. Natürlich wählte Skadi den Mann mit den wohlgeformtesten Füßen, weil sie glaubte, es könne sich nur um Balder, den schönsten aller Götter handeln, doch es waren die Füße des Meeresgottes Njörd! Als Loki seine Hoden an den Bart einer Ziege befestigte und eine Art Tauziehen veranstalte, war dies so komisch anzusehen, dass Skadi in schallendes Gelächter ausbrach. Damit waren ihre beiden Wünsche erfüllt und sie hatte Genugtuung bekommen.

Skadi, die nicht bei ihrem Gemahl am Meer leben wollte, lebte in Thrymheim, der Festung des Donners, in den Bergen von Asgard, wo sie ihrer Lieblingsbeschäftigung nachging, der Jagd auf Skiern. Manche sagen, dass sie später Njörd verließ und den Wintergott Uller (▶ Seite 135 f.) heiratete.

*Skadi und Njörd auf dem Weg nach Noatun, dem Wohnsitz des Meeresgottes, wo es Skadi jedoch nicht lange aushielt.*

*Dieses Gemälde von Max Koch zeigt Thor auf seinem Wagen, gegürtet mit Megingiard und Mjöllnir in der Hand haltend.*

### Thor – Gott des Donners und der Bauern, Beschützer Midgards

Thor ist der Sohn des Odin mit der Erdgöttin Jörd. Während sein Vater von Kriegern und Skalden gleichermaßen hoch verehrt wurde, war Thor eher der Gott für die einfachen Leute wie die Bauern. Für diese war er wichtig, denn er beherrschte das Wetter und sorgte für die Fruchtbarkeit ihrer Felder. Zudem riefen sie ihn als Schutzherrn der ehelichen Treue an. Er ist der Stärkste der Asen und gefürchteter Gegner der Riesen. Er war verheiratet mit Sif, die ihm die gemeinsame Tochter Thrud gebar.

Thor fuhr einen Wagen, der von den beiden Ziegenböcken Tanngnjost und Tanngrisnir, Zähneknisterer und Zähneknirscher, gezogen wurde. Sein wichtigstes Attribut war jedoch *Mjöllnir*, der Hammer, mit dem er vor allen Dingen gegen die Thursen in den Kampf zog. Dieser Hammer kehrte stets in seine Hand zurück, wenn er ihn geschleudert hatte. Er besaß zudem den Kraftgürtel *Megingiard* und den Eisenhandschuh *Jarngreip*, mit dem er den Schaft des Hammers umfasste. Er wird als großer, kräftiger Mann beschrieben – mit rotem Bart und einem stechenden Blick. Darüber hinaus beeindruckte er durch seinen großen Appetit und seine Leidenschaft für das Trinken.

Seine größte Feindin war die Midgardschlange (▶ Seite 157 ff.). Eines Tages ruderte er zusammen mit dem Riesen Hymir hinaus auf das Meer und köderte die den Erdkreis umspannende Riesenschlange mit einem Ochsenschädel. Tatsächlich biss das Ungeheuer an und Thor gelang es sogar, die Schlange bis an den Schiffsrand hinaufzuziehen. Doch Hymir packte die Angst und er kappte die Angelschnur. Wütend schleuderte Thor seinen Hammer hinterher, doch traf sie nicht.

Zu einem weiteren Aufeinandertreffen kam es, als Thor zusammen mit Loki eine Reise nach Jötunheim unternahm, das Reich der Riesen. In Utgard wurden sie vom Riesen Utgardloki (▶ Seite 146 f.) zu einem Wettbewerb eingeladen: Sie sollten versuchen, mehr zu essen, mehr zu trinken und schneller zu rennen als die Riesen. In allen drei Disziplinen versagten die Asen. Zuletzt sollte Thor eine Katze von der Erde aufheben. Doch so sehr er sich auch abmühte, es gelang ihm nicht – nur ein einziges Bein des Tieres konnte er anheben. Am nächsten Tag offenbarte Utgardloki Thor, dass er und seine Gefährten nie eine Chance gehabt hätten, denn sie kämpften nicht gegen Riesen, sondern gegen Sinnestäuschungen. Die Katze wäre keine Geringere gewesen als die Midgardschlange selbst! Dass es ihm dennoch gelang, überhaupt ein Bein in die Höhe zu heben, habe ungeachtet des Misserfolgs den Riesen einen großen Schrecken eingejagt. Thor, so getäuscht, wurde wütend und wollte Utgardloki mit seinem Hammer erschlagen. Doch dieser war im selben Augenblick samt seiner Burg wie vom Erdboden verschluckt. In der Götterdämmerung wird Thor ein letztes Mal der Midgardschlange im Kampfe gegenüberstehen …

Dem Riesen Thrym (▶ Seite 146) gelang es einmal, den Hammer des Thor zu stehlen. Wenn Thor ihn wiederhaben wolle, so müssten ihm die Asen die Göttin Freyja überlassen. Da beschlossen die Götter, eine List anzuwenden. Sie gaben vor, dass Freyja eingewilligt hätte und sich nun auf die Hochzeit vorbereite. Doch an Freyjas Stelle kam Thor, als Frau verkleidet. Thrym fiel darauf herein und überreichte der vermeintlichen Braut *Mjöllnir*. Sofort entledigte sich der Ase seiner Verkleidung und erschlug den Riesen mit dem Hammer.

*Mjöllnir wurde von den Anhängern Thors zum Zeichen ihres Glaubens auch als Amulett um den Hals getragen.*

### Tyr – Gott des Sieges und des Krieges

Tyr war der Sohn des Odin und der Frigg, manche sagen auch, dass der Riese Hymir (▶ Seite 141 ff.) sein Vater gewesen sei. Er gehörte zu den bedeutendsten Asen und liebte es, sich mit seinem Schwert in das Kampfgetümmel zu stürzen. Er wurde für seinen außergewöhnlichen Mut bewundert und bei Festlichkeiten mit einem Schwerttanz verehrt. Er galt

*Das Schwert, mit dem er sich in die Schlacht stürzte, war das Symbol des Kriegsgottes Tyr.*

als Schutzherr des Things, der Versammlung eines Stammes bei den Germanen.

Als der Fenriswolf (► Seite 155), ein Sprössling des Gottes Loki, zur Bedrohung für die Götter wurde, war er es, der dem Ungeheuer die Fesseln anlegte und dabei seine rechte Hand verlor. In der Zeit des Ragnarök wird Tyr den Höllenhund Garm (► Seite 156) töten – und dabei selbst ums Leben kommen.

Möglicherweise ist Tyr ein alter Himmelsgott, dessen Kräfte später auf Odin und Thor übergingen.

## Uller – Gott des Winters und Schutzherr der Jagd

Uller, „der Ehrenhafte", war der Sohn der Sif und Stiefsohn des Thor. Für gewöhnlich ging er auf Skiern zur Jagd und er war ein berühmter Bogenschütze. So lebte er denn auch in einem Palast in Asgard, der Ydalir (Eibental) hieß, denn aus dem Holz der Eibe wurden bevorzugt die Bögen hergestellt. Seine Gemahlin war Skadi, nachdem sich diese von Njörd getrennt hatte.

Er wurde auch im Zweikampf um Schutz angerufen und man schwur bei seinem Ring. Als Gott des Winters hatte er außerdem auch die Funktion eines Totengottes.

### Vidar – der schweigsame Ase

Vidar war der Sohn des Odin und der Riesin Grid (▶ Seite 140). Er lebte zurückgezogen in seinem Palast Landwidi, das weite Land, ein stiller Ort, der als grüner Wald beschrieben wird. Dort schuf er Waffen für den Tag der Götterdämmerung, in der er dann den Fenriswolf (▶ Seite 155 f.) besiegen wird.

### Wali – Rächer des Balder

Wali war ein berühmter Bogenschütze und der Sohn des Odin mit der Riesin Rind (▶ Seite 144 f.). Er wurde nur aus einem einzigen Grund gezeugt: Er sollte gemäß einer Prophezeiung den Tod seines Bruders Balder rächen. Er war kaum einen Tag alt, da nahm er Rache an Höder, dem blinden Bruder des Balder, der selbigen unbeabsichtigt mit einem Mistelpfeil erschossen hatte. Er lebte in Asgard im Palast Valaskialf, dessen Dach mit Silber gedeckt war. In diesem Palast soll auch *Hlidskialf*, der Thron Odins, stehen.

*Eine Darstellung von Uller – der in manchen Gegenden sogar als Hauptgott verehrt wurde – war eine Zeit lang als Talisman bei Wintersportlern weit verbreitet.*

## Die Riesen

Riesen spielen in der germanischen Mythologie eine große Rolle. Sie gehören zu den ältesten Wesen der Welt. Das erste Lebewesen war der Urriese Ymir und von ihm sollen alle anderen Riesen abstammen. Weil sie von Anbeginn der Zeiten existierten, glaubte man, dass sie deshalb weise seien, wie beispielsweise Mimir. Auch alle Götter gehen letztlich auf Riesen zurück und immer wieder verheirateten sich Götter und Riesen, um Helden und andere Götter hervorzubringen.

Riesen verkörperten aber auch die chaotischen Kräfte der Natur. Man erkannte ihr Wirken in Naturkatastrophen wie Stürmen, Überschwemmungen und Erdbeben. Sie geboten über Feuer und Eis, Wasser und Felsen. Wenn die Riesen wütend waren, waren die Menschen den Naturkräften schutzlos ausgeliefert. Insbesondere die Reifriesen galten als den Göttern und Menschen gegenüber feindselig eingestellt.

Immer wieder forderten Riesen die Götter zum Kräftemessen auf, vielleicht ein Hinweis darauf, dass die göttliche Ordnung, auch wenn sie am Ende siegte, immer wieder von den Kräften des Chaos infrage gestellt wurde.

In der sogenannten Götterdämmerung bekämpfen sich die Riesen und die Götter ein letztes Mal. Die Götter und Asen werden dabei von Odin angeführt. Im großen Endkampf vernichten sich beide Seiten fast vollständig. Am Ende ersteht aus den Trümmern der alten Welt eine neue.

*Die Riesen repräsentieren ähnlich wie die Titanen in der griechischen Mythologie die Urgewalten der Natur – Feuer und Eis, Wasser und Felsen.*

### Ägir – weiser Riese des Meeres

Ägir war mit den Asen befreundet und Vater von neun Töchtern, die Ägirstöchter genannt werden, Verkörperungen der unterschiedlichen Arten von Wellen. Seine Frau war die düstere Ran (▶ Seite 143 f.).

Ägir ließ sich nicht gern Befehle erteilen, und als Thor einmal zu ihm kam und verlangte, er solle für die Götter Bier brauen, gab er vor, keinen Kessel zu besitzen, der für diesen Auftrag groß genug sei. Da ging Thor zum Riesen Hymir (▶ Seite 141 f.) und besorgte sich von ihm einen riesigen Kessel. Nun konnte sich Ägir nicht mehr herausreden und musste den Auftrag annehmen. Es heißt, dass er den Göttern das Bier vergällte, indem er es mit Hopfen

*Der Meeriese Ägir – hier aus der Sicht des deutschen Malers Carl Ehrenberg – verließ sein Unterwasserreich angeblich nur, um Schiffe und ihre Besatzungen zu vernichten.*

mischte, sodass es zwar noch trinkbar, aber auf alle Fälle kein Hochgenuss mehr war.

Ein anderes Mal richtete er ein herrliches Gelage für die Götter aus. Dieses Fest aber sollte der Anfang vom Ende der Götter sein, denn Loki erschien hier als ungebetener Gast und verkündete den Asen ihren baldigen Untergang.

### Angrboda – die Bringerin der Angst

Angrboda war eine Geliebte des Loki. Aus ihrer Verbindung gingen drei unheimliche Wesen hervor: der gewaltige Fenriswolf (▶ Seite 155 f.), die riesige Midgardschlange (▶ Seite 157 ff.) und die Totengöttin Hel (▶ Seite 140).

### Bergelmir – Vorzeitriese

Bergelmir lebte schon vor der Erschaffung der Welt. Er war ein Sohn des Thrudgelmir und Enkel des Ymir. Als die Götter Ymir töteten, um aus seinem Leib die Welt zu bauen, überlebte Bergelmir als Einziger mit seiner Frau die Sintflut, die das fließende Blut des Urriesen verursachte. So rettete er das Geschlecht der Riesen vor dem Untergang und wurde zum Stammvater der Reifriesen.

### Farbauti – Vater des Loki

Farbauti, dessen Name so viel bedeutet wie „der gefährlich Schlagende“, war der Vater des Loki, den er mit der Riesin Laufey, „die Laubreiche“, zeugte. Manche sagen, dass sich hinter den Namen der Eltern Lokis das Bild eines Blitzes, der in einen Laubbaum einschlug, verbirgt. Dies würde den Ruf Lokis als einen Gott des Feuers begründen.

### Geirröd – Fürst der Riesen

Geirröd war ein Fürst der Riesen und Feind des Gottes Thor. Er nahm eines Tages Loki gefangen und schenkte ihm erst dann die Freiheit wieder, nachdem Loki ihm versprochen hatte, ihm Thor zu bringen, und zwar ohne seinen Hammer *Mjöllnir*, seinen Kraftgürtel *Megingiard* und seinen Eisenhandschuh *Jarngreip*.

Loki übermittelte Thor die Botschaft, dass ihn der Riese zu einem sportlichen Wettkampf ohne magische Hilfsmittel herausgefordert hätte, den Thor annahm. Unterwegs erfuhr Thor von der Riesin Grid, dass Geirröd die Absicht hege, ihn zu töten. Sie stattete den Gott mit ihrem eigenen Gürtel und Handschuh aus sowie mit einem Zauberstab, mit dessen Hilfe er gefährliche Hindernisse auf seiner Fahrt zu Geirröd überwinden und dessen Töchter töten konnte. Der Riese schleuderte ein glühendes Eisenstück auf Thor, der es aber mit dem Eisenhandschuh der Grid auffangen konnte und dank ihres Kraftgürtels so heftig zurückschleuderte, dass es nicht nur die Eisensäule, hinter welcher der Riese in Deckung ging, durchschlug, sondern auch Geirröd selbst und die Wand dahinter.

*Das Reich der Göttin Hel lag unter den Wurzeln von Yggdrasil und konnte nur über den Todesfluss Gjöll erreicht werden.*

## Grid – Retterin des Thor

Grid war eine Reifriesin, die zusammen mit Odin den stillen Gott Vidar zur Welt brachte. Bei ihr kam Thor auf seiner Fahrt zum Wettkampf mit dem Riesen Geirröd unter. Von ihr erfuhr der Gott, dass Geirröd ihm nach dem Leben trachte. Sie lieh ihm neben ihrem Kraftgürtel und ihrem Eisenhandschuh auch einen Zauberstab, mit denen Thor, der seine eigenen magischen Kleinode nicht mit sich führte, den Kampf gewinnen und den Riesen vernichten konnte.

## Hel – Todesgöttin

Hel war eine Riesin, die Tochter des Loki und der Riesin Angrboda sowie die Schwester der Midgardschlange (► Seite 157 ff.) und des Fenriswolfs (► Seite 155 f.). Die Asen hatten Angst vor den Kindern des Loki und Odin warf die Riesenschlange ins Meer, ließ den Fenris anketten und verbannte Hel in die Unterwelt, wo sie ein eigenes Reich gründete, das nach ihr benannt wurde und im Norden lag, dort also, wohin die Sonne niemals schien. Hier saß sie in ihrer Burg aus Schlangenleibern. In dieses Totenreich, aus dem es keine Wiederkehr gab, gelangten alle Verstorbenen, außer den tapfer in der Schlacht Gefallenen, denn diese durften als Einherjer zu Odin nach Asgard in die Festhalle Walhall einziehen. Selbst die Götter wurden nach ihrem Tod zu Hel geschickt, wie der Lichtgott Balder.

Hel wird grimmig und düster beschrieben, als halb tot, halb lebendig, zur einen Hälfte von bleicher Farbe, zur anderen Hälfte von schwarzer Farbe.

*Bevor Thor zu seinem Hammer greifen konnte, kappte Hymir die Angelschnur, sodass die Midgardschlange entkommen konnte.*

## Hreidmar – König der Riesen

Hreidmar war ein zauberkundiger König der Riesen. Er war der Vater des Zwerges Regin (► Seite 150), des Drachen Fafnir (► Seite 153 ff.) und eines dritten Sohnes Otur, der in Gestalt eines Otters auftaucht. Letzterer wurde unbeabsichtigt von Loki in dieser Gestalt getötet. Als Entschädigung verlangte Hreidmar so viel Gold, wie die abgezogene Haut seines Sohnes von innen und außen bedecken würde. Loki beschaffte sich den Schatz des Zwerges Andvari (► Seite 148 f.), zu dem auch ein Ring gehörte, der mit einem Fluch beladen war. Er sollte zwar Gold herstellen können, aber jeden, der ihn besaß, ins Verderben stürzen. So kam es, dass Hreidmars Sohn Fafnir diesen Schatz für sich begehrte und aus Habgier seinen Vater tötete, sich selbst aber in einen Drachen verwandelte, um den Schatz zu behüten. In der Folge wurde Fafnir im Auftrag seines Bruders Regin von Sigurd getötet.

## Hrungnir – Herausforderer Odins

Hrungnir war der Riese, der Odin zum Wettreiten herausforderte. Zwar entschied der Gott auf Sleipnir (► Seite 160) das Rennen für sich, doch Hrungnirs Pferd war so schnell, dass es bis nach Asgard stürmte, was die Bewunderung der Götter auf sich zog. Sie luden den Riesen zu einem Festschmaus ein. Dort betrank er sich jedoch und prahlte, er wolle die Göttinnen Freyja und Sif entführen. Außerdem wolle er Walhall ins Reich der Riesen schleppen, Asgard dem Erdboden gleichmachen und alle Asen vernichten. Diese Beleidigungen riefen Thor auf den Plan, der den Frevler zum Zweikampf auffordert, den der Gott auch für sich entschied. Zuvor schleuderte der Riese jedoch einen Wetzstein auf den Gott, der an dessen Hammer zersplitterte. Ein Steinsplitter drang in den Kopf Thors ein. Der sterbende Hrungnir fiel auf den geschwächten Thor und dieser wurde unter seinem Bein begraben. Sein Sohn Magni befreite Thor aus seiner misslichen Lage und bekam das Pferd des Hrungnir dafür geschenkt. Der Steinsplitter aber ließ sich auch nicht mit Zauberkraft entfernen. Bis zu Thors Ende im Ragnarök blieb er in seinem Schädel stecken.

## Hymir – der Finstere

Hymir war ein Reifriese und wird alternativ zu Odin als Vater des Kriegsgottes Tyr genannt. Von ihm stammte der riesige Kessel, mit

*Mimir, der Hüter der Quelle der Weisheit, verlangte selbst von Odin ein Pfand, bevor er ihn aus dem Brunnen trinken ließ.*

dem Ägir das Bier für die Götter brauen musste, und er begleitete Thor zum Fischfang, bei dem der Gott die Midgardschlange (► Seite 157 ff.) an der Angel hatte. Weil Hymir es in dieser Lage mit der Angst zu tun bekam, kappte er die Angelschnur und die Riesenschlange konnte zu Thors großem Verdruss entkommen.

### Mimir – Hüter der Quelle des Wissens

Mimir hütete die Quelle des Wissens unter dem Weltenbaum Yggdrasil. Ob er zweifelsfrei zu den Riesen gehörte, ist unsicher, möglicherweise war er ähnlich wie Loki von der Abstammung her ein Riese, wurde jedoch zu den Göttern gezählt. Er war für seine Weisheit berühmt und ein Meister der Zauberrunen. Mit dem *Gjallarhorn* trank er aus seinem Brunnen Met. Es war eben jenes Horn, in das Heimdall blasen wird, um die Götter vor dem Anbruch der Götterdämmerung zu warnen. Odin suchte Mimir immer wieder auf, um von seinem Wissen zu schöpfen. Bevor er jedoch aus seinem Brunnen trinken durfte, musste er ein Auge opfern und als Pfand in den Brunnen legen. Seither wird Odin als einäugig beschrieben. Später erschien Mimir nur noch als prophetisches Haupt, das Odin aufsuchte, als das Ende der Götter nahte. Er war zusammen mit Höner als Unterpfand des Friedens zwischen den Göttergeschlechtern zu den Wanen gekommen. Als Höner, den sie zu ihrem Anführer gemacht hatten, sich als hilflos ohne Mimir herausstellte, köpften sie den Weisen kurzerhand und schickten das Haupt den Asen zurück. Diese konservierten mit Zaubersprüchen und Kräutern den Kopf und nutzten ihn als Orakel.

### Mundilfari – Vater der Sol und des Mani

Mundilfari war ein Riese, der in Midgard lebte. Er hatte zwei Kinder, die so schön waren, dass er sie nach Sonne und Mond benannte, den beiden großen Lichtern am Firmament: Die Tochter nannte er Sol und den Sohn Mani. Über diese Anmaßung waren die Götter verärgert und versetzten die beiden an den Himmel, wo sie die Wagen von Sonne und Mond lenken mussten.

### Nott und Dagr – Nacht und Tag

Nott war eine vorzeitliche Riesin und die Personifikation der Nacht. Sie ritt auf dem Pferd Hrimfaxi, dessen Schaum aus dem Maul als Tau auf die Erde tropfte, über den Himmel. Dreimal vermählte sie sich und brachte unter anderem Jörd, die Erde, hervor und Dagr, den Tag. Dagr ritt seiner Mutter hinterher auf dem Pferd Skinfaxi, das den gesamten Himmel mit seiner Mähne zum Leuchten brachte.

### Ran – Gemahlin des Ägir

Ran war eine Riesin und die Frau des Meerriesen Ägir, mit dem sie die neun Ägirstöchter zur Welt brachte, Verkörperungen der Wellen des Meeres. Wer auf hoher See ums Leben kam, von dem hieß es, er sei der Ran in die Hände gefallen. Offensichtlich war sie auch die Herrscherin eines Totenreiches in den Tiefen der Meere und auf Ertrunkene

*Während Ägir eher die positiven Aspekte des Meeres repräsentiert, steht seine Gemahlin Ran eher für die dunklen Seiten.*

spezialisiert. Während Ägir die nützliche und wohlwollende Seite des Meeres verkörperte, stand sie also für den dunklen, gefährlichen Aspekt der See.

### Rind – Königstocher und Mutter des Wali

Die Riesin Rind war die Tochter des König Billing und wurde zur Geliebten Odins – gegen ihren Willen. Nach dem Tod des Balder wurde Odin prophezeit, dass nur Rind einen Sohn zur Welt bringen könne, der in der Lage sei, Balder zu rächen. Doch Rind hielt Odin auf Abstand, egal in welcher Verkleidung er sich ihr näherte, ob als Goldschmied, als General oder als Kriegsheld. Schließlich näherte er sich ihr als heilkundiges Weib, nachdem er sie zuvor mit Krankheit und Wahnsinn geschlagen hatte. So kam er endlich in ihre Reichweite – und vergewaltigte sie. Rind brachte Wali zur Welt, der kaum einem Tag alt war, als er tödliche Rache

*Zur Strafe für die Anmaßung ihres Vaters verurteilten die Götter Sol und Mani dazu, bis zum Tag des Weltuntergangs über den Himmel zu reisen.*

am blinden Höder übte, der unbeabsichtigt seinen Bruder Balder mit einem Mistelzweig getötet hatte – der einzigen Pflanze, die nicht den Eid abgelegt hatte, Balder niemals Schaden zuzufügen.

### Skrymir – anderer Name Utgardlokis

Skrymir war der Name, den sich der Riese Utgardloki (▶ Seite 146 f.) gab, als er sich dem Gott Thor auf seiner Reise nach Utgard anschloss.

### Sol und Mani – Sonne und Mond

Sol und Mani waren die Personifikationen von Sonne und Mond. Ursprünglich hatten die Götter Sonne und Mond aus Funken geschaffen, die aus Muspellsheim aufgeflogen waren. Der Riese Mundilfari nannte seine beiden Kinder nach Sonne und Mond, seinen Sohn Mani und seine Tochter Sol, weil sie so schön waren. Doch die Götter hielten dies für eine Anmaßung, die bestraft werden musste. So entführten sie Sol und setzten sie in den Himmel, wo sie die Pferde lenken musste, die den Sonnenfunken auf einem Wagen zogen. Diese Pferde hießen Arwakr, der Frühwache, und Alswid, der Allkluge. Der Wagen der Sonne wurde von dem Wolf Skalli (▶ Seite 156) verfolgt. Immer wenn dieser die Sonne fast erreicht hatte, kam es zu einer Sonnenfinsternis. Auch Mani, der Bruder von Sol, reiste auf einem Wagen über den Himmel und wurde von einem Wolf verfolgt, von Hati (▶ Seite 156), dem Bruder des Skalli. Am Tag des Weltuntergangs werden die Wölfe die Gejagten endlich einholen und verschlingen.

### Thiazi – Herr von Thrymheim

Thiazi war der Vater der Skadi. Er lebte in Asgard auf seiner Festung Thrymheim. In Gestalt eines Adlers beobachtete er einmal, wie die Götter Loki, Höner und Odin sich einen Ochsen brieten. Als er sich dazugesellte und sich gleich die besten Stücke Fleisch nahm, war Loki derart verärgert, dass er mit einer Stange nach dem Adler schlug, aber an

*Loki schlägt nach Thiazi, eine Illustration aus der Eddaschrift des Geistlichen Ólafur Brynjúlsson.*

ihm hängen blieb und über das Land geschleift wurde. Als Loki um Gnade bat, gewährte ihm Thiazi diese nur, nachdem er versprochen hatte, ihm die Göttin Idun samt ihren goldenen Äpfeln zu besorgen. Mit einer Lüge lockte Loki Idun zu Thiazi. Doch nun mussten die Asen altern, denn es waren die goldenen Äpfel, die für ihre ewige Jugend gesorgt hatten. Um Idun zurückzuholen, flog Loki in Gestalt eines Falken nach Thrymheim. Er verwandelte Idun in eine Nuss und konnte sie so nach Asgard zurückbringen. Thiazi verfolgte Loki in Gestalt des Adlers, doch hinderten ihn die Götter daran, über die Mauern von Asgard zu fliegen, indem sie seine Flügel verbrannten und ihn so töteten.

*Auf ihrer Reise nach Utgard begegneten Thor und Loki Utgardloki zunächst schlafend in der Gestalt des Riesen Skrymir.*

In der Folge verlangte seine Tochter Skadi als Genugtuung, einen Gott der Asen zu ehelichen und sie selbst zum Lachen zu bringen. Darüber hinaus verwandelte Odin die Augen des Thiazi in zwei Sterne.

### Thrym – diebischer Reifriese

Thrym war ein Reifriese und stahl eines Tages *Mjöllnir*, den Hammer von Thor. Loki entdeckte den Diebstahl und forderte den Hammer für Thor zurück. Doch der Riese verlangte als Gegenleistung die Göttin Freyja. Als man der Göttin dieses Ansinnen unterbreitete, wurde sie wütend und weigerte sich. Da besann sich Loki auf eine List: Thor solle sich als Braut verkleiden und zu Thrym fahren. So geschah es, und als der Riese seine vermeintliche Braut in Empfang nahm, wurde er von Loki überredet, ihr zuerst den Hammer zu überreichen. Kaum hatte Thor den Hammer in der Hand, erschlug er den Riesen.

### Utgardloki – Herr von Utgard

Utgardloki war ein Riese, der in seiner Burg Utgard herrschte und, wie sein Name bereits andeutet, ebenso listenreich war wie Loki.

Als Thor in Begleitung von Loki und seinen Dienern Thialfi und Röskwa nach Utgard reiste, trafen sie in einem großen Wald auf den Utgardloki, der sich als Skrymir ausgab und sich ihnen anschloss. Skrymir foppte den Gott, indem er dessen Nahrungsbündel so fest zusammenschnürte, dass er es nicht öffnen konnte. Erbost darüber wollte Thor den Riesen mit seinem Hammer im Schlaf erschlagen. Dieser erwachte von dem Schlag und fragte nur, ob ihm ein Blatt auf den Kopf gefallen sei, und schlief wieder ein. Daraufhin schlug Thor ein zweites Mal zu. Und diesmal drang der Hammer ein Stück in den Schädel des Riesen ein. Skrymir erwachte wieder, und bemerkte, es müsse ihm wohl eine Eichel auf den Kopf gefallen sein, bevor er wieder einschlief. Thor schlug ein drittes Mal auf den Kopf des Riesen und der Hammer drang noch tiefer in den

Schädel ein. Skrymir meinte nur, es müssten Vögel über ihm auf einem Baum sein, die andauernd Abfall herunterfallen ließen. Daraufhin verließ er die Gruppe.

Schließlich gelangten Thor und sein Gefolge nach Utgard, wo sie von Utgardloki zu Wettkämpfen herausgefordert wurden. Loki trat gegen den Riesen Logi an und verlor. Thialfi wurde vom Riesen Hugi im Wettlaufen besiegt. Schließlich musste Thor ein Trinkhorn leeren, gegen die Amme des Riesen kämpfen und eine Katze hochheben. Dreimal bemühte er sich, aber vergeblich: Er konnte diese scheinbar leichten Aufgaben nicht bewältigen. Nur das Bein der Katze konnte er leicht anheben.

Am nächsten Tag offenbarte sich Utgardloki als der Riese Skrymir im Wald und gab zu, dass sie alle einem von ihm geschaffenen Blendwerk aufgesessen seien, denn Logi sei das alles fressende Feuer gewesen und Hugi seien seine eigenen windschnellen Gedanken, die niemand einholen könne. Das Trinkhorn war am anderen Ende mit dem Meer verbunden und konnte so nie geleert werden, seine Amme war das Alter selbst, gegen das jeder verliert, und die Katze war in Wirklichkeit die Midgardschlange, die niemand heben konnte. Utgardloki zeigte sich aber erschrocken von Thors Stärke, der immerhin ein Bein der Katze anheben konnte, womit niemand gerechnet hatte. Deshalb werde er seine Burg mit einem Zauber belegen, damit der Gott sie nie wieder finden könne, um ihm gefährlich zu werden. Bevor der erboste Thor seinen Hammer heben konnte, um sich für die Schmach zu rächen, löste sich der Riese samt seiner Burg vor seinen Augen für immer in Luft auf.

## Die Zwerge

Die Zwerge sind in der nordischen Mythologie Naturwesen von menschlicher Gestalt, aber kleinem Wuchs. Bevorzugt leben sie im Inneren der Erde, in Bergen, in Höhlen, in Felsen. Sie stehen mit den Kräften der Erde in Verbindung und mit den Schätzen, die in der Erde gefunden werden können. Es heißt, dass die Zwerge aus den Maden entstanden sind, die im Fleisch des getöteten Urriesen Ymir krochen. Sie erhielten von den Göttern schließlich ihren Geist.

Nicht immer stellte man sich Zwerge als besonders klein vor. Doch nach und nach entwickelte sich die auch heute noch gängige Vorstellung von kleinen, mitunter drolligen Wesen mit langen Bärten, ledriger Haut und dicken Nasen. Ungeachtet ihres plumpen Äußeren galten Zwerge als äußerst geschickt und sehr weise.

In ihren unterirdischen Reichen häuften sie unermessliche Schätze an, bauten sich riesige Säle, die vor Gold und Edelsteinen nur so funkelten. Sie waren hervorragende Schmiede und beherrschten überhaupt die Kunst des Handwerks in einem für Götter, Menschen und andere Wesen unerreichbaren Maße. So schufen sie fast alle Kleinode, die den Asen als Zeichen ihrer Macht dienten und ihnen ganz besondere Kräfte verliehen, darunter den Wunderhammer des Thor, *Mjöllnir*, den Zauberspeer *Gungnir* des Odin und das herrliche *Brisingamen*, das Halsband der Göttin Freyja. Sie sorgten aber auch für die Fesseln, mit denen der Unhold Fenris angekettet wurde, und schmiedeten Waffen von fürchterlicher Macht, wie das Schwert *Gram* des Sigurd.

Ihrem Wesen nach sind Zwerge zwiespältig: Sie können gefühlvoll wie Dichter reden, sind dann aber wieder eher ruppige Zeitgenossen, mit denen nicht gut Kirschen essen ist.

### Alwis – der Allwissende

Alwiss, der Allwissende, war ein Zwerg, dem die Götter Thrud, die Tochter des Thor, versprochen hatten. Thor wollte diese Hochzeit verhindern und verwickelte den Zwerg in einen Wissenswettstreit. Er verlangte von ihm Antworten auf dreizehn Fragen, die sich um Inhalte der nordischen Mythologie drehten. Die

*Als Loki dem Zwerg Andvari auch noch den Ring Andvaranaut abnahm, verfluchte dieser den gestohlenen Schatz und zog sich in einen Stein zurück.*

Beantwortung der Fragen dauerte bis ins Morgengrauen. Darauf hatte Thor gehofft, denn als die ersten Sonnenstrahlen auf Alwiss trafen, verwandelte sich dieser zu Stein.

### Andvari – Schatzhüter

Andvari war ein Zwerg und der Sohn Oinns. Bei seiner Geburt verhängte eine Norne über ihn das Schicksal, im Wasser leben zu müssen. Andvari lebte daher als Hecht in einem Wasserfall, wo er einen prächtigen Goldschatz hütete. Der kostbarste Gegenstand in diesem Schatz war aber der Ring *Andvarinaut*. Dieser Ring konnte Gold vermehren.

Eines Tages fing in besagtem Wasserfall Otur, der Sohn des Hreidmar, in Gestalt eines Otters einen Lachs. In diesem Augenblick kamen die Götter Loki, Odin und Hönir vorbei. Weil Loki es auf das prächtige Otterfell abgesehen hatte, tötete er das Tier mit einem Stein, ohne zu wissen, dass es sich dabei um den verwandelten Otur handelte. Am Abend kehrten die drei bei Hreidmar ein und stolz zeigte Loki ihm seine Jagdbeute. Hreidmar aber erkannte sofort seinen Sohn, ließ die Götter festnehmen und verlangte Genugtuung: Sie sollten das Otterfell innen wie außen mit Gold bedecken.

Loki fing daraufhin mit dem Netz der Ran den Zwerg in seiner Hechtgestalt. Er verlangte von Andvari den Schatz, sonst würde er ihn töten. Der Zwerg gab ihm alles, versuchte aber, den Ring vor Loki zu verstecken. Loki kam jedoch dahinter und nahm auch den Ring an sich.

Da verfluchte Andvari den Ring, dass jeder, der ihn besitzen würde, von Unglück heimgesucht würde. Er selbst zog sich in einen Stein zurück.

## Brock und Sindri – kunstfertige Schmiede

Brock war ein Zwerg, der zusammen mit seinem Bruder Sindri den goldenen Eber *Gullinborsti* für Freyr, den Ring *Draupnir* für Odin und den Hammer *Mjöllnir* für Thor herstellte. Sie hatten sich auf eine Wette mit Loki eingelassen, als sie die wunderbaren Gegenstände sahen, die Loki von den Söhnen des Ivaldi erhalten hatte. Loki hatte nämlich angezweifelt, dass sie in der Lage seien, ähnlich kostbare Dinge herzustellen.

## Durin und Dvalin – Anführer der Zwerge

Durin war der zweite Zwerg, den die Götter nach Modsognir erschaffen haben. Entsprechend galt er als der zweitmächtigste aller Zwerge. Es heißt, dass er der Anführer der Horde der Zwerge war, die vor allen Dingen in den Steinen lebten.

Dvalin war der Anführer einer weiteren Zwergenschar, die in den Übergängen zwischen dem Erdinneren und der Erdoberfläche lebten. Von ihm ist in mehreren Geschichten die Rede. So war er einer der vier Schmiede des wundervollen Halsschmucks der Freyja, *Brisingamen*. Als die Göttin dieses Wunderwerk mit Gold und Silber kaufen wollte, lehnten die Zwerge ab, denn davon hatten sie letztlich genug. Sie verlangten im Gegenzug, dass Freyja je eine Nacht mit den vier Zwergen verbringe. Auf diesen Handel ging die Göttin schließlich ein.

## Fjalar und Galar – Mörder des Kvasir

Fjalar und Galar waren die beiden Zwerge, die das Geschöpf Kvasir erschlugen, das die Asen und die Wanen als Zeichen ihres Friedens aus ihrem gemeinsamen Speichel erschaffen hatten und das als unfasslich weise galt. Sie mischten das Blut mit Honig und brauten daraus das *Skaldenmet*, das jeden, der davon einen Schluck nahm, zu einem Dichter und Gelehrten machte.

Der einzige Mitwisser des Verbrechens der beiden Zwerge war der Riese Gilling. Ihn ertränkten sie, indem sie mit ihm unter einem Vorwand rudern gingen und dann das Boot an einem Felsen kentern ließen. Die Frau des Gilling, die in lautes Wehklagen über den Verlust ihres Mannes ausbrach, erschlugen sie mit einem Mühlstein. Suttung, der Sohn Gillings, rächte sich an den Zwergen: Er setzte sie auf eine von der Flut des Meeres überspülte Klippe, bis sie um ihr Leben bitten und ihm als Sühne das kostbare *Skaldenmet* anboten. Dieser Zaubertrank wurde später von Odin gestohlen.

## Ivaldi – Vater der Idun

Ivaldi war Schmied und der Vater der Göttin Idun. Die Söhne dieses Zwerges stellten das goldene Haar der Sif, Freyrs Schiff *Skidbladnir* sowie Odins Speer *Gungnir* her.

## Modsognir – mächtigster aller Zwerge

Modsognir ist der erste Zwerg, den die Götter einer Überlieferung nach aus dem Blut des Ymir geschaffen haben. Er galt als der mächtigste aller Zwerge und soll der Anführer der tief im Erdinneren lebenden Zwerge sein. Nach ihm wurden die Zwerge Dvalin und Durin erschaffen, die Anführer der Steinzwerge und der Zwerge, die in der Nähe der Erdoberfläche leben.

## Nordi, Sudri, Austri und Vestri – die Erdzwerge

Nordi, Sudri (▶ Bild Seite 150), Austri und Vestri waren die vier Zwerge, die den Himmel stützten, der von den Asen aus dem Schädel des Urriesen Ymir errichtet wurde. Sie standen für die vier Himmelsrichtungen: Norden, Süden, Osten und Westen.

*Diese Skulptur des Erdzwergs Sudri, der den Raben Hugin im Arm hält, gehört zum „Brunnen der Weisheit" vor dem Rathaus von Thale.*

### Nyi und Nidi – die Mondphasen

Nyi und Nidi waren zwei Zwerge, welche die Mondphasen verkörperten. Nyi stand für den zunehmenden Mond, der mit dem Neumond beginnt, und Nidi für den abnehmenden Mond, der mit dem Vollmond beginnt.

### Regin – Ziehvater des Sigurd

Regin galt als äußerst geschickter, aber seinem Charakter nach verschlagener Zwerg. Er war der Ziehvater des Helden Sigurd (► Seite 162 ff.).

Sein Bruder Fafnir erschlug einst aus Gier nach einem Schatz, der ursprünglich dem Zwerg Andvari gehört hatte, ihren Vater, den Riesen und Zauberer Hreidmar, und verwandelte sich in einen Drachen, der fortan den Schatz bewachte. Da schmiedete Regin das Schwert *Gram* für Sigurd und stachelte den jungen Mann so lange gegen seinen Bruder Fafnir, den Drachen, auf, bis er ihn mit diesem Schwert tötete. Regin wollte das Herz des Drachen verspeisen und ließ es von Sigurd braten. Als dieser von dem Herzen kostete, konnte er auf einmal die Sprache der Tiere verstehen. Die Vögel verrieten ihm, dass Regin vorhabe, ihn zu hintergehen. Sigurd kam auf diese Weise dem Verrat des Zwerges zuvor und tötete ihn. In der Thidrekssaga ist Regin der Lindwurm, während die Rolle des Schmiedes von Mimir übernommen wird, einem allwissenden und zauberkundigen Zwerg, der nicht nur Siegfried, sondern auch Wieland unterrichtet. In der Opernwelt des Richard Wagner wird aus Mimir Mime der Schmied, Bruder des Zwergenkönigs Alberich.

*Sigurd tötet den Zwerg Regin – hier zu sehen auf dem Portal der zerstörten Stabkirche Hylestad (Norwegen) aus der zweiten Hälfte des 12. Jahrhunderts.*

## Schicksalsmächte und Wunderwesen

Mit den Asen, den Wanen, den Zwergen und den Riesen hört die Mythenwelt der Germanen nicht auf. Viele andere Wesen bevölkern den Kosmos rund um den Weltenbaum. Sie sind für das Schicksal zuständig, des Einzelnen wie der ganzen Welt, manche unterstützen die Götter bei ihren Aufgaben, manche stellen sich ihnen in den Weg. Ungeheuer und Monster wie der Fenriswolf und die Midgardschlange zeigen, dass auch die Mächte der Ordnung immer wieder mit dem Ungeordneten zu tun haben, dass es keinen Stillstand in der Entwicklung der Welt gibt, sondern immer wieder neue Herausforderungen zu bewältigen sind. Andere Wesen wie die Alben und die Walküren stehen ihnen zur Seite und erfüllen wichtige Dienste, wenn es darum geht, die Fruchtbarkeit der Natur aufrechtzuerhalten oder die Gesetze der Götter einzuhalten. Eine bunte Welt also, in der das Gute und das Böse eng beieinanderliegen und immer wieder Überraschendes hervorbringen.

### Das Volk der Alben

Wann und wie das Volk der Alben entstanden ist, ist nicht genau überliefert. Sie wurden

*Unsere Vorstellungen von Elfen und Feen, wie beispielsweise auf dem Gemälde von Moritz von Schwind zu sehen, leiten sich von den germanischen Alben ab.*

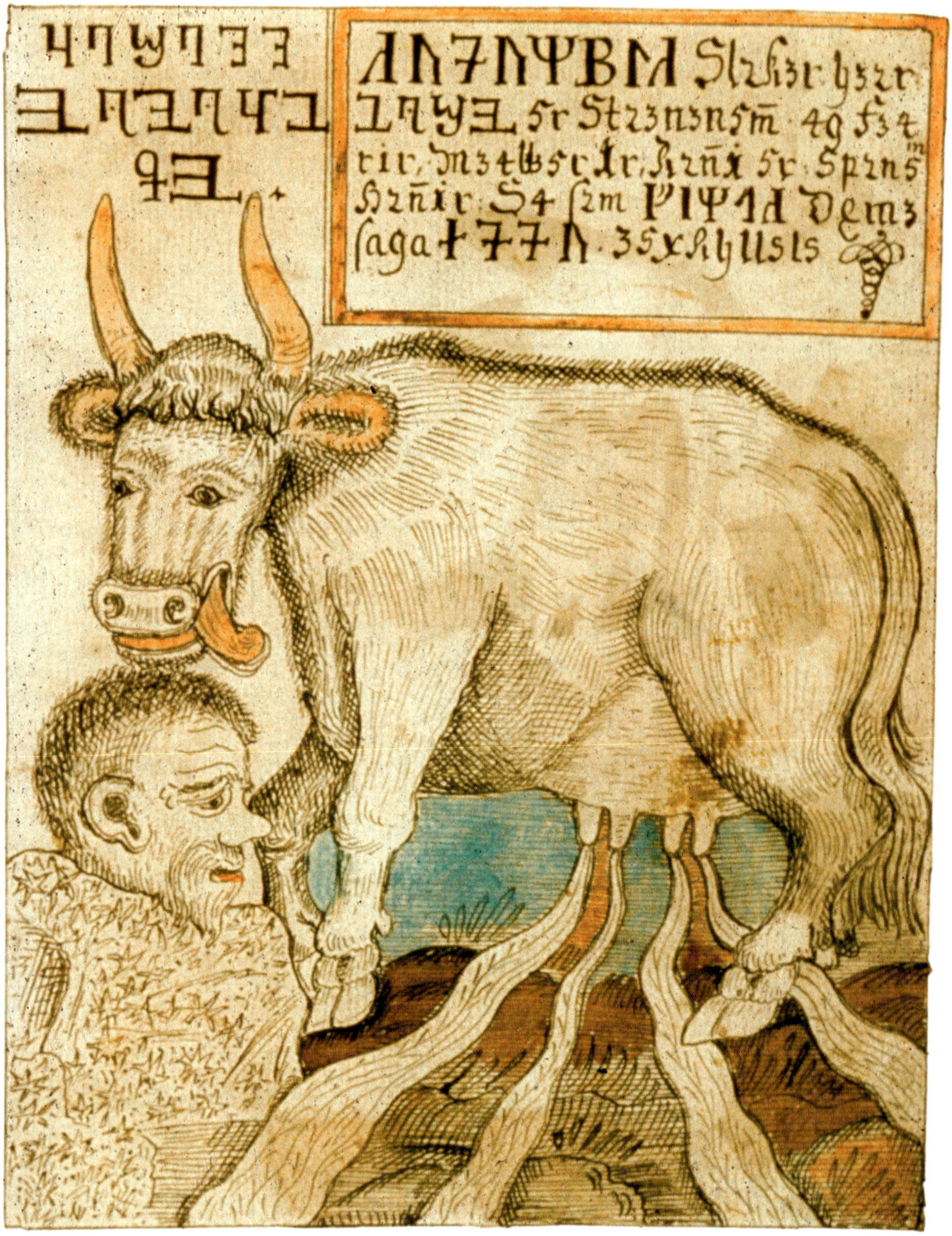

*Mit ihrer Milch nährte die Urkuh Audhumla den kurz vor ihr entstandenen Riesen Ymir, während sie an den salzigen, mit Reif bedeckten Steinen leckte.*

häufig zusammen mit den Asen erwähnt und wohnten mit ihnen in der Oberwelt in Liusalfheim, der Welt der Lichtalben. Manche sagen, dass sie in der Hierarchie zwischen Asen und Zwergen standen. Es waren helle, lichte Wesen von bezaubernder Schönheit. Sie bevölkerten die Natur, traten aber ansonsten so gut wie gar nicht als Einzelwesen in Erscheinung, deswegen sind auch keine Namen von ihnen überliefert. Ihre vorrangige Aufgabe schien vor allen Dingen die Sorge um die Fruchtbarkeit der Natur zu sein, denn sie standen dem Wanen Freyr besonders nahe, dessen Palast in Asgard den Namen Alfheim trug – Heimstätte der Alben.

An manchen Stellen ist eine Unterscheidung zwischen Lichtalben und Schwarzalben zu finden. Die Lichtalben wohnten im Himmel, die Schwarzalben unter der Erde, weswegen sie auch mit den Zwergen gleichgesetzt werden. Es wird berichtet, dass den Schwarzalben sogar Opfer von den Menschen dargebracht wurden, allerdings war nur Frauen der Zutritt zu diesen Ritualen gewährt.

Es soll sogar noch eine dritte Kategorie geben: die Dunkelalben. Während die Lichtalben schöner strahlten als die Sonne, glänzten Letztere schwärzer als Pech. Diese hätten einen eher dämonischen Charakter und neigten zur Boshaftigkeit. Vielleicht waren sie es, die für den Hexenschuss verantwortlich sind, den man früher Albenschuss nannte, und für die schrecklichen Albträume, die uns in manchen Nächten plagen. Grundsätzlich aber gelten Alben als gute und freundliche Wesen, die allerdings kein Interesse an den Menschen hatten.

Von den germanischen Alben leiten sich die im Mittelalter entstandenen Vorstellungen von Elfen und Feen ab, wie wir sie zum Teil heute noch kennen.

### **Audhumla** – die Urkuh

Gleich nach Ymir ging aus dem Zusammenspiel von Feuer und Eis bei der Entstehung der Welt auch die Urkuh Audhumla hervor, die „milchreiche, hornlose Kuh". Ymir ernährte sich von der Milch dieser Kuh. Audhumla selbst leckte an einem salzigen Stein, der mit Reif bedeckt war. Nach drei Tagen hatte sie aus diesem Stein Buri herausgeleckt, den Stammvater der Götter.

### **Disen** – Fruchtbarkeitsgottheiten

Den Fylgjen (▶ Seite 156) stehen die Disen nahe, die ursprünglich weibliche Fruchtbarkeitsgottheiten gewesen sind und auch als solche mit eigenen Riten verehrt wurden, vielleicht ähnlich dem Matronenkult. So wird von einem Disenopfer berichtet, das zu Beginn des Winters abgehalten wurde. Vielleicht waren es die Geister der Ahnen, die sich in den Disen manifestierten und von denen man in Island glaubte, sie würden in bestimmten Felsen leben, die man kultisch verehrte. Sie erschienen dem Helden im Traum und teilten ihm sein künftiges Schicksal mit.

### **Fafnir** – habgieriger Lindwurm

Fafnir war der Bruder des Zwerges Regin. Bevor er ein Drachen wurde, lebte er als Sohn des Zauberers Hreidmar und hatte zwei Brüder: den Zwerg Regin und den Gestaltwandler Otur, der sich in einen Otter verwandeln konnte. Nachdem Hreidmar als Genugtuung für die versehentliche Tötung seines Sohnes Otur den Schatz des Zwerges Andvari erhalten hatte, in dem sich auch der verfluchte Ring *Andvaranaut* befand, der jeden, der ihn besaß, ins Verderben stürzte, entbrannte auch in Fafnir die Gier nach dem Gold des Schatzes. Doch Hreidmar weigerte sich, ihm oder seinem Bruder Regin etwas abzutreten. Da brachte er seinen Vater um und drohte Regin mit dem gleichen Schicksal, sollte er auf seinem Anteil bestehen. Regin floh und wurde der Ziehvater des Sigurd.

Fafnir eignete sich Schatz und Ring an und versteckte alles in einer Höhle auf der Gnitaheide. Er legte sich auf seinen Schatz, damit niemand ihn berauben könne. Teil des Schatzes war auch ein Schreckenshelm, der jeden, der ihn aufsetzte, tarnte und ein grauenerregendes Aussehen verlieh. Mit diesem Helm verwandelte er sich in einen Lindwurm. Am

*In Form eines Lindwurms bewachte Fafnir eifersüchtig seinen Schatz, bis er von Sigurd mit dem Schwert Gram getötet wurde.*

Ende wurde er durch Sigurd mit dem Schwert *Gram* getötet, das sein Bruder Regin geschmiedet hatte. Regin hatte Sigurd angestachelt, Fafnir zu töten, um selbst an den Schatz zu kommen. Doch dies misslang, denn Regins Plan, Sigurd ebenfalls aus dem Weg zu schaffen, wurde entdeckt und Sigurd tötete den habgierigen Zwerg.

## Fenris – Dämon in Wolfsgestalt

Der Fenriswolf war ein Abkömmling Lokis und der Riesin Angrboda. Er war ein gefährliches Ungeheuer und hatte zwei nicht minder Furcht einflößende Geschwister: die Midgardschlange (▶ Seite 157 ff.) und die Todesgöttin Hel. Zunächst wuchs der Wolf bei den Göttern auf, aber er wurde immer größer und mächtiger, sodass die Asen Angst vor ihm bekamen und ihn einsperren wollten. Als sie ihm jedoch schwere Ketten anlegten, zerriss das Monster sie wie Schnüre. Da beauftragten die Götter Zwerge, eine Fessel herzustellen, die geeignet sei, den Fenriswolf zu binden. Die Zwerge schufen *Gleipnir*, einen magischen Faden, wobei sie Dinge verwendeten, die seither aus der Welt verschwunden sind: das Geräusch der Tatzen einer Katze, den Bart der Frauen, die Wurzeln der Berge, den Atem der Fische und die Spucke der Vögel. Dabei war die Fessel so leicht und dünn wie ein Bindfaden, aber unzerreißbar.

Als die Götter sich Fenris näherten, schöpfte das Ungeheuer Verdacht. Als Zeichen für die friedliche Absicht der Götter verlangte er, dass einer von ihnen ihm seine Hand in den Rachen stecke. Nur der mutige Tyr war dazu bereit. Als

*Nur die von den Zwergen geschaffene Fessel Gleipnir war in der Lage, den Fenriswolf für alle Zeit zu binden.*

man dem Wolf *Gleipnir* anlegte, zog es sich immer fester zu, je heftiger er sich dagegen wehrte. Und je fester sich die Fessel zuzog, umso stärker biss der Fenriswolf zu, bis er die rechte Hand des Gottes durchgebissen hatte. So wurde die große Gefahr, die von diesem Ungeheuer ausging, gebannt. Tyr aber wurde fortan der Einhändige genannt.

Erst zum Ragnarök, wenn sich das Schicksal der Götter erfüllen wird, wird der Fenriswolf sich von seiner Fessel befreien und Odin verschlingen. Odins Sohn Vidar wiederum wird ihn zur Strecke bringen.

### Fylgjen und Hamingjen – Schutzgeister der Menschen

Die Fylgja, der Folgegeist, war ein weiblicher Geist, der den Menschen als eine Art Schutzengel folgte. Die Fylgjen waren nicht sichtbar, aber sie gesellten sich schon bei der Geburt zu ihrem Schützling, manchmal in Gestalt eines Tieres. Sie erschienen dem Menschen in seinen Träumen, entweder als weibliche Gestalt oder als Tier, das dem Charakter des Menschen am ehesten entsprach. Auch Seherinnen konnten die Fylgja eines anderen wahrnehmen. Sie waren so etwas wie Doppelgängergeistwesen des Menschen und eng mit seinem Schicksal verbunden. Sie sind jedoch nicht mit der Seele eines Menschen gleichzusetzen, denn sie verließen den Menschen bei seinem Tod und wurden zu selbstständigen Wesen. Manchmal gingen sie dann auf Verwandte über, sodass es Fylgjen gab, die mit dem Schicksal einer ganzen Familie verbunden waren. Erst bei seinem Tod offenbarte sich die Fylgja und geleitete ihren Schützling ins Jenseits. Ähnlich den Walküren (▶ Seite 160) sind sie dann so etwas wie Todesdämonen.

Die Hamingja war der Fylgja verwandt und verkörperte das Glück eines Menschen in Person. Auch sie konnte nach dem Tod eines Menschen auf einen anderen übergehen, auch auf einen, der nicht zur Familie des Verstorbenen gehörte. Man konnte sich die Hamingja eines anderen sogar ausleihen

### Garm – der Höllenhund

Garm war der Hund der Totengöttin Hel. Er hatte vier Augen und saß am Eingang zur Unterwelt in einer Höhle, ganz in der Nähe des tosenden Flusses Gjöll, über den dort eine goldene Brücke führte, bewacht von Modgudr, einer gespenstischen Jungfrau, die den Namen und die Herkunft eines jeden erfragte, der die Brücke queren wollte. Auch Hermod musste auf seiner Reise in die Unterwelt auf der Suche nach Balder an ihr und Garm vorbei. Im Ragnarök wird er an der Seite der Riesen gegen die Asen kämpfen und seinen letzten Kampf gegen Tyr führen, in dem sowohl der Gott als auch das Monster den Tod finden werden.

### Grendel – der Unhold aus dem Moor

Grendel war ein Unhold aus dem Moor, manchmal auch als Riese beschrieben, und der Sohn eines scheußlichen Meerweibes. Er war mit übermenschlichen Kräften ausgestattet und suchte die Halle des dänischen Königs Hrothgar in regelmäßigen Abständen heim. Er und seine Mutter wurden schließlich von Beowulf (▶ Seite 162) zur Strecke gebracht.

### Hati und Skalli – Hass und Schatten

Hati, der Hass, war der Wolf, der Mani verfolgte, den Mond. Skalli, der Schatten, hingegen verfolgte Sol, die Sonne. Beide jagten die Gestirne über den Himmel, trieben sie vor sich her und wollten sie verschlingen. Manchmal kamen sie ihnen beunruhigend nahe, dann gab es eine Finsternis der Sonne oder des Mondes. Aber erst am Tag der Götterdämmerung wird es ihnen gelingen. Es heißt, dass beide Söhne der Angrboda waren.

### Managarm – der Mondhund

Managarm, der Mondhund, war so wie Hati und Skalli ein Sohn der Angrboda. Es hieß, er ginge auf der Erde umher und fresse das Fleisch der Toten. Bis zum Tag der Götterdämmerung wird er durch diese Speise der größte

*Am Tage des Weltuntergangs werden die Wölfe Skalli und Hati ihre Beute, Sonne und Mond, einholen und verschlingen.*

und gefährlichste seiner Art sein und den Mond verschlingen. Das Blut des Mondes aber wird weit spritzen und die Sonne besudeln und ihr Licht löschen.

## Midgardschlange – Erzfeindin des Thor

Die Midgardschlange war eine ungeheure, die gesamte Welt umspannende Seeschlange. Sie wurde von Loki mit der Riesin Angrboda gezeugt und ihre Geschwister waren der Fenriswolf und die Todesgöttin Hel. Zusammen mit diesen gehörte sie zu den ärgsten Feinden der Götter und der Menschen. Der größte Gegner der Midgardschlange war der Ase Thor, der Beschützer Midgards: Er begegnete seiner Erzfeindin drei Mal. In der Geschichte vom Fischzug des Thor ruderte der Gott mit dem Riesen Hymir aufs Meer hinaus, um Fische zu fangen. Da biss die Midgardschlange an und tatsächlich gelang es Thor, das Untier bis an den Rand des Schiffes aus dem Meer zu ziehen. Doch kaum hatte er seinen Hammer *Mjöllnir* geschwungen, da schnitt der ängstliche Riese die Angelschnur durch – die Schlange konnte entkommen.

Auf seiner Reise nach Utgard begegnete er der Midgardschlange, ohne es zu wissen. Als Teil eines Wettkampfes mit dem Riesen Utgardloki sollte Thor eine Katze vom Boden aufheben. Es gelang ihm kaum. Was Thor erst am nächsten Tag erfuhr: Er war einem Blendwerk aufgesessen, denn was er versuchte anzuheben, war keine Katze, sondern die Midgardschlange.

Die letzte Begegnung sollte zugleich das Ende der beiden sein: Im letzten Gefecht der Götter gegen die Mächte des Chaos im Ragnarök traten Thor und die Schlange gegeneinander an. Tatsächlich gelang es Thor, die Midgardschlange mit seinem Hammer zu erschlagen,

*Bei ihrer ersten Begegnung mit Thor gelang der Midgardschlange nur mit Glück die Flucht; es sollten noch zwei weitere folgen.*

aber er konnte dem austretenden Gift nicht schnell genug ausweichen und wurde ebenfalls dahingerafft.

## Nidhögg – Drache am Weltenbaum

Nidhögg war ein großer Drache mit einem Schlangenleib, der an den Wurzeln des Weltenbaums Yggdrasil lebte. Von ihm heißt es, dass er die Wurzeln annagte und so den Baum schädigte. Er führte über das Eichhörnchen Ratatöskr einen Disput mit einem Adler, der im Gipfel von Yggdrasil saß. Ratatöskr musste den Stamm des Baumes immer hinauf- und hinunterlaufen, um die Beschimpfungen des einen dem anderen zu überbringen. Nidhögg war mit einigen anderen Schlangen, darunter Goin und Moin, an der Quelle Hvergelmir zu finden, die alle Flüsse der Welt mit ihrem Wasser speiste.

In der Endzeit, dem Ragnarök, tauchte Nidhögg wieder auf, und zwar in einem Saal am Totenstrand Nastrand, wo die Riesenschlange das Blut der Mörder und Eidbrecher trank und die Toten zerriss. Nach dem Ende der Götter bettete Nidhögg die Leichen in seine Flügel und flog mit ihnen von den dunklen Gefilden fort.

*Die Nornen – hier die Kostümentwürfe für die Uraufführung von Wagners „Götterdämmerung" in Bayreuth am 17. August 1876.*

## Nornen – die Schicksalsfrauen

In den ältesten nordischen Überlieferungen ist die Rede von drei Schicksalsfrauen, die am Urdbrunnen am Fuße des Weltenbaumes Yggdrasil sitzen und über das Los der Götter und Menschen entscheiden. Sie hießen Urd, die Gewordene, Verdandi, die Werdende, und Skuld, das, was noch sein soll. Es waren Verkörperungen von Vergangenheit, Gegenwart und Zukunft.

Es heißt auch, dass diese drei für den Erhalt von Yggdrasil sorgten, indem sie ihn mit Wasser aus der Quelle versorgten, ein Wasser, das so heilig war, dass alles, was mit ihm in Berührung kam, weiß wurde wie die Innenseite einer Eierschale. Diese drei Nornen lenkten das Schicksal der Welt.

Daneben wird von Nornen gesprochen, die sich an das Kindbett stellten und den Müttern bei der Geburt beistanden, um dann das persönliche Schicksal des Säuglings zu verkünden. An einer Stelle heißt es sogar, es gäbe gute und böse Nornen, entsprechend gemischt falle das Geschick des Einzelnen aus. In dieser Vorstellung schwingt mit, dass es auch mehr als drei Nornen geben kann.

Woher die Nornen kommen, ist nicht klar, an einer Stelle heißt es, dass sie von den Asen, den Alben und den Zwergen abstammen.

*Den Namen Sleipnir („der Dahingleitende") erhielt Odins achtbeiniges Pferd, weil es auf dem Lande gleichermaßen „dahinglitt" wie zu Wasser und in der Luft.*

## Sleipnir – das Pferd Odins

Sleipnir war das achtbeinige Pferd des Odin. Sein Name bedeutet so viel wie der „Dahingleitende" und verweist auf seine Geschwindigkeit zu Lande, zu Wasser und in der Luft. Sleipnir wurde aus Loki geboren, als er sich in eine Stute verwandelte.

## Walküren – „Totenwählerinnen" in Diensten des Odin

Die Walküren waren weibliche Geister, die in der Gefolgschaft des Odin über die Schlachtfelder zogen und die dort ehrenvoll Gefallenen, die Einherjer, auswählten, damit sie in Walhall Platz nehmen konnten. Sie waren also so etwas wie Todesgeister, deren Aufgabe darin bestand, Menschen ins Jenseits zu bringen. Als Odins Mädchen führten sie seine Wünsche aus und bestimmten damit das Schicksal der Kämpfer.

Ursprünglich waren sie wohl Todesdämonen, denen die auf dem Schlachtfeld liegenden Leichen, altnordisch „valr", zugeschrieben waren. Später wurde das Schlachtfeld zur Ruhmeshalle Walhall und die Walküren zu Kriegerinnen in menschlicher Gestalt, die sich durchaus auch in einen Menschen verlieben konnten, wie Svafa in den Helden Helgi.

Manche begrenzen die Anzahl der Walküren auf neun oder zwölf, doch in Wirklichkeit muss es unzählige gegeben haben. Manche von ihnen sind namentlich bekannt, darunter die aus dem Nibelungenlied bekannte Brynhild oder Brünhilde (▶ Seite 165 f.).

*Die Wikinger glaubten, dass das Nordlicht der Mondschein sei, der sich in den goldenen Rüstungen der über die Schlachtfelder reitenden Walküren widerspiegelt.*

## Menschen und Helden

Midgard war das Reich der Menschen und lag in der Mitte aller Welten, die von dem Weltenbaum Yggdrasil zusammengehalten wurden. Hier begegneten die Menschen den Göttern, aber auch den Riesen vom Rande der Welt und den Zwergen aus den Tiefen der Erde – hier bestanden die Helden der Sagenwelt ihre Abenteuer.

Und starke Helden hat der Kosmos der germanischen Mythologie einige hervorgebracht, darunter so klingende Namen wie Siegfried, den Drachentöter, dessen Schicksal Kunst und Kultur über Jahrhunderte hinweg beeindruckte, angefangen vom bildgewaltigen Heldenepos des mittelalterlichen Nibelungenliedes bis zur Opernwelt von Richard Wagner, der sich in seinem Zyklus vom Ring der Nibelungen eifrig aus den Geschichten bediente.

Von den wichtigsten Helden und ihre Taten soll nun berichtet werden.

### Beowulf – Bezwinger des Grendel

Beowulf war ein Held aus dem Volk der Geatas, die vielleicht mit den Goten oder Gauten identisch sind. Mit vierzehn Gefährten reiste er nach Dänemark, um König Hrothgar zu unterstützen, der von einem Menschenfresser heimgesucht wurde, dem Unhold Grendel. Beowulf trat dem Monster in der Halle des Königs mit bloßen Händen entgegen und riss ihm einen Arm aus. Grendel floh ins Moor zurück, aus dem er gekommen war, sein Arm wurde als Trophäe über den Eingang der Halle gehängt. König Hrothgar beschenkte den Helden reichlich für seine Tat. Die wutentbrannte Mutter Grendels, ein scheußliches Weib aus dem Meer, überfiel daraufhin die Dänen. Beowulf versprach erneut Hilfe und gemeinsam mit Hrothgar brachen sie zum unheimlichen Grendelsee auf. Beowulf tauchte in den See hinab und gelangte in das Reich der Unholde, wo er sich mit Grendels Mutter einen erbitterten Kampf lieferte, an dessen Ende er die Unholdin mit dem Schwert eines Riesen tötete. Er fand auch den verletzten Grendel und schlug ihm ebenfalls den Kopf ab. Dabei schmolz die Schwertklinge vom Blut des Ungeheuers. Beowulf tauchte mit dem Schädel des Unholds und dem Schwertgriff wieder auf.

Beowulf kehrte in seine Heimat zurück und wurde König der Geatas. Viele Jahre später verwüstete ein Drache sein Reich aus Zorn darüber, dass man ihm einen kostbaren Kelch aus seinem Schatz geraubt hatte. Er flog nachts über das Land und versengte Höfe und Felder mit seinem Feueratem, schließlich auch die Halle Beowulfs. Der inzwischen hochbetagte König stellte sich dem Drachen vor dessen Höhle. Der Kampf ging jedoch böse für den Recken aus: Schild und Schwert hielten dem Atem des Drachen nicht stand, schließlich biss ihn das Ungeheuer in den Hals und versetzte ihm eine tödliche Wunde. Alle seine Mannen waren vor Angst davongelaufen, Beowulf war allein – nur Wiglaf, ein junger Gefährte des Königs, eilte Beowulf zu Hilfe und versetzte dem Untier einen Todesstich. Mit letzter Kraft gelang es Beowulf, den Drachen in der Mitte durchzuschneiden. Dann starb er.

### Sigurd – der Drachentöter

Sigurd war der Sohn des Sigmund aus dem Haus der Wölsungen und der Prinzessin Hjördis. Sigmund war schon alt und wurde von einem anderen König herausgefordert, er starb auf dem Schlachtfeld. Seiner Frau offenbarte er im Sterben, dass sie schon bald einen Sohn zur Welt bringen werde, der seinen Tod rächen würde. Er gab ihr die zerbrochene Klinge seines Schwertes, damit sie daraus ein neues machen lasse, das *Gram* genannt werden solle.

Die Königin floh nach Dänemark, wo sie am Hofe aufgenommen wurde und einen Sohn gebar: Sigurd, der mit seiner Schönheit und seiner Stärke bald alle Gleichaltrigen überragte. Regin, der Schmied, wurde sein Mentor (in anderen Überlieferungen wird er Mime genannt). Als er sich eines Tages ein Pferd aussuchen sollte, begegnete ihm im Wald Grani, ein

*Zuerst besiegt Beowulf Grendel (hier im Bild), dann dessen auf Rache sinnende Mutter und schließlich einen feuerspeienden Drachen, was er jedoch mit dem Leben bezahlt.*

*Hagen von Tronje nutzt sein Wissen um Siegfrieds (Sigurds) Schwachstelle und ermordet diesen hinterrücks mit einem Speer.*

Abkömmling von Odins Zauberpferd Sleipnir, das beste Pferd der Welt.

Regin berichtete Sigurd von einem sagenhaften Schatz, der vom Lindwurm Fafnir bewacht wurde. Regin erzählte ihm auch, dass Fafnir einst sein eigener Bruder war und wie es durch die Macht des Verderben bringenden Ringes des Zwerges Andvari dazu gekommen war, dass Fafnir seinen eigenen Vater erschlug, sich den Schatz aneignete und ihn selbst, Regin, um sein Erbe brachte. Sigurd ließ sich von dieser Geschichte anstacheln und bat Regin, ihm ein

Schwert zu schmieden, um den Drachen zu töten. Aus der gebrochenen Klinge des Schwertes seines Vaters schmiedet Regin das Schwert *Gram* von unglaublicher Schärfe. Doch bevor er sich um den Lindwurm kümmerte, versammelte der junge Recke eine Armee und rächte seinen Vater.

Dann ließ er sich von Regin in die Gnitaheide führen, wo Fafnir lebte. Er schaufelte eine Grube genau auf dem täglichen Weg des Drachen und legte sich hinein. Als der giftschnaubende Lindwurm darüberkroch, stieß Sigurt ihm das Schwert Gram ins Herz. Im Tod warnte ihn das Ungeheuer vor dem Goldschatz, es werde ihm kein Glück bringen. Regin wies Sigurd nun an, für ihn das Herz des Fafnir zu braten. Als sich Sigurd dabei die Finger verbrannte und in den Mund steckte, konnte er mit einem Male die Sprache der Vögel verstehen. Diese verrieten ihm, dass Regin vorhatte, ihn zu betrügen. Sigurd schlug dem schlafenden Zwerg daraufhin den Kopf ab. Es heißt, er habe außerdem im Blut des Lindwurms gebadet und so eine unverwundbare Haut bekommen. Während des Bades fiel allerdings ein Lindenblatt zwischen seine Schultern, sodass eine Stelle verwundbar blieb.

Die Vögel verrieten Sigurd auch, dass in der Burg Hindarfjall eine wunderschöne Jungfrau schlafe, umgeben von einem Ring aus Feuer. Daraufhin beschloss Sigurd, die Jungfrau zu befreien. Zuerst aber bepackte er sein Pferd Grani mit dem gesamten Schatz aus der Höhle des Fafnir, darunter auch den Schreckenshelm, der seinen Träger unsichtbar machte.

Mit seinem Pferd Grani war es für Sigurd ein Leichtes, die Waberlohe zu überwinden. Er entdeckte Brynhild und erweckte sie aus ihrem Zauberschlaf. Brynhild, selbst eine Kriegerin, hatte einst geschworen, nur einen Mann zu ehelichen, der keine Furcht kennt und durch den Feuerring reiten kann. Sigurd und Brynhild verliebten sich ineinander und schworen sich Treue. Als Zeichen dieser Treue überreichte Sigurd ihr den Ring des Andvari und versprach, bald zurückzukehren.

Er gelangte an den Hof des Königs Gjukis. Grimhild, die Königin, wollte ihre Tochter Gudrun mit Sigurd vermählen und verabreichte dem Recken einen Zaubertrank, der ihn sein Versprechen, das er Brynhild gegeben hatte, vergessen ließ – und er verliebte sich in Gudrun. Kurz darauf fand die Hochzeit statt. Grimhild hatte einen Sohn Gunnar, der Brynhild freien wollte. Sigurd brachte ihn bis an den Feuerring, aber Gunnar verweigerte den Sprung durch

*Sigurd und der Zwerg Regin schmieden das Schwert Gram, mit dem Sigurd später den Drachen Fafnir erschlägt.*

die Flammen. Da nahm Sigurd die Gestalt des Gunnar an und sprang durch die Waberlohe. Brynhild gab dem falschen Gunnar den unseligen Ring des Andvari wieder, den sie von ihm in Gestalt des Sigurd einst erhalten hatte. Sodann hatte sie keine Wahl, als ihr Versprechen wahr zu machen und Gunnar, der vermeintlich den Feuerring bezwungen hatte, zu ehelichen. Sigurd schenkte den Ring des Andvari seiner Frau Gudrun. Doch kaum waren Gunnar und Brynhild vermählt, ließ die Wirkung von Grimhilds Zaubertrank nach und Sigurd erinnerte sich wieder an seine Liebe zu Brynhild, aber er schwieg.

Beim Bleichen der Haare im Fluss stritten sich Gudrun und Brynhild, wer den edleren Ehemann habe. Brynhild trumpfte damit auf, dass ihr Mann schließlich die Waberlohe bezwungen hätte. Die wütende Gudrun offenbarte Brynhild die Wahrheit: Nicht Gunnar sei es gewesen, der sie befreit hätte, sondern Sigurd in Gestalt des Gunnar. Zum Zeichen dafür, dass sie die Wahrheit sprach, zeigte sie der entsetzten Brynhild den Ring des Andvari.

Brynhild schwor Rache und hetzte Gunnar auf Sigurd, er solle seinen Schwager töten. Doch dieser hatte Sigurd einst Freundschaft geschworen. Da vergiftete Brynhild das Essen des jüngeren Bruders ihres Mannes, sodass dieser nach dem Verzehr verrückt wurde, in Sigurds Gemach eindrang und den Schlafenden in seinem Bett erstach. Brynhild aber tötete sich selbst. Am Ende wird sie zusammen mit Sigurd verbrannt und ist im Tode mit ihm vereint. Doch der Fluch des Ringes hatte sich erfüllt.

In einer anderen Version der Geschichte war es Hagen von Tronje, der den Drachentöter umbrachte, indem er von Kriemhild – der Name der Gudrun in dieser Überlieferung – die Schwachstelle Siegfrieds (Sigurds) erfährt, nämlich dort, wo das Lindenblatt verhindert hatte, dass der Recke am ganzen Körper unverwundbar wurde. Hagen ermordete Siegfried hinterrücks, als sich dieser über eine Quelle beugte, um zu trinken. Hagen wird später den Schatz der Nibelungen im Rhein versenken, wo er bis heute liegen soll.

Gudrun wurde mit dem Bruder Brynhilds, Atli, verheiratet. Dieser wollte an den Schatz und lud die Brüder der Gudrun zu sich ein. Diese folgten der Einladung trotz der Warnung ihrer Schwester. Tatsächlich wurden Gunnar und sein Bruder Högni umgebracht, weil sie das Versteck des Schatzes nicht preisgaben. Gudrun rächte ihre Brüder, indem sie ihre eigenen Söhne, die sie von Atli geboren hatte, tötete und aus ihren Schädeln Trinkgefäße machen ließ. In diesen Trinkschalen reichte sie ihrem ahnungslosen Gemahl das Blut seiner Söhne mit Met vermischt und ihre Herzen als Speise. In der Nacht erschlug sie Atli und legte in der Halle Feuer, sodass alle seine Gefolgsmänner darin umkamen.

## Wieland – der Schmied

Wieland war kein Krieger, sondern ein begnadeter Schmied, der die wundervollsten Sachen herstellen konnte, vor allen Dingen hervorragende Rüstungen und Schwerter. Es heißt, er war der Sohn eines Meeresriesen und wurde von Zwergen in seiner Kunst ausgebildet. Nach einigen

*Wieland der Schmied – Holzstich nach einem Gemälde von Markus Groenvold aus dem Jahr 1878*

schließlich nach Jütland und das Reich des König Nidung. Dort verdingte er sich zuerst als Mundschenk. Als er einmal drei Messer am Meeresstrand spülte, verlor er eines. Als Schmied war es ihm ein Leichtes, dieses neu zu schmieden und zu ersetzen. Als der König dieses Messer bei einem Mahl benutzte, schnitt es nicht nur durch das Fleisch, sondern auch durch Teller und Tisch. Schließlich kam auf, dass es Wieland hergestellt hatte. Der eifersüchtige Schmied des Königs forderte daraufhin Wieland zu einem Wettstreit auf. Er wollte eine Rüstung herstellen, während Wieland ein Schwert schmieden sollte. Wieland schuf das Schwert *Mimung*, das im Zweikampf den Helm des königlichen Schmiedes spaltete, als ob er Butter wäre.

Aufgrund von Intrigen am Hof versuchte Wieland später, den König zu vergiften, was jedoch misslang. Zur Strafe wurden dem Schmied die Beinsehnen durchtrennt, damit er nicht davonlaufen konnte und für immer in den Diensten des Königs stehen würde. Wieland rächte sich, indem er die Söhne des Königs tötete und ihre Schädel zu goldenen Pokalen für die Tafel des Königs verarbeitete. Schließlich entkam der lahme Schmied, indem er sich ein Federkleid schmiedete und davonflog.

### Wölsung – König des Hunenlandes

Als Signy, die einzige Tochter Wölsungs, ein Nachfahre des Odin und König des Hunenlandes, gegen ihren Willen mit dem Gotenkönig Siggeir vermählt werden sollte, erschien bei den Hochzeitsfeierlichkeiten ein unbekannter einäugiger Mann. In der Mitte der Halle stand ein großer Apfelbaum. In diesen rammte der Fremde – es konnte sich nur um den Gott Odin selbst handeln – ein Schwert und verkündete, dass diese Waffe seinen Träger unbesiegbar mache, sie aber nur demjenigen bestimmt sei, der sie aus dem Baum ziehen könne. Dann verschwand er. Zuerst versuchte Siggeir sein Glück und scheiterte. Nur Wölsungs jüngstem Sohn Sigmund gelang es: Mühelos zog er das Schwert aus dem Stamm, das *Gram* genannt wurde. Als Siggeir dem Spross des Königs Gold anbot für das Schwert, lehnte dieser lachend ab. Das erzürnte den Gotenkönig und er sann auf Rache.

Wenig später lud Siggeir Wölsung und seine Söhne zu einem Festgelage ein. Obwohl Signy sie davor warnte, gingen ihr Vater und ihre Geschwister in eine Falle. Auf dem Weg wurden sie von den Gotländern überfallen, an einen gefällten Baum gehängt und ihrem Schicksal überlassen. Jede Nacht kam ein Wolf und fraß einen von ihnen auf. Nur Sigmund überlebte, weil ihn seine Schwester befreite. Signy schwor Rache, doch dazu musste sie ihren Bruder mit einem Zauber belegen und mit ihm schlafen, um einen Krieger aus reinstem Wölsungenblut zu zeugen: Sinfiötli. Sigmund versteckte ihn in einem Wald und unterrichtete seinen Sohn, bis er so weit war, um gemeinsam mit ihm Rache an König Siggeir zu nehmen. Sigmund heiratete später Hjördis, mit der er Sigurd zeugte.

## Ragnarök – das Ende der Welt

Mit Ragnarök schließt das Schicksal der Götter. Es ist das Ende der Welt, auch die Götterdämmerung genannt, das gekrönt wird von einer Neuerstehung der Welt, einem neuen Goldenen Zeitalter.

In einem letzten Kampf stehen sich die Mächte der Ordnung und die Kräfte des Chaos gegenüber, die Asen und die Riesen. Alles beginnt mit drei Jahren unentwegter Schlachten, dann folgt eine ebenso lange Eiszeit, der Fimbulwinter, eine Zeit, in der es keinen Sommer geben wird, nur klirrenden Frost und eisige Stürme. Dann werden Skalli und Hati Sonne und Mond verschlingen und die Sterne werden vom Himmel fallen, bis die Erde zu beben beginnt und alle Bäume entwurzelt werden und alle Berge einstürzen. Dieses Beben macht das Undenkbare wahr: Der Fenriswolf zerreißt seine Ketten und spuckt Feuer. Die Midgardschlange wird durch eine Flutwelle an Land gespült und vergiftet die Luft und das Meer.

*Ragnarök, dem letzten Kampf der Götter und Riesen, werden der Sage nach drei Jahre heftige Kämpfe und eine ebenso lange Eiszeit vorausgehen.*

Auf dieser Flutwelle reist das Totenschiff *Naglfar* heran, das größte Schiff aller Zeiten unter dem Feuerriesen Muspell, der es aus den unbeschnittenen Nägeln der Toten zimmern ließ. Es führt die Feinde der Asen in die Schlacht, das Steuer führt Loki. Dann greifen Muspells Söhne an, allen voran der schreckliche Feuerriese Surt, der mit seinem Feuerschwert die Regenbogenbrücke Bifröst, die Asgard und Midgard miteinander verbindet, hinter sich und seinen Mannen zerschlägt, nachdem sie in das Land der Götter eingefallen sind. Auf der Ebene Wigrid versammeln sich die Feinde der Götter, der Fenriswolf, die Midgardschlange, alle Reifriesen und die Meute der Hel – und natürlich auch Loki, der verstoßene Gott, und formieren sich zum Kampf.

Heimdall steht auf, greift das *Gjallarhorn*, das an der Weltesche Yggdrasil hängt, und stößt mit aller Kraft hinein, um die Götter zu warnen. Odin sucht am Brunnen des Mimir Rat, während sich die Asen und die Einherjer aus Walhall zum Kampf wappnen. Dann setzt Odin seinen goldenen Helm auf, legt seine herrliche Rüstung an und schwingt den Speer *Gungnir*. Die Schlacht beginnt.

Freyr trifft auf den Feuerriesen Surt – und erliegt ihm. Der Höllenhund Garm stürzt sich auf Tyr – beide töten sich. Thor bezwingt die Midgardschlange – aber erliegt ihrem giftigen Atem. Odin greift den Fenriswolf an – und wird verschlungen. Odins Sohn Vidar rächt seinen Vater, indem er seinen Stiefel in das Maul des Scheusals stößt und es entzweireißt, dann ersticht er das Ungetüm durch den Rachen. Loki schließlich kämpft gegen Heimdall – beide erschlagen sich.

Da löst Surt den alles vernichtenden Weltenbrand aus, indem er mit seinem Flammenschwert Feuer in alle Himmelsrichtungen schickt. Alles Leben wird vernichtet. Die Feuersbrunst steigt bis zum Himmel auf.

Doch wenn sich das Schicksal der Götter erfüllt hat, sinkt das Wasser wieder und aus den Fluten taucht eine neue Erde auf. Die Asen treffen sich auf dem Idafeld wieder. Balder, der Gott des Lichts, kehrt wieder, versöhnt mit seinem Bruder Höder, und regiert mit ihm die Welt in einem goldenen Saal.

## Südgermanische Götterwelt

Durch die reiche Überlieferung der nordischen Mythen in der Sagaliteratur und der Edda ist uns der Kosmos der skandinavischen Germanen, der Schweden, Dänen, Norweger und Isländer, sehr vertraut. Wir kennen ihre Götter und Helden und können die Geschichten in weiten Zügen gut nachvollziehen.

Anders ist die Sachlage bei den germanischen Stämmen in Mitteleuropa, die auch mit den Römern in Kontakt gekommen waren. Von ihren Göttern und Riten erfahren wir hauptsächlich aus römischen Quellen, aber auch aus frühmittelalterlichen Zaubersprüchen und kleineren Werken, in denen sich die vorchristliche

*Um die Ohnmacht der alten Götter zu beweisen, fällte der Missionar Bonifatius im Jahr 723 die Donar-Eiche, eines der wichtigsten germanischen Heiligtümer in Mitteleuropa.*

Glaubenswelt erhalten hat. Einige von ihnen sind uns daher namentlich überliefert und können mit den nordischen Göttern identifiziert werden.

In den sogenannten Merseburger Zaubersprüchen taucht Balder auf, ebenso ein Gott Fol und eine Göttin Folla. Diese beiden könnten mit Freyr und Freyja identisch sein, denn ihr Name bedeutet so viel wie „Fülle", was ein Hinweis auf ihre Funktion als Fruchtbarkeitsgötter sein könnte. Folla ist aber auch als Fulla bekannt, Dienerin der Göttin Frigg. In diesen Zaubersprüchen werden auch die Schwestern Sinhtgunt und Sunna, die Sonne, als Göttinnen genannt. Mit Freyr könnte auch der sächsische Fruchtbarkeitsgott Fricco zusammenhängen.

Der südgermanische Donar scheint mit dem nordischen Thor verwandt zu sein, ganz ähnlich wie dieser ist er ein Donner- und Kriegsgott. Er wurde bei Geismar in der berühmten Donar-Eiche verehrt, die der Missionar Bonifatius fällen und aus dem Holz eine Kapelle für den Heiligen Petrus errichten ließ. Manche sagen, dass er von diesem Heiligen abgelöst wurde. Dass heute noch Petrus als Wetterheiliger gilt, spricht dafür. Nach Donar beziehungsweise Thor ist der Donnerstag benannt, englisch Thursday.

Als Hauptgott wurde jedoch Wotan oder Wodan gesehen, der viele Parallelen zum Gott Odin aufweist. Ihm wird geopfert und in den Merseburger Zaubersprüchen tritt er als Zauberkundiger auf, der ein verletztes Pferd heilen kann. Später wird Wotan zum Anführer der Wilden Jagd, bei der er das Wilde Heer aus Geistern mit fürchterlichem Lärm über den Nachthimmel jagt. Wotans-Tag ist der Mittwoch, der im Englischen noch heute Wednesday heißt. Der in altsächsischen Beschwörungsformeln erwähnte Saxnot ist vielleicht eine Variante des Wotan.

Die Göttin Frija entspricht der nordischen Frigg. Nach ihr ist der Freitag (engl. Friday) benannt worden – nicht nach der Göttin Freyja also, wie manchmal zu lesen ist.

Im Dienstag, englisch Tuesday, begegnet uns eine weitere südgermanische Gottheit: Ziu oder Zio, der eine Entsprechung des Gottes Tyr ist.

*Bei den südgermanischen Stämmen und Völkern wurde statt Odin Wotan beziehungsweise Wodan als Hauptgott verehrt.*

Daneben gibt es noch die nicht überlieferte, sondern nur über philologische Vergleiche abgeleitete Göttin Ostara, die eine Frühlingsgöttin gewesen sein und dem Osterfest den Namen verliehen haben soll. Dies gilt jedoch als sehr spekulativ. Eine andere Pseudogottheit ist der Sachsengott Krodo, dem heute noch ein Denkmal in Harzburg gewidmet ist, das ihn als Mann zeigt, der auf einem Fisch steht, in der rechten Hand ein Gefäß mit Blumen trägt und in der linken ein Rad in die Höhe hält. Nach ihm ist auch ein rätselhafter Altar in Goslar benannt. Ähnliche, nicht weiter historisch belegbare Götter sind der sächsisch-thüringische Biel und der in den Heiligenlegenden um Bonifatius erwähnte Stuffo.

*Spuren der germanischen Götter finden sich bis heute in Brauchtum und Aberglaube, aber auch in zahlreichen Märchen, zum Beispiel der Brüder Grimm.*

## Die germanische Mythologie heute

Obwohl uns rein geografisch die Welt der Germanen näher liegt als die Welt der Griechen und Römer, liegen uns ihre Mythen wesentlich ferner. Uns sind die olympischen Götter von Aphrodite bis Zeus vertrauter als die einst in unseren Breiten verehrten Götter um den Göttervater Odin. Dies hat vor allem geschichtliche Gründe, denn während die Antike ihre kulturgeschichtliche Renaissance erleben durfte, verschwanden die Götter der Germanen einfach von der Bildfläche, weil man die ursprünglichen Bewohner unseres Sprachraums, unsere Vorfahren also, für primitive Barbaren hielt, während die Wiege der Zivilisation in den Staaten des Mittelraumes und ihrer Kultur gesehen wurde.

Doch die Götter der Germanen haben sich nicht einfach in Luft aufgelöst. Nachdem sie ihren Status verloren hatten und ihre Kulte von der christlichen Mythologie ins Reich des Dämonischen verbannt worden waren, fanden sie Eingang in das Reich der Märchen. Viele der Märchenfiguren, die wir heute aus der Sammlung der Brüder Grimm kennen, tragen deutliche Züge der germanischen Götter, zum Beispiel die gute Frau Holle. Sie erinnert nicht nur an die Fruchtbarkeitsgöttin Frigg, sondern in ihr finden sich auch Anklänge an die Nornen, die unser Schicksal spinnen. Gleiches gilt für die 13 Feen, von denen nur zwölf zu Dornröschens Taufe geladen waren. Sie lassen ebenfalls an die Schicksalsgöttinnen denken. Beschäftigt man sich etwas intensiver mit den volkstümlichen Überlieferungen, die sich in Brauchtum und Aberglaube bis in die heutige Zeit erhalten haben, entdeckt man auch hier Spuren der alten Götter. Da gibt es beispielsweise die Wilde Jagd, die als Thema von lokalen Sagen im gesamten deutschsprachigen Raum bekannt ist. Deren zentrale Figur, der Wilde Jäger, führt eine dämonische Geisterschar an und hetzt mit ihnen als wütender Sturm durch die Lüfte, insbesondere in den dunklen Winternächten, den Raunächten zwischen Heiligem Abend und der Nacht der Heiligen Drei Könige. In einigen Gegenden wird dieser Wilde Jäger Wode gerufen – ein deutlicher Hinweis darauf, welcher alte Gott sich hinter dieser Sagengestalt verbirgt. Schon Odin ritt mit seinem achtbeinigem Pferd Sleipnir durch die Lüfte, gefolgt von einem Heer wütender Krieger.

Im Zuge der Christianisierung wurden viele heidnische Kultstätten durch christliche ersetzt. Die Germanen huldigten ihren Göttern im Freien und wählten dafür besondere Plätze aus wie Bäume, Seen, Bergspitzen und Hügelkuppeln. Heute stehen an diesen Stellen häufig Kirchen und Kapellen. Oftmals finden sich in den Eigenschaften der dort verehrten Heiligen typische Wesenszüge der alten Götter wieder. Ein Beispiel dafür ist der Heilige Petrus, der im Volksglauben – genau wie der südgermanische Donnergott Donar vor ihm – für das Wetter zuständig ist, und von dem gesagt wird, dass er kegelt, wenn es gewittert. Von einigen Petersbergen wissen wir, dass sie früher dem Donnergott geweiht waren.

Auch in vielen Festtagen des Kirchenkalenders finden sich Spuren alter heidnischer Kulte, allen voran im uns so vertrauten Weihnachtsfest, das auf alte Wintersonnenwendfeiern zurückgeht. Die Wiedergeburt des Lichtes wurde einfach mit der Geburt des Heilands gleichgesetzt. Und nicht zuletzt leben die germanischen Götter in unseren Wochentagen weiter: Sonne und Mond regieren den Sonntag und den Montag, während der Dienstag an den Gott Tyr erinnert, den Beschützer des Things, der Versammlung der Germanen. Der Donnerstag leitet sich von Donar,

*Bei genauerer Betrachtung erinnert die gute Frau Holle sowohl an die Fruchtbarkeitsgöttin Frigg als auch an die Nornen.*

nordgermanisch Thor, ab und der Freitag von Frija, der nordischen Frigg.

So sind die Götter der Germanen zwar aus unserem Bewusstsein verschwunden, aber sie leben in unseren Traditionen weiter. Sich mit ihnen zu beschäftigen bedeutet auch, sich mit den Quellen unserer eigenen Kultur wieder zu verbinden.

# Die Mythologie der Kelten 3

Die Kelten gelten als eines der geheimnisvollsten Völker der Frühzeit Europas. Was wir über sie wissen, müssen wir uns aus den schriftlichen Quellen derjenigen erschließen, die ihre Erkenntnisse in der Begegnung mit dieser kriegerischen, aber auch sehr religiösen Kultur und den zahlreichen ethnischen Gruppen zusammentrugen – Griechen, Römer, frühe Christen. Dann gibt es noch die archäologischen Funde, die uns Aufschluss geben über diese Kultur der Eisenzeit, die das Fundament Europas bildete. Die Mythologie der Kelten ist uns nicht geschlossen überliefert, wohl aber klingen ihre Götter im überreichen Schatz an Sagen und Mythen nach, wie sie noch heute in Irland und anderen keltisch geprägten Nationen lebendig geblieben sind.

*Entgegen dieser französischen Buchmalerei war die Beziehung zwischen Galliern und Römern nicht nur kriegerischer, sondern auch kultureller Natur.*

## Auf den Spuren der Kelten – Festland und Britannien

Woher kommen die Kelten? Während wir heute allgemein auf die britischen Inseln blicken, allen voran auf Irland, dann auf Wales, Schottland und Cornwall sowie die französische Bretagne, weil sich dort die keltischen Sprachen erhalten haben, vergisst man schnell, dass das Ursprungsland der Kelten sehr wahrscheinlich in Mitteleuropa lag, und zwar in einem Gebiet, das sich zwischen Ostfrankreich und Österreich erstreckte. Hier entwickelte sich seit dem 8. Jahrhundert v. Chr. die sogenannte Hallstattkultur, die als Urkultur der Kelten betrachtet werden kann. Ab dem 5. Jahrhundert entwickelte sich die Latène-Kultur, die nun deutlich von mediterranen Einflüssen wie den Etruskern, den Griechen und den Skythen geprägt wurde und eine typische Ausprägung zeigte, die wir deutlicher als die Kunst der Hallstattzeit denn als „keltisch" empfinden. Hier erlebte das Keltische die Blüte einer Stadtkultur. Die Ausdehnung der keltischen Kultur vollzog sich weiter nach Osten, Norden und vor allen Dingen nach Westen, wo auf dem Gebiet von Frankreich das von den Römern sogenannte „Gallien" entstand. Die Beziehungen zwischen den Galliern und Römern waren nicht immer nur von kriegerischen Auseinandersetzungen geprägt, sondern auch von einem wechselseitigen kulturellen Austausch. Dies belegen gerade die mythologischen Spuren dieser frühen keltischen Phasen.

*Der keltische Goldstater der Gallier hatte eine Goldmünze des Makedonenkönigs Philippos II. zum Vorbild.*

Die Mythologie der Festlandkelten ist in weiten Teilen kaum zu rekonstruieren, denn es gibt keine ursprünglichen schriftlichen Aufzeichnungen. Alles Wissen wurde nur mündlich weitergegeben. Das, was wir von den römischen Geschichtsschreibern erfahren, wird natürlich zu einem großen Teil aus dem Blickwinkel ihrer eigenen Religion betrachtet. In der sogenannten *Interpretatio Romana* werden die vorgefundenen keltischen Gottheiten mit Entsprechungen aus der römisch-griechischen Mythologie (▶ Seite 105 f.) fassbar gemacht. Diese Interpretation kann uns helfen, den Charakter mancher Gottheit zu verstehen, es sollte uns aber stets bewusst bleiben, dass dies nur Hinweise darauf sein können, was die Kelten wirklich mit diesen Gottheiten verbunden haben.

*Diese durchbrochene Zierscheibe aus Bronze mit Emaileinlagen stammt vermutlich von einem Pferdegeschirr.*

### Belenus – Gott des Lichts, des Wassers und der Heilkunst

Belenus wurde von den Römern mit Apollon gleichgesetzt. Er ist der Gott, der nach Epona (▶ Seite 179) am meisten von den römischen Autoren genannt wird. Viele Weiheinschriften bezeugen seine Beliebtheit, vor allen Dingen in den östlichen Alpen, Oberitalien und im südlichen Gallien. Wahrscheinlich war Belenus ein Heilergott.

*Genauso wie die Römer diesen keltischen Turm in ihre Stadtmauer integrierten, machten sie die keltischen Gottheiten mit Entsprechungen aus ihrer Mythologie fassbar.*

*Der Hirschgott Cernunnos galt als Gott der Natur und der Fruchtbarkeit, von den Römern wurde er mit Jupiter gleichgesetzt.*

## Brigantia – Stammesgöttin

Zur Zeit der Römer war Brigantia die Stammesgöttin der Briganten, einem Zusammenschluss mehrerer Stämme im nordöstlichen Britannien. Ihr Name bedeutet so viel wie „die Leuchtende". In Darstellungen erkennen wir sie als junge Frau in Rüstung, mit Helm, Speer und Schild. Für die Römer glich sie daher ihrer Göttin Minerva (Athena). Wahrscheinlich geht die irische Göttin Brigid (▶ Seite 195) auf diese keltische Göttin zurück.

## Camulos – Gott des Krieges

Camulos, den die Römer mit ihrem Kriegsgott Mars (Ares) gleichsetzten, war in weiten Teilen der keltischen Länder bekannt. Einige keltische Siedlungen trugen seinen Namen, so Camulodunum, das heutige Colchester, das von einigen mit der sagenhaften Burg Camelot aus der Artussage in Verbindung gebracht wurde.

## Cernunnos – Gott der Natur

Cernunnos war eine bedeutende keltische Gottheit, deren Name als „der Gehörnte" gedeutet wird. Er gilt als Gott der Natur und der Fruchtbarkeit und wurde von den Römern mit Jupiter (Zeus) gleichgesetzt. Möglicherweise war er der Stammesgott der gallischen Karnuten, auf deren Territorium sich ein gesamtgallisches Zentralheiligtum befand. Aufgrund von Darstellungen, die ihn mit einem Hirschgeweih zeigen, wird er auch der Hirschgott genannt. Dieser Hirschgott wird zumeist mit gekreuzten Beinen sitzend, in einer Art „Buddha"-Haltung also, dargestellt, manchmal als bärtiger Mann, dann wieder als Jüngling mit Attributen wie einem Füllhorn, Schlangen und den sogenannten *Torques*, die typisch keltischen, nicht geschlossenen Halsreifen aus Metall, deren Enden kugelförmig oder tiergestaltig ausgearbeitet waren, zum Beispiel auf dem berühmten Kessel von Gundestrup.

Manche Forscher gehen davon aus, dass die Gestalt des Hirschgottes in Sagengestalten wie dem Wilden Mann, dem Grünen Mann oder dem Wilden Jäger weiterlebt. Der angelsächsische Herne, was ebenfalls als „der Gehörnte" übersetzt werden kann, ein Waldgeist in der Grafschaft Berkshire, die auch Shakespeare erwähnt, könnte ebenfalls auf diese alte keltische Gottheit zurückzuführen sein.

*Ein typischer Torques, ein nicht geschlossener Halsreifen, dessen Enden tiergestaltig ausgearbeitet wurden*

## Epona – Göttin der Pferde

Epona ist die alte keltische Göttin der Pferde. Sie war auch bei den Römern populär und wurde kurzerhand in der gallo-römischen Epoche in deren Pantheon aufgenommen, wo sie vor allen Dingen von Soldaten des römischen Heeres verehrt wurde. War sie bei den Kelten eher eine Fruchtbarkeitsgöttin, wurde sie für die berittenen Truppen zu einer Kriegsgöttin. Sie wird auf einem Pferd dargestellt, wobei ihr wehender Umhang andeutet, dass sie mit hoher Geschwindigkeit unterwegs ist.

## Esus – Gott des Handels und der Wege

Esus war bei Kelten des Festlandes wohl der Gott des Handels und der Wege, was dazu führt, dass er auch mit dem römischen Merkur (Hermes) gleichgesetzt wurde. Doch im Gegensatz zu seinem römischen Pendant scheinen die Kultpraktiken ihm zu Ehren eher grausam gewesen zu sein und mit Menschenopfern verbunden.

## Gobanos – Gott der Schmiedekunst

Gobanos war der keltische Gott der Schmiedekunst, sein Name selbst bedeutet „Schmied". Er wurde hauptsächlich in Gallien verehrt und scheint in den Gestalten des irischen Goibhniu (▶ Seite 199) und des walisischen Govannon (▶ Seite 227) weiterzuleben.

## Nantosuelta – Göttin des Herdfeuers

Nantosuelta wurde häufig zusammen mit Sucellus (▶ Seite 180) verehrt. Sie trägt einen langen Rock und hält einen langen Stab in der Hand, auf dem ein Häuschen thront. In der anderen Hand hat sie häufig ein Füllhorn. Manchmal wird sie von einem Raben begleitet. Es ist gut möglich, dass sie eine Göttin des Herdfeuers gewesen ist. Vielleicht ist das Häuschen aber auch eine Darstellung einer Graburne. Zusammen mit Sucellus könnten sie auch Götter der Unterwelt gewesen sein.

## Nodons – Gott des Wassers und der Heilkunst

Nodons war eine keltische Gottheit, die vor allen Dingen in Britannien verehrt wurde und ein Gott der Heilung und des Wassers war. Er wurde von den Römern mit Mars (Ares) verglichen. Möglicherweise lebt er in den Gestalten des irischen Nuada (▶ Seite 204 f.) und des walisischen Nudd (▶ Seite 236) weiter.

## Ogmios – Gott der Beredsamkeit

Der gallische Gott Ogmios wird als kahlköpfiger Mann beschrieben, der mit einem Bogen und einer Keule bewaffnet ist. Er wird mit Hercules (Herakles) gleichgesetzt, vermutlich wegen dieser Art der Darstellung. An anderer Stelle wird er mit Merkur (Hermes)

*Der irische Gott Ogma (hier im Bild einer der nach ihm benannten Steine) scheint ein Nachhall der keltischen Gottheit Ogmios gewesen zu sein.*

*Auf diesen beiden Altären ist der Gott Sucellus zu sehen; in der einen Hand trägt er den für ihn typischen Doppelhammer, in der anderen einen Topf.*

*Der Name des Taranis wird – entsprechend seiner Funktion als Gott des Wetters und des Donners – allgemein als „der Donnerer" gedeutet.*

identifiziert. Die Darstellungen zeigen ihn auch als Anführer einer Gruppe von Männern, die durch Ketten mit ihm verbunden sind, und zwar von ihren Ohren bis zu seiner Zunge – sie kleben ihm gewissermaßen „an den Lippen", wie wir heute sagen würden, was als Bild für seine Beredsamkeit gedeutet wird. Der irische Gott Ogma scheint ein Nachhall dieser keltischen Gottheit zu sein.

### Sucellus – Gott der Fruchtbarkeit

Sucellus war ein Gott des Waldes und der Fruchtbarkeit, der vor allen Dingen in Gallien kultisch verehrt wurde. Er wird oft als bärtiger Mann dargestellt, der in der linken Hand einen langstieligen Doppelhammer trägt, in der rechten einen Topf oder Becher. In einer Inschrift wird Sucellus mit dem Gott Pluto gleichgesetzt, und weil er immer wieder in Begleitung eines Hundes abgebildet wird, könnte er so etwas wie eine Unterweltgottheit oder auch ein Gott des Überflusses gewesen sein. Sein Name bedeutet im Gallischen so viel wie „der, der gut zuschlägt".

### Taranis – Gott des Himmels und des Donners

Taranis war der Gott des Himmels, des Wetters und des Donners. Zusammen mit Teutates und Esus bildete er die Spitze des keltischen Götterhimmels. Er wird häufig mit einem Rad oder einem Radkreuz dargestellt, später

wird er auch mit Bart und Donnerkeil gezeigt, vielleicht unter dem Einfluss der Darstellungen des römischen Jupiter. Das Rad könnte ein Sonnensymbol sein oder ein Symbol für die kosmische Weltordnung.

## Teutates – Hauptgottheit

Teutates gilt als der Stammesgott der Kelten, eine Art übergreifender Vatergott. Die Römer verbanden ihn mal mit Mars, mal mit Merkur. Es heißt, dass ihm Menschenopfer dargebracht wurden.

▲ *Überwiegend wird das Rad beziehungsweise Radkreuz, mit dem Taranis meist dargestellt wird (hier auf dem Kessel von Gundestrup), als Sonnensymbol gedeutet.*

▼ *Die Menschenopfer, die Teutates dargebracht wurden, wurden der Überlieferung nach (wie hier zu sehen) mit dem Kopf voran bis zum Ersticken in einen vollen Kessel gehalten.*

## Auf den Spuren der Kelten – Irland

Als die Kelten etwa 300 v. Chr. Irland erreichten, fanden sie bereits eine reichhaltige mythologische Kultur vor. Dies schließen wir auch daraus, dass viele Gottheiten deutlich vorkeltische Wurzeln haben und von der in Irland weitverbreiteten steinzeitlichen Kultur mit ihren Hügelgräbern, Dolmen und Menhiren geprägt sind, die ausschließlich in Irland zu finden sind.

Die keltische Kultur endete mit der Christianisierung im 4. und 5. Jahrhundert n. Chr. In den Klöstern der Insel wurden nun zahlreiche Sagen und Mythen aufgezeichnet, sodass wir ein zwar in vielerlei Hinsicht christlich geprägtes Bild von der Mythologie der Kelten in Irland haben, aber dafür ein sehr umfassendes.

In den mannigfaltigen Schriften und Sagenzyklen ist uns ein farbenprächtiges und zum Teil äußerst verwickeltes Geflecht aus Beziehungen zwischen Göttern, Helden und Wunderwesen überliefert.

Das Lebor Gabála Érenn, das Buch von den Landnahmen Irlands, ist ein wohl im 9. Jahrhundert entstandenes und im 11. Jahrhundert zusammengestelltes Sammelwerk aus Erzählungen und Gedichten, welche die mythischen

*Die in Irland häufig vorkommenden Dolmen, die zumeist als Grabstätten dienten, sind Belege für eine weitverbreitete steinzeitliche Kultur.*

*Der Erzählung nach sah sich die grüne Insel sechs Eroberungs- und Einwanderungswellen ausgesetzt, die immer neue Einflüsse mit sich brachten.*

Ursprünge der grünen Insel darstellen. Danach soll Irland von sechs Eroberungswellen erfasst worden sein, die nacheinander erfolgten und gewissermaßen verschiedene Kulturstufen der Entwicklung der Insel nachzeichnen.

Sechs Völker erreichten die Insel in mythischen Zeiten … Zuerst kam Cessair (▶ Seite 185), eine Enkelin Noahs, und führte die erste Einwanderungswelle an, doch bis auf sie selbst und Fintan kamen alle bei einer großen Flut ums Leben. Einige Zeit verging und Partholon (▶ Seite 185 f.) kam, der Anführer der zweiten Welle. Er wurde von den Fomori (▶ Seite 185) angegriffen, schreckliche Dämonen, die nach der Sintflut nach Irland gekommen waren und nun die Insel gegen jede neue Eroberung verteidigten. Partholon und seinem Gefolge gelang es dennoch, auf der Insel Fuß zu fassen. Sie machten das Land urbar, brachten das erste Feuer, legten Felder an. Eine große Seuche raffte alle bis auf Tuan mac Cairill (▶ Seite 206) dahin. Dann kam Nemed aus dem Land der Skythen, um Irland zu erobern. Auch er musste gegen die Fomori kämpfen und fiel schließlich in der letzten Schlacht. Seine Gefolgsleute wurden von den Ungeheuern versklavt und ausgebeutet, bis sie schließlich Irland wieder verließen. Dann folgte als vierte Welle die Ankunft der Firbolg, Nachfahren der Nemeder. Sie sollen als Erste Irland in die fünf Provinzen eingeteilt und das Königtum eingeführt haben. Es gelang ihnen, die Fomori zu bezwingen und schließlich Frieden mit ihnen zu schließen. Es folgte das Volk der Dana, die Tuatha De Danann, auch sie Nachfahren der Nemeder, die im Norden Magie gelernt hatten und nun Anspruch auf die grüne Insel erhoben. Es kam zum Kampf gegen die Firbolg, bei dem die Neuankömmlinge den Sieg davontrugen. Sie besiegten auch die Fomori endgültig. Zuletzt kamen die Söhne des Mil und forderten die Tuatha De Danann heraus. Mithilfe von Magie gelang es ihnen schließlich, Irland zu erobern. Das Volk der Göttin Dana zog sich in ein unterirdisches Reich zurück. Von den Milesiern aber stammen die Gälen ab.

## Die Völker Irlands

Für das Verständnis der irischen Mythologie ist es wichtig, die verschiedenen Völker, die Irland nacheinander besiedelten, in Erinnerung zu behalten. Jedes dieser Völker trug seinen Teil zur

*Partholon und sein Gefolge machten das Land urbar und brachten Ackerbau und Landwirtschaft.*

Entwicklung des Landes bei. Dabei scheinen die Grenzen, die zwischen den einzelnen Kulturen gezogen werden, nur anfänglich unüberwindlich. In vielen Sagen und Legenden vermischen sich die Gruppierungen und viele Helden sind nicht selten der Spross zweier sich anfänglich unversöhnlich gegenüberstehender Völker. So hatte Lugh seine Wurzeln sowohl bei den Fomori als auch bei den Tuatha De Danann und in Cuchulainn soll das Blut der Milesier und der Tuatha De Danann geflossen sein.

*Möglicherweise kamen Cessair und ihr Gefolge auf einem solchen Schiff nach Irland (Metallarbeit, vermutlich 1. Jahrhundert v. Chr.).*

## Fomori

Die Fomori sind vorzeitliche Dämonen, die sich schon vor der Ankunft des Partholon in Irland befanden. Sie werden als missgestaltet und gewalttätig beschrieben, manchmal als Riesen mit nur einem Bein und einem Arm, mit gehörnten Tierköpfen oder geschuppt wie Schlangen. Sie waren unter ihrem Anführer Cichol Gricenchos, „der ohne Fuß", nach der Sintflut auf die Insel gekommen. Jede der Einwanderungswellen ab Partholon bekam es mit diesen dämonischen Wesen zu tun, mal wurden sie besiegt, mal unterdrückten sie die Neuankömmlinge, bis schließlich die Firbolg mit ihnen Frieden schlossen.

## Partholon

Partholon war der Anführer der zweiten Einwanderungswelle Irlands und gilt als ein Nachfahre Noahs. Partholons Leute landeten am 1. Mai, dem keltischen Beltaine, an den Küsten der Insel und wurden zunächst von den Fomori angegriffen, konnten sie jedoch zurückdrängen. Sie machten das Land urbar, entzündeten das erste Feuer und brachten Ackerbau und Landwirtschaft. Das Ende dieser ersten

## Cessair

Cessair soll die Enkelin Noahs gewesen sein. Sie kam vierzig Tage vor der Sintflut nach Irland mit fünfzig Frauen und nur drei Männern, darunter Ladra, der Steuermann des Schiffes. Dann kam die Flut – und alle ertranken.

*Nach der Sinflut kamen die Formori nach Irland, sie galten als brutale und monstergleiche Meereswesen.*

▼ *Zum Gedenken an Partholons erste Feuerstelle wurde in heidnischer Zeit zu Beltaine das Oenach-Fest gefeiert.*

▲ *Die Firbolg teilten die Insel in fünf Provinzen auf und errichteten der Sage nach auch die Duns genannten Festungen.*

Siedler wurde durch eine Seuche besiegelt, die alle dahinraffte – bis auf Tuan mac Cairill.

## Nemesier

Die Nemesier brachen im Kaspischen Meer mit vierundvierzig Schiffen auf und kamen nach eineinhalb Jahren in Irland an – allerdings nur noch mit einem Schiff. Sie waren damit die dritten Eroberer Irlands. Sie mussten sich den Fomori stellen und gewannen auch einige Kämpfe. Doch am Ende unterlagen sie den Dämonen und wurden von ihnen versklavt und zu Tributzahlungen verpflichtet. Unter diesem Druck verließen einige der Nemesier Irland wieder.

## Firbolg

Die Firbolg kamen als vierte Gruppe nach Irland. Auch sie siedelten hier nach der Sintflut. Ihr Beitrag zur Entwicklung der Insel ist die Aufteilung in fünf Provinzen: Ulster im Norden, Connacht im Westen, Leinster im Osten, Munster im Süden und Meath mit dem

Königssitz in der Mitte. Sie sollen auch das Königtum eingeführt haben. Es heißt, dass die Firbolg Nachfahren der Nemesier waren, die wegen der Unterdrückung durch die Fomori die Insel verlassen hatten und nun wiederkehrten, um mit den Fomori Frieden zu schließen. Der Name der Firbolg wird als „Männer mit Beutel" gedeutet, weil sie im Exil in Griechenland in Beuteln fruchtbare Erde auf steinige Böden tragen mussten. Andere wiederum sagen, dass sich der Name auf das irische Wort für „Turm" vielleicht auf die Bauwerke bezieht, die von ihnen stammen sollen, die sogenannten Duns, Festungen aus geschichteten Steinen. Sie wurden von den Tuatah De Danann in der ersten Schlacht von Mag Tuired besiegt.

## Tuatha De Danann

Die Tuatha De Danann sind das fünfte Volk, das die Insel Irland für sich in Anspruch nahm und dabei gegen ihre Vorgänger, die Firbolg, kämpfen musste. Wie diese waren sie Nachfolger der Nemesier, die bereits auf Irland Fuß gefasst hatten, dann aber von den Fomori vertrieben wurden. Nun kamen sie wieder und diesmal brachten sie die Kunst der Zauberei mit, die sie irgendwo im Norden erlernt hatten.

Die Tuatha De Danann besaßen vier magische Gegenstände: den Stein von Falias, der schrie, wenn der wahre König Irlands seinen Fuß auf ihn setzte, das Schwert des Lugh, den Speer des Lugh und den Kessel des Dagda.

*Die Tuatha De Danann beherrschten die Kunst des Zaubernebels und landeten als fünfte Gruppe im Schutz von schwarzen Wolken an der Küste Irlands.*

Es heißt, dass das Volk am 1. Mai nach Irland zurückkehrte. Sie beherrschten die Kunst des Zaubernebels, landeten umhüllt von schwarzen Wolken und wurden so von den Firbolg nicht erkannt. Als sie die Insel erreicht hatten, brannten sie ihre Schiffe nieder, denn für sie gab es kein Zurück mehr. Es kam zur ersten großen Schlacht von Mag Tuired, bei der das Volk der Dana die Oberhand gewann und viele Tausend der Firbolg starben. Die Firbolg zogen sich in entlegene Gebiete zurück. Sieben Jahre später kam es zu der zweiten großen Schlacht von Mag Tuired, diesmal gegen die Fomori, in der viele der Tuatha ihr Leben lassen mussten, die am Ende jedoch gewannen.

### Milesier

Die Söhne des Mil, Milesier genannt, werden oft mit der Eroberung der Insel durch die Kelten, genauer gesagt die Gälen, in Verbindung gebracht. Sie sind daher als die eigentlichen Ahnherren der Iren zu sehen. Der Legende nach sind es Nachfahren des biblischen Japset, des Sohns von Noah. Zuerst lebten sie im Land der Skythen, später in Ägypten, bis sie schließlich nach Spanien gelangten. Unter der Führung des Mil landeten die Milesier an einem 1. Mai an der Küste Irlands. Mithilfe der Beschwörungen des Druiden Amergin gelang es ihnen, das Land zu erobern. Nachdem sie die Tuatha De Danann besiegt hatten, verdrängten sie diese in den Untergrund, die sogenannten *Sidhe*, die Elfenhügel, die zu einer Art Parallelwelt wurden, die von den Normalsterblichen nicht mehr betreten werden konnte – die Anderswelt. So wurden aus dem Volk der Göttin Dana zuerst die Götter der Milesier und später schließlich die Feen und Elfen, die heute viele Plätze in Irland bevölkern sollen.

## Die Götter der Kelten

Wenn man den Erzählungen über die Götter und Göttinnen der irischen Kelten lauscht, könnte man fast den Eindruck gewinnen, es mit Sterblichen zu tun zu haben, die sich lediglich dadurch von den Menschen unterscheiden, dass sie über besondere Kräfte verfügen, die sie hin und wieder zum Einsatz bringen. Der Umstand, dass die keltischen Götter – im Gegensatz zu den Göttern der Antike und auch den Göttern der Germanen – nicht in irgendwelche himmlischen Gefilde entrückt sind, sondern die grüne Insel in einer grauen Vorzeit bevölkern, verstärkt diesen Eindruck noch. Und so ist es kein Wunder, dass sie nach ihrer Vertreibung durch das Christentum nicht einfach verschwunden sind, sondern der Vorstellung nach noch heute in den Feen und Elfen weiterleben, und zwar in einer Art Paralleluniversum, der Anderswelt (▶ Seite 240 ff.).

Die Geschichten über die Götter werden im Unterschied zu den Sagen über heldenhafte Krieger und Könige (▶ Seite 206 ff.) in den Erzählungen des sogenannten mythologischen Zyklus zusammengefasst.

### **Abarta** – Vollbringer von Taten

Abarta, einer aus den Tuatha De Danann, galt als einer, dem der Schalk im Nacken saß. Während der Rest seines Volkes sich nach seinem Rückzug in die Hügel Irlands nur selten blicken ließ, mischte er sich immer wieder unter die Nachfahren der Söhne des Mil, so geschehen in der Zeit des Finn MacCool (▶ Seite 214 ff.). Abarta bot ihm seine Dienste an und brachte ein großes graues Pferd mit. Doch den Kriegern der Fianna gelang es kaum, dem Pferd das Geschirr anzulegen, und wenn sich einer auf das Pferd setzte, konnte er es nicht dazu bewegen, auch nur einen Schritt zu tun. Einer nach dem anderen stieg auf das Pferd. Erst als vierzehn von ihnen auf dem Rücken saßen, setzte es sich zögernd in Bewegung. Da sprang Abarta als Letzter auf und mit einem Mal stob das Pferd im wilden Galopp davon, schleppte dabei noch einen weiteren Krieger an seinem Schweif mit davon. Schnurstracks ritten sie in die Anderswelt. Die übrigen Fianna verfolgten die merkwürdige Truppe in einem Zauberschiff und es gelang ihnen, die Entführten in der Anderswelt aufzuspüren und Abarta zu

*▶ Nach und nach zogen sich die Elfen und Feen in Höhlen, einsame Täler und die für Irland typischen Hügel und Mulden zurück.*

zwingen, die Gefangenen wieder freizulassen. Als Buße sollte er zurück nach Irland kommen – selbst an den Schweif des Pferdes gebunden. Danach schlossen die Fianna mit dem Schalk Frieden.

### Aine – Königin der Feen

Aine war eine bekannte Feenkönigin in Irland. Einige sagen, sie sei die Tochter des Manannan (▶ Seite 202), andere identifizieren sie mit der Morrigan (▶ Seite 202 ff.) und wieder andere setzen sie mit Anu gleich. Sie wohnte in einem Berg, dem Knockainey Hill im County Limerick,wo zu ihren Ehren Mittsommerfeuer entzündet werden. Sie wird gegen Krankheit angerufen und ihr ist das Duftkraut Mädesüß geweiht. Sie ist die Schutzherrin der Provinz Munster. Einmal wurde sie vom König von

*▼ Das der Feenkönigin Aine geweihte Kraut Mädesüß gehört zur Familie der Rosengewächse und gilt seit alters her als Heilpflanze.*

▲ *Die 670 Meter hohen, sanft gerundeten Hügel südlich von Killarney gelten als die Brüste der Göttermutter Anu.*

Munster vergewaltigt, dabei biss sie ihm jedoch die Ohren ab, was ihm dem Beinamen *Ailill Aulom* einbrachte, Aillil ohne Ohren.

## Amairgen – Druide

Amairgen, einer der Söhne des Mil, war einer der ersten Druiden. Er spielte eine wichtige Rolle nach dem Sieg der Milesier über die Tuatha De Danann, denn nachdem sich diese in die Hügel der grünen Insel zurückgezogen hatten, wussten die neuen Herrscher des Landes nicht, wer nun ihr König sein sollte. Zwei Söhne des Mil stritten sich um dieses Vorrecht: die Brüder Eremon und Eber. Um den Frieden zu wahren, teilte man schließlich das Königreich in eine Nord- und eine Südhälfte. Doch es nützte nichts: Die beiden zogen bald gegeneinander in den Krieg. Eber unterlag und starb. Amairgen, der die ganze Zeit über auf die Vernunft der beiden gesetzt hatte, machte daraufhin Emeron zum ersten Hochkönig Irlands.

## Anu – Göttin der Fruchtbarkeit

Anu war eine wichtige Göttin des vorchristlichen Irland, Mutter der Götter und Göttin der Fruchtbarkeit. In Irland sind ihr die „Paps of Anu" im County Kerry geweiht, die „Brüste der Anu", zwei auffällige Hügel, wo zu ihren Ehren an Mittsommer Feuer entfacht werden. Manchmal wird sie mit der Göttin Danu (▶ Seite 197), der Ahnherrin der Tuatha De Danann, in Verbindung gebracht, auch mit der Fee Aine oder mit der Morrigan (▶ Seite 202 ff.).

## Aengus – Gott der Liebe

Aengus, der irische Gott der Liebe, stammte aus den Tuatha De Danann und war der Sohn des Dagda (▶ Seite 196 f.) und der Flussgöttin Boann (▶ Seite 193 f.). Es heißt, dass er den Ehemann der Göttin, Nechtan (▶ Seite 204), auf eine neunmonatige Reise schickte, die für ihn wie nur ein Tag erschien, weil

*Aus Angst vor einer Prophezeiung ließ Balor seine Tochter Ethlinn in einen Kristallturm auf der Insel Tory (hier im Bild) einsperren*

Dagda Sonne und Mond angehalten hatte, um sich ungestört seiner Frau nähern zu können, ein Kind zu zeugen und es zur Welt zu bringen: Aengus. Er wuchs bei Midir (▶ Seite 202) auf und wird als schöner junger Mann beschrieben, den stets vier Vögel umkreisten, von denen man sagt, es seien Küsse. Einst warb er um Caer, eine andere aus dem Volk der Dana. Doch Caers Vater Ethal war gegen diese Verbindung und stellte als Bedingung, dass Aengus seine Tochter nur dann bekäme, wenn er sie aus hundertfünfzig Schwänen heraus erkenne – für den Liebesgott eine leichte Aufgabe. Er war auch der Pflegevater des Diarmuid (▶ Seite 214), der einst einen magischen Liebesfleck auf der Stirn erhalten hatte und von da an von jeder Frau, die ihn ansah, geliebt wurde – so auch von Grainne (▶ Seite 216), der Tochter des irischen Hochkönigs, die eigentlich dem großen Finn MacCool (▶ Seite 214 ff.) versprochen war. Aengus verhalf den beiden zur Flucht und beschützte sie vor dem Zorn des Kriegers, konnte aber Diarmuids Ende nicht verhindern – er wurde von einem magischen Eber getötet. Aengus brachte den Leichnam seines Pflegesohnes in sein Feenschloss in Newgrange am Ufer des Flusses Boyne, wo er seither an der Seite seines Vaters lebt.

## Badb – Göttin der Schlacht

Badb, eine aus den Tuatha De Danann, war eine irische Göttin der Schlacht und konnte zusammen mit der Morrigan (▶ Seite 202 ff.), Nemain (▶ Seite 204) und Macha (▶ Seite 200 ff.) den Ausgang eines Kampfes beeinflussen. Sie war die Tochter des Ade, ein Gott des Feuers, und der Ernmas, deren Name so viel wie „eiserner Tod" bedeutet.

## Balor – König der Fomori

Balor, König der Fomori, war der Sohn des Buareinech und trägt den Beinamen „vom bösen Auge", denn als junger Mann hatte er den Druiden seines Vaters dabei beobachtet, wie dieser einen Zaubertrank braute. Er warf einen Blick in den Kessel, wobei er ein Auge verlor. Das andere jedoch erhielt den tödlichen Blick. Weil Balor aber so riesig war, konnte er sich selbst kaum mehr bewegen, geschweige denn selbst das Augenlid heben. So mussten vier Fomori dies für ihn übernehmen, indem sie es mithilfe von entsprechenden Haken nach oben schoben, um den alles vernichtenden Blick freizusetzen.

Eine Prophezeiung verhieß ihm, dass sein Enkel ihn töten würde, darum sperrte er seine Tochter Ethlinn in einen Kristallturm auf der Insel Tory ein. Dem Zauberer Cian (▶ Seite 195 f.) aus den Tuatha De Danann gelang es, in dieses Gefängnis einzudringen und mit Ethlinn einen Sohn zu zeugen: Lugh (▶ Seite 200), den sonnengleichen Helden. Dieser wurde von einer Druidin vor dem Zorn des Vaters gerettet.

In der zweiten großen Schlacht der Tuatha De Danann gegen die Fomori erfüllte sich die Prophezeiung schließlich. Lugh besiegte seinen Großvater, indem er in das Auge einen Stein oder Speer schleuderte, das daraufhin aus dem Kopf fiel und mit seinem Todesblick die Fomori selbst vernichtete.

## Boann – Göttin des Flusses Boyne

Boann, die Göttin des Flusses Boyne, war die Mutter des Liebesgottes Aengus, und die Frau des Wassergottes Nechtan (▶ Seite 204). Aengus empfing sie aber von Dagda (▶ Seite 196 f.), der

*In der keltischen Mythologie gilt Boann als die Flussgöttin des Boyne (hier zu sehen) und Gattin des Wassergottes Nechtan.*

*Der Anblick der Eibe auf der Andersweltinsel Hy Breasil war für deren Betrachter tödlich.*

ihren Ehemann auf eine vermeintlich nur einen Tag währende Reise schickte, die in Wirklichkeit aber neun Monate dauerte, weil Dagda Sonne und Mond angehalten hatte – genauso lange, wie es nötig war, ein Kind zu zeugen und zu gebären.

## **Bodb Dearg** – Gott des Krieges

Bodb Dearg, der Rote, war ein Gott des Krieges aus den Tuatha De Danann und damit das männliche Pendant zur Göttin Badb. Er war der Sohn und Nachfolger des Dagda (▶ Seite 196 f.), nachdem sich das Volk der Dana in die Hügel der grünen Insel zurückgezogen hatte.

## **Bresal** – Herrscher von Hy Breasil

Bresal war der Sohn, manchmal auch der Enkel, des Nuada (▶ Seite 204 f.). Er war auch der Herrscher der Andersweltinsel Hy Breasil, zu der er mit einem Schiff fuhr, das eher einer hölzernen Festung glich. Auf dieser Insel wuchs eine einzige Eibe, wer diese erblickte, musste sterben. Er gilt auch als Ziehvater von Fuamnach, der ersten Frau des Midir (▶ Seite 202), die er in Magie unterrichtete, mit der sie die zweite Frau Midirs verfolgte. Bresal wurde zusammen mit seiner Tochter von Aengus gestellt und enthauptet.

## **Bress** – König der Tuatha

Bress, der Schöne, heißt eigentlich Eochu und war der Sohn des Fomorenkönigs Elatha (▶ Seite 198) und der Eriu (▶ Seite 198 f.) aus dem Volk der Dana. Nach der ersten Schlacht der Tuatha De Danann gegen die Firbolg übernahm er die Herrschaft über die Tuatha, weil König Suada seine Hand verloren hatte und daher nicht mehr regieren durfte. Doch unter seiner Ungerechtigkeit litt das ganze Land und er wurde vertrieben. Er floh in das Land der Fomori, nach Lochlann, und kehrte mit den Fomori unter der Führung von Balor, dem Einäugigen, zurück, um seine Herrschaft wiederzuerlangen. Es gelang nicht und er wurde getötet.

## **Brian** – Mörder des Cian

Brian war der Sohn des Tuireann, dessen Familie mit der Familie des Cian (▶ Seite 195) im Streit lag. Bei einem Jagdausflug töteten Brian und seine Brüder, Iuchar und Iuchurba, Cian, konnten aber den Leichnam nicht verbergen, weil die Erde sich weigerte, das Opfer des Mordes aufzunehmen und darüber hinaus Lugh (▶ Seite 200), dem Sohn des Cian, die schändlichen Mörder verriet.

Lugh verlangte von den Brüdern Genugtuung und stellte ihnen acht als unlösbar geltende Aufgaben. Sie mussten die goldenen Äpfel aus den Gärten der Sonne holen, eine alles heilende Schweinehaut vom König von Griechenland, den vergifteten Speer des persischen

Königs, den Streitwagen des Königs Dobar, den Wunderhund des König Ioruaidhe, der bei der Jagd niemals versagte und Wasser in Wein verwandeln konnte, einen magischen Bratspieß von den Frauen aus dem Reich auf dem Grunde des Meeres und sieben Zauberschweine, die, sobald sie gekocht und gegessen waren, am nächsten Tagen wieder lebendig wurden.

Nachdem es den drei Brüdern gelungen war, all diese magischen Gegenstände zu besorgen, bestand die letzte Aufgabe darin, auf dem Hügel des Mochaen dreimal laut zu rufen. Dabei wurden sie von Mochaen und seinen Söhnen tödlich verwundet. Obwohl Tuireann Lugh bat, seine Söhne mithilfe der alles heilenden Schweinehaut zu retten, weigerte sich der Gott und ließ aus Rache die Brüder sterben.

## Brigid – Göttin der Heilkunst und der Fruchtbarkeit

Brigid war eine Göttin des Heilens und der Fruchtbarkeit, aber auch der Dichtkunst und der Gesetze. Sie wurde in weiten Teilen Irlands und Britanniens verehrt und ist vielleicht auf die keltische Brigantia zurückzuführen. Ihr Name bedeutet so viel wie „die Helle“. Sie ist im irischen Mythos eine aus den Tuatha De Danann, die Tochter des Dagda (▶ Seite 196 f.). Sie war die Frau des Bress, halb Fomor, halb Tuatha De Danann, und die Mutter von Ruadan (▶ Seite 205). Sie wurde oft in Gestalt dreier Schwestern verehrt. Das Fest Imbolc am 1. Februar wurde ihr zu Ehren gefeiert. Dies ist auch der Tag der Heiligen Brigida von Kildare, von der es heißt, dass sie die christliche Version der alten irischen Göttin ist.

## Cian – Druide und Sohn des Dian Cecht

Cian war der Sohn des Dian Cecht, des obersten Heilers der Tuatha De Danann. Mit Ethlinn, der Tochter des Balor, zeugte er den Helden Lugh (▶ Seite 200) und galt als Druide.

Balor stahl Cian einst eine magische Kuh, deren Milch niemals versiegte. Daraufhin gelang es Cian, mithilfe einer Druidin und verkleidet als Frau in den Kristallturm einzudringen, in dem Balor seine Tochter eingekerkert hatte, weil eine Prophezeiung besagte, er würde durch die Hand seines Enkels umkommen. Cian verführte Ethlinn – und ganz nebenbei alle ihrer zwölf Dienerinnen – und sie bekam drei Kinder. Als Balor davon erfuhr, befahl er, die drei Kinder sofort zu ertränken. Seine Diener wickelten die Säuglinge in Tücher, verloren aber auf dem Weg zum Meer eines, das von der Druidin gefunden wurde. Diese übergab es zur Pflege dem Meeresgott Manannan (▶ Seite 202) von den Tuatha De Dannan und der Erdgöttin Tailtiu (▶ Seite 205 f.) von den Firbolg.

Cian wurde am Ende von den Söhnen des Tuireann, Brian, Iuchar und Iuchurba, getötet,

*Dieser Kopf der Göttin Brigid stammt aus dem 1. Jahrhundert, ihr Name wird als „die Helle“ oder „die Streiterin“ gedeutet.*

*Der Diebstahl einer magischen Kuh sollte Balor zum Verhängnis werden – er kostete ihn letztlich das Leben.*

mit dessen Familie er sich in einer Fehde befand: Sie steinigten ihn, nachdem er sich in ein Schwein verwandelt hatte, um ihnen zu entkommen. Die Erde weigerte sich, den ungesühnten Leichnam des Cian aufzunehmen, und verriet seinem Sohn Lugh die Mörder seines Vaters.

Daraufhin gab Lugh den Söhnen acht Aufgaben auf, bei denen sie letztlich umkamen.

## Cliodhna – Göttin der Schönheit

Cliodhna war eine aus dem Volk der Dana und galt als eine Göttin von überirdischer Schönheit. Sie besaß drei Zaubervögel, die sich von den Äpfeln vom Baum der Anderswelt nährten und Kranke in den Schlaf singen und sie heilen konnten. Manchmal wird sie auch als Königin der Feen bezeichnet. Sie war verliebt in einen Sterblichen, dem sie aus dem Land der Feen nach Irland folgte. Doch der Meeresgott Manannan mac Lir (▶ Seite 202) holte Cliodhna zurück, indem er sie in einen Zauberschlaf versetzte und von einer Welle ins Land der Jugend zurücktragen ließ.

## Credne – Schmied der Tuatha

Credne war der Kupferschmied der Tuatha De Dannan und ein Kind der Danu (▶ Seite 197). Seine Brüder sind Gobniu, der Schmied, und Luchta, der Zimmermann. Er verkörperte das Handwerk des Kunstschmieds und reparierte die Waffen der Tuatha. Während der großen Schlacht gegen die Fomori stellte er zusammen mit seinen Brüdern in magischer Geschwindigkeit Speere her: Gobniu formte die Klinge mit drei Schlägen, Luchta schlug mit drei Treffern seines Beils den Schaft zurecht und Credne befestigte die Klinge an den Schaft mit drei Schlägen. In der Schlacht gegen die Firbolg hatte Nuada (▶ Seite 204 f.) seinen rechten Arm verloren und bekam eine Silberhand – Credne schuf diese zusammen mit dem Arzt der Götter Dian Cecht (▶ Seite 197 f.).

## Dagda – Göttervater

Dagda, was übersetzt so viel bedeutet wie „guter Gott“, war der Anführer der Tuatha De Danann. Er war der Göttervater und wachte über die Einhaltung von Recht und Ordnung. Seine Mutter und Geliebte war die Erdgöttin Danu, mit der er Brigid zeugte. Mit der Flussgöttin Boann hatte er einen Sohn, den Liebesgott Aengus. Seine Geliebte war auch die Schlachtengöttin Morrigan. Zusammen mit Ogma (▶ Seite 205), der auch als sein Bruder bezeichnet wird, und Lugh (▶ Seite 200) bildete er die große Götterdreiheit der Tuatha De Danann.

Sein wichtigstes Attribut ist seine gewaltige Keule, so schwer, dass er sie in einem Wagen hinter sich herziehen musste. Diese Keule konnte neun Gegner auf einen Streich vernichten, schenkte ihnen aber auch neues Leben, wenn sie mit der anderen Seite der Keule berührt wurden. Darüber hinaus befand sich ein Zauberkessel in seinem Besitz, der ohne Unterlass köstlichste Speisen hervorbrachte. Er besaß auch eine Zauberharfe, mit der er die Gefühle der Menschen und Götter beherrschen konnte.

Vor der zweiten Schlacht der Tuatha de Danann spionierte Dagda das Lager der Fomori aus und wurde ertappt. Sie bereiteten ihm in einem Erdloch einen Eintopf aus Milch, Mehl, Fett, Schweine- und Ziegenfleisch, das leicht gereicht hätte, um fünfzig Personen ordentlich satt zu machen, und zwangen ihn, alles aufzuessen. Kein Problem für den Gott, der mit einer Kelle, die so groß war, dass zwei Menschen problemlos darin schlafen konnten, alles aufaß.

Viele komische Geschichten werden von diesem Gott erzählt, der sich immer wieder in merkwürdige Situationen begab und doch der höchste aller Götter gewesen ist.

Nachdem die Milesier in der letzten Eroberungswelle die Tuatha De Danann besiegt hatten, war es die Aufgabe des Dagda, den Rückzug in die Hügel von Irland zu leiten. Er gab seine Herrschaft auf und machte seinen Sohn Bodb Dearg zum Anführer. Bodb Dearg gilt als der Feenkönig von Munster.

## Danu – Ahnherrin der Tuatha

Danu, auch Dana genannt, war eine sehr alte irische Göttin und wird oft in Zusammenhang mit Anu gebracht. Sie war die Ahnherrin der Tuatha De Danann, die Stämme der Göttin Danu. Über sie wird nicht sehr viel berichtet.

*Zusammen mit seinen Brüdern fertigte Credne während der großen Schlacht gegen die Fomori Speere in magischer Geschwindigkeit.*

## Dian Cecht – oberster Heiler der Tuatha

Dian Cecht war der Sohn eines Fomor und der Göttin Danu, der Vater des Gobniu (▶ Seite 196) und der oberste Heiler der Tuatha De Danann.

*Der Zauberkessel des Dagda brachte ohne Unterlass die köstlichsten Speisen hervor.*

*Dian Cecht hütete zusammen mit seiner Tochter eine Quelle, deren Wasser sterbende Krieger wieder zum Leben erwecken konnte.*

Seine Heilkünste waren phänomenal: Als Midir (▶ Seite 202) eines Tages durch einen Haselzweig sein Auge verlor, ersetzte er es. Er fertigte auch die Silberhand für Nuada (▶ Seite 204 f.).

Es heißt, dass es seinem Sohn Miach gelang, später eine Hand aus Fleisch und Blut für den König herzustellen, sodass er den Königsthron wieder besteigen konnte. Dian Cecht tötete daraufhin Miach aus reiner Eifersucht auf das größere Geschick seines Sohnes.

Zusammen mit seiner Tochter Airmed war er der Hüter einer Quelle, deren Wasser sterbende Krieger wieder zum Leben erwecken konnte, wenn sie hineingetaucht wurden. Diese Heilquelle wurde von Octriallach, dem Sohn des Fomori-Königs Indech, einem Bruder von Balor, entdeckt und mit Steinen verschüttet.

## Donn – Gott der Toten

Donn, der Dunkle, war ein Gott der Toten, als solcher vielleicht ein Aspekt des Gottes Dagda. Er hatte seinen Sitz auf einer Insel im Südwesten Irlands, wo er die Toten sammelte, um sie dann in die Anderswelt zu geleiten. Insbesondere Schiffbrüchige und andere Opfer der hohen See stehen mit ihm in Verbindung.

## Elatha – König der Fomori

Elatha war der Sohn von Delbaeth, dem Anführer der Fomori, doch glich er seinen hässlichen Stammesgenossen überhaupt nicht, sondern war im Gegenteil von einnehmender Schönheit und hatte goldblondes Haar. Er traf die Göttin Eriu am Strand und sie zeugten Bress miteinander, der später für eine Zeit Anführer der Tuatha De Danann wurde. Als die Tuatha Bress die Macht wieder entzogen, bat Eriu Elatha um Hilfe und die Schlacht der Tuatha gegen die Fomori nahm ihren Anfang, an deren Ende die Vertreibung der Fomori stand.

## Eriu – Königin von Irland

Eriu war eine Angehörige der Tuatha De Danann und Königin von Irland. Sie hatte zusammen mit dem Fomoren Elatha einen Sohn – Bress. Zusammen mit ihren Schwestern Banba und Fodla ging sie den Milesiern zur Begrüßung entgegen und bat die Neuankömmlinge, die Insel nach ihr „Eriu" zu nennen. Amairgen, der Druide der Söhne des Mil, versprach dies und hielt sein Versprechen.

### Fand – Göttin der Meere

Fand, die Perle der Schönheit, galt als die schönste aller Göttinnen und war die Schwester des Aengus. Sie war die Gemahlin von Manannan mac Lir (▶ Seite 202), dem Gott der Meere, und die Königin im Land der Jugend. Mit Manannan hatte sie eine Tochter, Niamh (▶ Seite 217).

Eine Zeit lang war sie die Geliebte des Cuchulainn (▶ Seite 212 f.). Ihre Liebe heilte den Helden von einer schweren Krankheit, doch wurden sie von Cuchulainns Frau Emer (▶ Seite 214) überrascht, die drohte, Fand zu töten. Zu guter Letzt rettete Manannan die Lage, indem er den Mantel des Vergessens über alle ausbreitete und Fand in sein Reich zurückholte.

### Goibhniu – Gott der Schmiedekunst

Goibhniu von den Tuatha De Danann war ein Sohn der Danu und der Gott der Schmiedekunst. Zusammen mit seinen beiden Brüdern Credne, einem begnadeten Bronzeschmied, und Luchta, einem Zimmermann, bildete er die Göttertriade der Kunstfertigkeit. Seine Waffen verfehlten nie ihr Ziel und verursachten schlimme, nicht heilen wollende Wunden, die zum Tode führten. Außerdem bewachte er das unsterblich machende Met für die Götter. In der Schlacht der Tuatha De Danann gegen die Fomori wurde Ruadan (▶ Seite 205), der Sohn des Bress, ausgeschickt, um Goibhniu auszukundschaften. Doch statt sich an den Auftrag zu halten, packte Ruadan den Speer des Schmiedegottes und stach zu. Doch Gobhniu zog den Speer wieder heraus, tötete den Spion und wurde in der Quelle des Dian Cecht geheilt.

### Lir – Zauberer und Heilkundiger

Lir von den Tuatha De Danann war der Vater von Manannan (▶ Seite 202), dem Gott des Meeres, der auf der Insel Man lebte, und selbst ein Zauberer und Heilkundiger. Von seinen Kindern handelt folgende Geschichte: Er hatte mit seiner Frau Aobh drei Söhne, Aedh, Fiachra und Conn, und eine Tochter names Fionnuala. Als seine Frau bei der Geburt der Kinder starb, heiratete Lir deren Schwester Aoife, die jedoch keine Kinder bekommen konnte. Aus Eifersucht wollte sie daher die Kinder ihrer Schwester töten, brachte dies aber nicht übers Herz und verwandelte die Kinder in Schwäne. Neunhundert Jahre würden vergehen, bis sich ihr Schicksal

*Da sie es nicht übers Herz brachte, die Kinder ihres Mannes Lir zu töten, verwandelte Aoife sie in Schwäne.*

*Zur Erinnerung an seine Ziehmutter richtete Lugh das Fest Lughnasadh ein, das Fest der Weizenernte.*

erfüllt hätte und sie wieder zu Menschen werden können. Dann aber würden sie so alt sein, dass sie auf der Stelle zu Staub zerfallen. Einige erzählen, dass es in der Zeit des Heiligen Mochaomhog so weit war, dieser konnte die vier Geschwister noch taufen, bevor sie starben.

## Lugh – der Leuchtende

Lugh war der Sohn der Ethlinn, Tochter von Balor, dem König der Fomori, und dem Druiden Cian, dem Sohn des Dian Cecht aus den Tuatha De Danann. Balor war prophezeit worden, dass seine Tochter ein Kind zur Welt bringen würde, das ihn zur Strecke bringen werde. Um dies zu verhindern, sperrte er Ethlinn in einen Kristallturm auf einer einsamen Insel. Cian gelang es durch Zauberkunst, in diesen Turm einzudringen und sich mit Ethlinn zu verbinden. Aus dieser Liaison ging Lugh hervor, der von Manannan mac Lir (► Seite 202) und von Tailtiu (► Seite 205 f.) großgezogen wurde.

Als Lugh nach Tara reiste, der Königsburg der Tuatha De Danann und spirituelles Zentrum der Insel, um von den Tuatha aufgenommen zu werden, wurde er zunächst nicht zugelassen. Erst wenn er eine Fähigkeit vorweisen könnte, die noch nicht durch ein anderes Mitglied des Volkes abgedeckt wäre, könnte er eintreten. Der Reihe nach zählte Lugh seine Talente auf, darunter Schmied, Schwertkampf, Harfenspiel, Zauberkunst, Handwerk – jedesmal wurde er zurückgewiesen, weil es schon jemanden am Hofe gab, der diese Fertigkeit ausübte. Am Ende fragte Lugh, ob es denn jemanden gäbe, der alle diese Fähigkeiten in sich vereine – und wurde hereingebeten. Er wurde nicht nur bei den Tuatha De Danann aufgenommen, sondern von Nuada (► Seite 204 f.), der sich dem Besseren beugte, zu deren König gemacht.

In der Schlacht gegen die Fomori unter der Führung seines einäugigen Großvaters Balor kam Lughs Magie zum Einsatz. Nuada war im Kampf gefallen, vernichtet von dem todbringenden Blick des Balor. Da sprach Lugh Zauberformeln, während er auf einem Bein um das gegnerische Heer tanzte und dabei ein Auge zukniff: Damit ahmte er seine Feinde nach und übernahm gewissermaßen deren Kräfte. Er geriet in einen Kampfesrausch, der ihn befähigte, genau im richtigen Augenblick seinen Speer in das fürchterliche Auge des Balor zu werfen, sodass es durch dessen Hinterkopf gestoßen wurde und sein tödlicher Blick auf die Reihen der Fomori hinter Balor fiel.

Lugh zeugte später mit der Sterblichen Deichtire den Halbgott Cuchulainn (► Seite 212 f.), von dem es heißt, in ihm sei Lugh wiedergeboren. Er wurde zu einem der bedeutendsten Götter des irischen Pantheon. Zur Erinnerung an seine Ziehmutter Tailtiu richtete Lugh das Fest Lughnasadh ein, das am 1. August als das Fest der Schnitter gefeiert wird und die Erntezeit einläutet.

## Macha – Göttin der Erde und des Krieges

Macha war eine Göttin Irlands, die schon seit Urzeiten auf der Insel herrschte. Immer wieder verbanden sich irische Könige mit ihr und erlangten dadurch erst die Herrschaft über die Insel. So heiratete sie Nemed (► Seite 183), den Anführer der dritten Einwanderungswelle,

*Macha verfluchte die männlichen Nachkommen der Ulster, bevor sie nach ihrer Niederkunft völlig entkräftet starb.*

und später auch Nuada (▶ Seite 204 f.), den Anführer der Tuatha De Danann, das fünfte Volk, das Irland besiedelte. Es heißt, dass sie zusammen mit Nuada im Kampf gegen die Fomori fiel. Zusammen mit Badb und Nemain (▶ Seite 204) trat sie als Morrigan auf, eine dreifältige Göttin des Krieges, die in verschiedenen Sagen vorkommt, manchmal als Waschfrau an einer Furt, als Krähe über einem Schlachtfeld oder als Kämpferin auf einem Streitwagen.

Pferde schienen in besonderer Beziehung zu ihr zu stehen. In einer Geschichte wurde die schwangere Macha zu einem Wettlauf mit den Pferden des Königs gezwungen, den sie auch gewann. Anschließend brachte sie unter großen Schmerzen einen Knaben und ein Mädchen zur Welt. Manche sagen, dass eines der Kinder ein Fohlen gewesen sei, das spätere Lieblingspferd des Cuchulainn (▶ Seite 212 f.). Bevor sie an der Schwächung starb, verfluchte sie die männlichen Nachkommen der Ulster, fortan die Wehen einer Frau ertragen zu müssen, wenn ihrem Reich Gefahr drohe, sodass sie genauso hilflos darniederlägen wie eine Frau im Kindbett. Der Ort ihres Todes wurde nach ihr Emain Macha genannt, die Zwillinge der Macha, und Sitz der Könige von Ulster.

### Manannan mac Lir – Meeresgott, Magier und Heiler

Manannan war der Sohn des Meeresgottes Lir. Er zählte zu den Tuatha De Dannan und lebte auf der Isle of Man, der Insel zwischen Irland und Britannien. Manannan mac Lir war selbst eine Meeresgottheit, aber auch Magier und Heiler. Er konnte in vielen Gestalten erscheinen. Er wird als blondgelockter Jüngling beschrieben, der auf einem Wagen auf den Wogen des Meeres dahingleitet, als ob es fester Grund wäre, tritt aber auch in Gestalt des riesenhaften Schmiedes Culann auf oder als Gaukler.

Neben Tethra (▶ Seite 206) war Manannan Herrscher auf der Insel der Jugend, die sich dort befindet, wo die Sonne im Atlantik untergeht. Er lebte dort in seinem Palast Emhain, der von Apfelbäumen umstanden war. Seine Gemahlin war Fand, Cormac mac Art und Lugh waren seine Ziehsöhne.

In seinem Besitz befanden sich einige Zaubergegenstände, darunter ein Schiff, das auch ohne Segel segeln konnte, ein Umhang, der unsichtbar machte, und ein Schwert, das sein Ziel stets traf.

Seinen Sohn Mongan zeugte er mit der Königin von Ulster, der er in Gestalt ihres Mannes erschien. Als das Kind geboren war, entführte Manannan den Knaben und brachte ihn in sein Reich, wo er ihn erzog und in Magie unterrichtete. Mongan wurde später König von Ulster und besaß die Fähigkeit, sich in Tiere zu verwandeln.

### Midir – Herrscher von Mag Mor

Midir von den Tuatha De Danann war der Sohn des Dagda und Herrscher von Mag Mor, der Großen Ebene in der Anderswelt. Als Diener des Dagda war er stets zwischen den Welten unterwegs, reiste zwischen der Anderswelt und der Welt der Sterblichen hin und her und überbrachte Botschaften. Während sein Vater oft eine etwas ungeschlachte Figur machte, erschien Midir stets als gut gekleideter, vornehmer junger Mann. Er war der Ziehvater des Gottes Aengus.

In der verwickelten Geschichte um die Königstochter Etain verliebte sich Midir in diese und warb um sie. Schließlich wurde sie seine Frau. Doch die erste Frau von Midir, Fuamnach, verfolgte ihre Nachfolgerin voller Eifersucht und verwandelte sie in verschiedene Formen, darunter eine Möwe, einen Wurm, eine Biene und schließlich eine Fliege, die von der Gattin des Kriegers Etar verschluckt und wiedergeboren wurde. Als Tochter des Kriegers heiratete sie den König von Ulster. Nun trat Midir wieder auf den Plan und warb erneut um sie. Es gelang ihm, Etain zu gewinnen, verwandelte sie und sich selbst in ein Schwanenpaar und beide flogen davon.

### Morrigan – die große Königin

Morrigan stammte von den Tuatha De Dannan und trat mal als eine Figur auf, mal als die drei Schwestern Macha, Nemain (▶ Seite 204) und Badb. Sie konnte in Gestalt einer

*Nachdem es Midir gelungen war, seine Frau Etain ein zweites Mal für sich zu gewinnen, verwandelte er sie und sich selbst in einen Schwan und flog mit ihr davon.*

wunderschönen jungen Frau erscheinen, aber auch als hässliche Alte. Oder sie verwandelte sich in eine Krähe oder einen Raben. Im Kampf der Tuatha De Dannan gegen die Firbolg tötete sie den letzten König der Firbolg, als dieser sich erschöpft und durstig über eine Quelle beugte. Später ist sie die große Feindin des Cuchulainn (▶ Seite 212 f.).

### Nechtan – Gott des Wassers

Nechtan von den Tuatha De Danann war ein Wassergott, wohnte am Fluss Boyne und war mit der Flussgöttin Boann vermählt. Einer Überlieferung nach herrschte er über eine Quelle der Weisheit, zu der nur er und seine drei Diener Zugang hatten. Boann fand den Weg zu dieser Quelle, deren Wasser sich daraufhin erhoben und sie davonspülten – sie wurde zum Fluss Boyne.

*Die Krähe war eine der Gestalten der Morrigan, die vermutlich auf eine alte keltische Göttermutter zurückgeht.*

### Nemain – Schlachtengöttin

Nemain war eine der drei Morrigan. Zusammen mit ihren Schwestern Badb und Macha bildet sie die Dreiheit der Schlachtengöttinnen. An anderer Stelle wird sie auch als Dichter des Nechtan bezeichnet. Sie war die Gattin des Königs der Fomori Neit, einem Kriegsgott.

### Nuada – König der Tuatha

Nuada war König der Tuatha De Danann und Vater (manchmal auch Großvater) des Bresal. Er besaß einen der vier Schätze der Tuatha De Danann, das Zauberschwert *Fragarach*. Er wird als herrlicher Mann beschrieben, der auf seinem Thron saß, von silbernem Licht umgeben, sein Haupt von einem überirdischen, farbig pulsierenden Lichtschein umkränzt.

Nuada verlor in der Schlacht gegen die Firbolg seinen Arm. Nach den Gesetzen der Tuatha verwirkte er so sein Recht auf das Amt des Königs und musste abtreten. An seiner Stelle wurde Bress, halb Tuatha, halb Fomor, zum Oberhaupt gewählt. In der Zwischenzeit fertigten Dian Cecht und Credne einen neuen Arm aus Silber, eine Prothese, die ihm den Namen „mit der Silberhand" einbrachte. Mit dieser Ersatzhand ausgestattet erlangte er das Königtum zurück. Bress, der ohnehin nicht sonderlich beliebt war, wurde wieder abgesetzt. Dies lieferte den Grund für die zweite große Schlacht der Tuatha De Danann, diesmal gegen die Fomori. In dieser führte jedoch nicht Nuada die Tuatha in den Sieg, sondern Lugh, der am Hofe des Nuada auftauchte und durch seine Vielseitigkeit der bessere König zu sein schien, sodass Nuada ihm freiwillig den Thron überließ.

*Während der Herrschaft von König Eochaid mac Erc und seiner Frau Tailtiu gab es der Sage nach keine Unwetter, sondern nur einen sanften Nieselregen.*

In dieser Schlacht wurde Nuada vom todbringenden Blick aus dem Auge des Balor getötet.

Der berühmte Held Finn mac Cool (▶ Seite 214 ff.) soll ein Nachfahre des Nuada gewesen sein.

## Ogma – Erfinder der Ogham-Schrift

Ogma von den Tuatha De Danann war der Sohn des Dagda. Wie die meisten anderen irischen Götter war er ein großer Krieger. Doch er zeichnete sich auch durch andere Begabungen aus, dazu gehörten seine Beredsamkeit und seine Poesie. Er wird auch als Erfinder der sogenannten Ogham-Schrift angesehen, die er entwickelte, als er die Muster beobachtete, in denen Kraniche über den Himmel fliegen. Als Kämpfer trat er vor allen Dingen in der Schlacht der Tuatha De Danann gegen die Fomori in Erscheinung, in der er den Indech, den König der Fomori, tötete, aber auch selbst umkam. Doch die Keule des Dagda, die auf der einen Seite den Tod brachte, auf der anderen Seite Leben, heilte ihn von seinen tödlichen Verletzungen.

Als Lohn für seine Tapferkeit in der Schlacht erhielt er ein magisches Schwert, das zuvor dem Fomorenkönig Tethra (▶ Seite 206) gehört hatte. Dieses besang die glorreichen Taten seines Besitzers, wenn es aus der Scheide gezogen wurde.

## Ruadan – Sohn des Bress

Ruadan war der Sohn des Bress, des Halb-Fomor, der in einer Übergangszeit über die Tuatha De Danann herrschte. Seine Mutter soll die Göttin Brigid gewesen sein. Er wurde von Goibhniu getötet, dem Gott der Schmiedekunst, als er ihn auskundschaften sollte und dabei versuchte, den Gott mit einem seiner unfehlbaren Speere zu töten. Der Gott aber zog den Speer wieder heraus und tötete Ruadan. Goibhniu überlebte den Anschlag, indem er in der Quelle des Lebens, die von Dian Cecht und seiner Tochter behütet wurde, badete. Brigid stimmte nach dem Tod ihres Sohnes die erste Totenklage an, die je über die Schlachtfelder Irlands angehoben wurde.

## Tailtiu – Große Mutter

Tailtiu trägt Züge einer alten Erdgöttin, der Großen Mutter. Sie war eine der Firbolg und die Ehefrau des Königs Eochaid mac Erc, des letzten Königs seines Volkes. Es heißt, dass in dieser Zeit Frieden in Irland herrschte, es gab nur einen sanften Nieselregen, der die Insel benetzte und fruchtbar machte, Kriege waren unbekannt und Gerechtigkeit herrschte überall. Es heißt auch, dass Tailtiu einen Wald rodete und die ersten Äcker anlegte. Als die Tuatha De Danann Irland eroberten, endete diese Friedenszeit und Eochaid verlor sein Leben. Tailtiu wurde zur Ziehmutter des Lugh, der das Fest Lughnasadh zu ihren Ehren am 1. August einführte.

### Tethra – König der Fomori

Tethra war ein König der Fomori und wird auch der Vater der Fomori genannt. Zusammen mit seinen Brüdern Balor und Indech führte er das Heer gegen die Tuatha De Danann an. Im Kampf starb er, wurde aber zum Herrscher von Mag Mell, der Ebene der Freuden in der Anderswelt, zusammen mit Manannan mac Lir.

### Tuan mac Cairill – der älteste Bewohner Irlands

Tuan mac Cairill war der älteste Einwohner Irlands und ein Bruder des Partholon, der nach Cessair die zweite Eroberungswelle anführte. Alle Mitglieder des Stammes starben bei einer Seuche – nur Tuan überlebte. Von nun an lebte er auf der Insel und erlebte alle Einwanderungswellen in immer wechselnder Tiergestalt bis in die Zeit der Heiligen hinein.

Die Ankunft Nemeds und seiner Mannen hatte er als alter Mann erlebt, dann verwandelte er sich in einen Hirsch und schlief ein. Als er wieder erwachte, war er ein Eber geworden und beobachtete die Ankunft der Firbolg. Nach einer weiteren Wiedergeburt verwandelte er sich in einen Adler und sah, wie die Tuatha De Danann an Land gingen. Als Lachs erlebte er die Landung der Milesier und die Vertreibung der Tuatha De Danann. Schließlich fing ein Fischer den Lachs und brachte ihn zum König von Ulster. Dessen Frau aß ihn und er wurde wieder zum Menschen.

*Die Landung der Milesier erlebte Tuan Mac Cairill in Gestalt eines Lachses, bevor er wieder zum Menschen wurde*

## Helden und Könige Irlands

Der mythologische Zyklus umfasst eine Vielzahl an Sagen, die sich auf die graue Vorzeit der Insel beziehen. Die Protagonisten waren vielfach Feen, Götter und Dämonen, in jedem Fall überirdische Wesen mit entsprechenden Fähigkeiten. In den eher historischen Sagenzyklen kommen nun die Sterblichen deutlicher zu Wort, auch wenn sie häufig göttlicher Abstammung waren und über ebenso wunderbare, manchmal wunderliche Fähigkeiten verfügten. Aber die Rede ist häufiger von Königen und Helden, die durchaus einen geschichtlichen Bezug aufweisen.

Zwei zentrale Geschichten bilden den Kern, um den sich viele dieser Sagen ranken: Zum einen die Sage vom Raub der Rinder von Cuailnge, in der es um den Kampf der Provinz Connacht gegen die Provinz Ulster geht. Hier glänzen Figuren wie der Conchobar mac Ness, König von Ulster, und Medb, Kriegerkönigin von Connacht, und natürlich der alle überstrahlende Held Cuchulainn. Viele Mythen sind Vorgeschichte zu diesem Kernmythos oder spielen im Nachfeld dieses Konfliktes und sind nur unter Berücksichtigung der Entwicklungen verständlich, die sich daraus ergeben haben.

Die Sagen um Finn und die Fianna bilden den zweiten großen Schwerpunkt der irischen Erzähltradition. Finn mac Cool und seine

*Die Geschichten um den Helden Cuchulainn (hier im Bild) bilden neben den Sagen um Finn mac Cool die Schwerpunkte der irischen Erzähltradition.*

*Neben seiner Frau Medb, deren Grab hier zu sehen ist, erscheint Ailill mac Matha als schwache Figur.*

Kriegertruppe spielen hier die Hauptrolle. Liebesgeschichten, Kriege und Verrat, all dies geschieht im Umfeld der Helden, die sich aus den Reihen dieser umherziehenden Kämpfer rekrutieren wie Oisin und natürlich Finn selbst.

### Ailill – Prinz von Irland

Ailill hieß der Bruder Eochaidhs, eines Hochkönigs von Irland. Er verliebte sich in die Frau seines Bruders, die wunderschöne Etain, die einst eine von den Tuatha De Danann und auch Frau des Midir war. Nun wurde sie als Mensch wiedergeboren und der Hochkönig wählte sie zu seiner Gattin. Weil aber Midir Etain immer noch liebte und eifersüchtig auf Eoachaidh war, verzauberte er Ailill, sodass dieser sich unsterblich in die Frau seines Bruders verliebte. Da diese Liebe sich nie erfüllen würde und Etain ihrem Mann standhaft die Treue hielt, wurde Ailill sterbenskrank – nur die Liebe der Etain könnte ihn retten. Um sein Leben zu retten, war Etain schließlich doch bereit, sich ihm für eine Nacht hinzugeben. Aber in der Nacht, in der sie sich zu ihm gesellen wollte, versetzte Midir Ailill in einen tiefen Zauberschlaf und erschien Etain selbst. Diese wollte aber nur dann mit ihm mitgehen, wenn Eochaidh es gestatten würde. Midir hob den Zauber, den er über Ailill geworfen hatte, wieder auf und ließ ihn gesunden. Später schlug er den Hochkönig im Schachspiel und es gelang ihm, Etain zurückzuerobern.

### Ailill mac Matha – König von Connacht

Ailill mac Matha war König der Provinz Connacht und Ehemann von Medb, der Kriegerkönigin. Neben seiner Frau verblasste er jedoch ein wenig und er stand unter ihrer Fuchtel. Letztlich waren es ihre Intrigen, die ihn dazu brachten, gegen Ulster in den Krieg zu ziehen, nur um den berühmten braunen Stier von Cuailnge zu gewinnen. Ailill starb durch Conall (▶ Seite 211), den Ziehbruder des Cuchulainn (▶ Seite 212 f.).

### Aoife – Kriegerkönigin

Aoife war eine Kriegerkönigin in Schottland, mit der sich Cuchulainn (▶ Seite 212 f.) im Rahmen der Aufträge, die er zu bestehen hatte,

diesem wundervollen Land gepackt, in dem es keinen Tod gibt, keine Krankheit, keine Trauer, nur immerwährendes Glück.

Bran setzte die Segel und begab sich auf große Fahrt in das Land der Apfelbäume. Unterwegs begegnete ihm und seiner Mannschaft der Meeresgott Manannan mac Lir, der ihnen den Weg zur Insel der Fröhlichkeit wies. Dort mussten alle Menschen immerzu lachen, bis sie nicht mehr stehen konnten. Bran reiste schnell weiter und gelangte mit seinem Gefolge zur Insel der Frauen. Dort gefiel es ihnen so gut, dass sie ein Jahr blieben – doch in Wirklichkeit waren viele Jahre vergangen. Schließlich überredete ihn einer seiner Gefährten, wieder aufzubrechen. Die Königin der Fraueninsel warnte Bran jedoch davor, jemals wieder irischen Boden zu betreten. Schließlich erreichten Bran und seine Mannen wieder die Küste Irlands und stellten fest: Nichts war mehr so, wie sie es einst kannten. Und sie beschlossen, Irland für immer den Rücken zu kehren. Doch einer aus seiner Mannschaft hielt es nicht mehr aus und sprang ungeachtet des Verbots an Land, wo er augenblicklich zu Staub zerfiel.

um die Hand der Emer (▶ Seite 214) zu gewinnen, im Zweikampf messen musste. Cuchulainn gelang der Sieg über Aoife und zeugte mit ihr einen Sohn namens Connla (▶ Seite 212), der später von seinem Vater getötet wurde, der nicht wusste, dass er seinen Sohn vor sich hatte.

## Art – der Einzige

Art war ein Sohn von Conn Cetchathach, Conn der hundert Schlachten. Er wird auch der Einzige genannt, denn nachdem sein Bruder Connla aus Liebe zu einer Fee der Welt der Menschen den Rücken gekehrt hatte, blieb er als einziger Sohn zurück. Sein Sohn war Cormac mac Art (▶ Seite 212).

## Bran – Seefahrer

Bran, der Sohn des Febal, bekam eines Tages Besuch von einer Fee aus der Anderswelt, die mit einem silbernen Zweig Musik erklingen lassen konnte. Sie erzählte Bran, dass es sich dabei um einen Zweig vom Apfelbaum auf Email Ablach handle, einer Insel der Seligen im Ozean. Da wurde Bran von der Sehnsucht nach

## Brendan – Heiliger und Seefahrer

Brendan war ein irischer Heiliger und Seefahrer, der im 6. Jahrhundert lebte. Von ihm wird berichtet, er habe sich einmal auf eine

*Fasziniert von dem magischen Zweig eines Apfelbaums ging Bran mit seinen Männern auf große Fahrt.*

wundersame Pilgerfahrt gemacht. In einer Vision zeigte ihm ein Engel eine herrliche Insel. Da setzte Brendan die Segel und machte sich auf den Weg zu diesem Eiland, das irgendwo im Westen liegen sollte. Unterwegs erlebten er und seine zwölf Gefährten zahlreiche Abenteuer. So hielten sie einmal auf einer Insel einen Gottesdienst ab, bis sie erkannten, dass es sich gar nicht um Land handelte, sondern um den Rücken eines riesigen Walfischs. Tatsächlich gelangte Brendan in das versprochene Land. Danach kehrte er nach Irland zurück und lebte dort bis ans Lebensende als Einsiedler.

### Bricriu – die „Giftzunge"

Bricriu, der auch den wenig schmeichelhaften Namen „Giftzunge" trug, war wegen seiner spitzen Bemerkungen und seiner Provokationen ein gefürchteter Unruhestifter unter den Männern von Ulster. Einmal richtete er ein großes Fest für alle Helden von Ulster aus und lud sie in seine Festhalle ein. Da er damit drohte, jeden, der nicht erscheinen würde, zu bestrafen, rafften sich alle Helden auf, um an dem Fest teilzunehmen. Bricriu versprach nun demjenigen Helden den Ehrenplatz, der sich als der Vortrefflichste unter ihnen erweisen würde. Cuchulainn (▶ Seite 212 f.), Conall (▶ Seite 211) und Laoghaire fühlten sich herausgefordert, gegeneinander zu kämpfen, um diesen Anspruch jeweils für sich geltend zu machen. Um den Streit beizulegen, erschien ein Riese mit einem Beil. Dieser erklärte, dass derjenige zum Besten aller Helden gekürt werden solle, dem es gelänge, ihm den Kopf abzuschlagen. Die Sache hätte jedoch einen Haken: Wenn es nicht gelänge, so müsse der Held am nächsten Tag wiederkommen und selbst dieses Schicksal erleiden. Sowohl Laoghaire als auch Conall versuchten ihr Glück, aber als sie dem Riesen den Kopf abgeschlagen hatten, nahm dieser sein Haupt unter den Arm und verschwand. Doch weder der eine noch der andere der Helden kehrte am kommenden Tag zurück. Nur Cuchulainn, der auch versagt hatte, hielt sich an das Versprechen. Für diesen Heldenmut wurde der Recke nicht enthauptet, sondern tatsächlich als größter Held aller Zeiten ausgerufen.

*Conaire war es von Geburt an verboten, Vögel zu jagen, was ihm beinahe zum Verhängnis geworden wäre.*

### Conaire Mor – Hochkönig Irlands

Conaire der Große war ein Hochkönig Irlands und der Sohn der Zauberin Mes Buachalla. Es heißt, dass sein Vater das Vogelwesen Nemglan gewesen sei, mit dem die Zauberin eine Liebesnacht verbrachte. Ihr Gatte, der Hochkönig Etarscel, soll Conaire aber für sein eigenes Kind gehalten haben. Doch wegen der besonderen Umstände seiner Geburt waren Conaire mehrere Tabus auferlegt. So durfte er vor allen Dingen keine Vögel jagen und musste jede neunte Nacht in Tara, dem Hof des Hochkönigs, verbringen. In der irischen Tradition werden solche Tabus *geis* genannt, die streng zu befolgen waren. Wurde gegen sie verstoßen, konnte dies schließlich zum Tode führen.

Als Etarscel starb, war Conaire noch ein junger Mann. Wie es damals üblich war, sollte die Nachfolge anhand eines Traumorakels geregelt werden. Es wurde einer der Männer am Hofe dazu bestimmt, im Traum die Botschaft zu empfangen, wer denn nun der nächste Hochkönig sein würde. Dieser träumte von einem Mann, der nackt auf einer Straße nach Tara ging und dabei eine Schleuder in der Hand hielt. Conaire Mor war zu dieser

Zeit gerade unterwegs und wollte an den Hof von Tara zurückkehren, als sich ein Schwarm Vögel mit so herrlichem Federkleid auf seinem Wagen niederließ, dass er für einen Augenblick sein *geis* vergaß und einen der Vögel mit seiner Schleuder töten wollte, um eine der Federn zur erringen. Just in diesem Augenblick verwandelten sich die Vögel in Menschen und begannen einen Kampf mit ihm und seiner Gefolgschaft. Einer unter den Vogelmenschen aber stellte sich an die Seite von Conaire und wehrte seine Genossen ab – es war niemand anders als sein Vater Nemglan. Danach erinnerte ihn Nemglan daran, niemals mehr seine Hand gegen Vögel zu erheben und zur Sühne nackt nach Tara zurückkehren, nur seine Schleuder tragend. Conaire Mor tat, wie ihm geheißen, und als er so nach Tara kam, wurde er von den Menschen jubelnd empfangen und zum Hochkönig gewählt.

### Conall – Ziehbruder des Cuchulainn

Conall war der Ziehbruder des Helden Cuchulainn (▶ Seite 212 f.). Schon als Knaben hatten sie sich geschworen, sich gegenseitig beizustehen und sich gegenseitig zu rächen, sollte der eine oder der andere gewaltsam ums Leben kommen. Als die Kriegerkönigin Medb in Ulster einfiel, um den braunen Stier zu rauben, stellte sich Cuchulainn ganz alleine dem Heer entgegen und wurde nach langem Kampf schließlich getötet. Conall erfüllte daraufhin sein Versprechen, das er dem Ziehbruder gegeben hatte, zog mit Kriegern gegen das Heer der Königin, erschlug diejenigen, die für den Tod des Cuchulainn verantwortlich waren, und bestrafte alle, die sich mit Medb gegen Ulster verbündet hatten.

*Conall wurde begeistert empfangen, als er siegreich aus der Schlacht gegen Medbs Herr zurückkehrte.*

### Conchobar mac Nessa – König von Ulster

Conchobar war König von Ulster, der sich in Deirdre (▶ Seite 213 f.) verliebte, obwohl er bereits verheiratet und ein alter Mann war. Die junge Frau wies den König ab und floh mit dem jungen und schönen Krieger Naoise (▶ Seite 217). Conchobar verfolgte die beiden, tötete Naoise und ehelichte Deirdre. Diese beging daraufhin Selbstmord. Fergus mac Roth, entsetzt über das Verhalten des Königs, bot seine Dienste den Feinden von Ulster an und es kam zum Krieg. Conchobar wurde durch ein verzaubertes Steinschleudergeschoss getötet, das aus dem Gehirn des toten Königs von Leinster hergestellt war und Conchobar im Kopf stecken blieb. Der König sollte fortan jede Anstrengung meiden, doch einige Jahre später bekam er einmal einen Wutausbruch – das war sein Todesurteil.

*Die Ausbildung zum Krieger im Land der Schatten war eine der Aufgaben, die Cuchulainn bewältigen musste.*

### Connla – Sohn des Cuchulainn

Connla war der Sohn des Cuchulainn (▶ Seite 212 f.) mit der Kriegerin Aoife, die er in einem Zweikampf bezwang. Als der Held Aoife verließ, schenkte er ihr einen goldenen Ring. Aoife bekam einen Sohn, Connla, und stattete ihn mit dem Ring aus.

Connla machte sich einmal auf den Weg, um die Helden von Ulster zum Kampf herauszufordern. Zuerst stellte sich ihm Conall, Cuchulainns Ziehbruder, entgegen, doch der konnte den Fremden nicht überwältigen. Da wollte Cuchulainn selbst gegen Connla antreten, obwohl seine Frau Emer (▶ Seite 214) etwas ahnte und ihn davor warnte. Es kam zum Kampf, bei dem Cuchulainn, ohne zu wissen, dass er es mit seinem Sohn zu tun hatte, Connla mit seinem Speer tödlich verwundete. Erst jetzt erkannte er den Ring an der Hand des jungen Mannes, aber es war zu spät. Den sterbenden Sohn in den Armen versöhnten sich Vater und Sohn und Cuchulainn trug ihn, von Selbstvorwürfen geplagt, zu Grabe.

### Cormac mac Art – Hochkönig von Irland

Cormac mac Art war ein Hochkönig von Irland in der Zeit der Fianna, der Söldnertruppe unter dem berühmten Helden Finn mac Cool (▶ Seite 214 ff.). Er galt als der irische Salomon, so weise war er. Einmal luden ihn die Tuatha De Danann – beeindruckt von seiner würdevollen Art, das Land zu regieren – zu sich in die Anderswelt ein. Sie machten ihm herrliche Geschenke, zum Beispiel einen silbernen Zweig mit goldenen Äpfeln, der, wenn man ihn schüttelte, eine Musik erklingen ließ, die Kranke heilte.

### Cuchulainn – sagenumwobener Kämpfer

Cuchulainn ist einer der wichtigsten Figuren in der irischen Sagenwelt. Er war ein bedeutender Krieger unter König Conchobar mac Nessa. Er war der Sohn von Dechtire, einer Schwester Conchobars. Sein Vater aber soll der Gott Lugh gewesen sein. Erzogen wurde er von Dechtires Schwester und ihrem Mann, einem begnadeten Dichter. Sein Name bedeutet „Hund des Culann", doch ursprünglich wurde er Setanta gerufen. Als er sechs Jahre alt war, tötete er mit seiner Schleuder den Hund des Schmiedes Culann. Um diese Tat zu sühnen, versprach er dem Schmied, die Aufgabe des Hundes zu übernehmen und sein Haus zu beschützen – darum wurde er zum „Hund des

Culann", ein Name, unter dem er Zeit seines Lebens geführt wurde.

Seine Ausbildung zum Krieger erhielt er in der Anderswelt, im Land der Schatten, und zwar von der Kriegerprinzessin Scathach. Fergus mac Roth, ein Krieger von gewaltigem Körperbau, war sein Lehrmeister in der Waffenkunst. Von Scathach erhielt er seinen gefährlichen, mit Widerhaken besetzten Speer. Es heißt, dass Cuchulainn sich im Kampf verwandelte: Er bekam sieben Finger an jeder Hand, sieben Zehen an jedem Fuß und sieben Pupillen in jedem Auge. Bereits mit siebzehn trat er ganz allein gegen die Armee von Connacht an, die auf Heereszug war, damit sie für Königin Medb den braunen Stier von Cuailnge erringe. Die Krieger des König Conchobar waren jedoch durch einen Fluch geschwächt, sodass nur Cuchulainn übrig blieb, um sich gegen die Feinde zu stellen. Er war dabei an einen Baum gebunden, um dem Ansturm standzuhalten, und hatte nur eine Hand frei.

Cuchulainn hatte viele Geliebte. Um die Liebe von Emer zu gewinnen, Tochter des listenreichen Forgall Manach, musste er mehrere Aufgaben erfüllen, darunter auch der Besuch im Land der Schatten, um von der zauberkundigen Scathach das Waffenhandwerk zu lernen, und der Zweikampf mit Aoife. Nach dem Sieg über Aoife zeugte er einen Sohn mit ihr namens Connla. Diesen tötete er in einem Zweikampf, ohne zu wissen, wen er vor sich hatte, als dieser sich auf die Suche nach seinem Vater machte.

## Deirdre – tragische Schönheit

Deirdre war dem König Conchobar mac Ness versprochen, der sie an einem abgeschiedenen Ort von einer Zauberin aufziehen ließ. Bei ihrer Geburt wurde prophezeit, dass sie zwar zu einer Schönheit heranwachsen werde, aber dass es diese Schönheit sein würde, die große Kriege verursachen werde. Deirdre verliebte sich jedoch in Naoise (► Seite 217) und floh mit

*Obwohl bereits einem anderen versprochen, verliebte sich Deidre in Naoise, hier bei der Jagd zu sehen.*

ihm und seinen beiden Brüdern. Doch Conchobar stöberte die Abtrünnigen auf und bot ihnen freies Geleit an. Dies war jedoch nur eine List, denn er ließ Naoise auf dem Weg zur Königsburg hinterrücks ermorden. Dieser Verrat führte dazu, dass sich einige der Gefolgsleute des Königs von ihm lossagten und im Krieg gegen die Königin Medb die Seite wechselten. Deirdre aber beging Selbstmord, indem sie ihren Kopf aus einem fahrenden Kriegswagen streckte und dieser von einem Felsen zerschmettert wurde.

### **Diarmuid** – Mitglied der Fianna

Diarmuid war der Ziehsohn des Gottes Aengus und ein berühmtes Mitglied der Fianna, der legendären Kriegerschar unter Finn mac Cool. Auf ihm ruhte der Fluch einer verschmähten Frau, dass sich jedes Mädchen in ihn verlieben müsse, wenn sie seines Gesichtes gewahr würde.

Genau dies widerfuhr Grainne (▶ Seite 216), doch weil sie eigentlich Finn versprochen war, belegte sie Diarmuid mit der *geis* – einem Versprechen, das wie ein Tabu wirkt und nicht gebrochen werden darf – sie vor der Hochzeit zu entführen. Gebunden an dieses Versprechen machte sich Diarmuid zum Feind seines Anführers und floh mit Grainne quer durch Irland.

*Die eifersüchtige Emer beobachtet das Stelldichein ihres Mannes mit Fand und beschließt, ihre Nebenbuhlerin zu töten, was ihr jedoch nicht gelingen soll.*

### **Emer** – Gemahlin des Cuchulainn

Emer war die Tochter des Forgall Manach und die Frau des Cuchulainn. Sie war berühmt für ihre Schönheit, ihre Weisheit und ihre Keuschheit. Als sich Cuchulainn um sie bemühte, lehnte sie ihn zunächst ab, er erschien ihr zu unreif. Sie stellte ihm mehrere Aufgaben, die er zu erfüllen hatte. In einer anderen Episode ertappte Emer Cuchulainn in flagranti mit Fand, der Gattin des Meeresgottes Manannan. Vor Wut wollte Emer die Nebenbuhlerin töten, doch in letzter Sekunde griff der Meeresgott ein, warf einen Zauber des Vergessens über alle Anwesenden und verhinderte so das Schlimmste.

### **Finn mac Cool** – berühmter Krieger

Finn mac Cool, auch Fionn mac Cumhaill, ist eine der berühmtesten Kriegergestalten in der irischen Mythologie. Er war der Sohn von Cumhall mac Basna und steht im Zentrum einer Sammlung von Erzählungen und Sagen, die sich um sein Leben und das der Fianna drehen, einer umherziehenden Truppe hervorragender junger Krieger.

Sein Vater wurde im Auftrag seines Schwiegervaters Goll mac Morna getötet, der gegen die Verbindung Finns mit seiner Tochter Muirne war. Die schwangere Muirne brachte unter dem Schutz des Hochkönigs einen Sohn zur Welt, den sie Demne, das Hirschlein, nannte. Die Schwester Cumhalls, eine Druidin, zog ihn in einem Versteck im Wald auf und unterrichtete ihn in verschiedenen sportlichen Disziplinen und in

*Nach zahlreichen bestandenen Abenteuern gibt Emer schließlich dem Werben des Cuchulainn nach und wird seine Frau.*

der Verteidigung mit den Waffen. Sie gab ihm auch seinen Namen Fionn, der Blonde, Schöne.

Goll trachtete Finn nach seinem Leben und so war der junge Mann zunächst auf der Flucht vor dem König quer durch Irland. Er kam in die Lehre zu dem Druiden Finegas. Für diesen sollte Finn den Lachs der Weisheit braten, es war ihm jedoch verboten, davon zu kosten. Beim Braten verbrannte sich Finn jedoch den Daumen am Fisch und steckte ihn unwillkürlich in den Mund. Nun ging das gesamte Wissen des Lachses auf Finn über. Später wird Finn immer wieder den Daumen in den Mund stecken, um von dieser Weisheit in schwierigen Fragen zu zehren.

Finn kam auf die Königsburg in Tara. Dort tyrannisierte ein Feuerdämon den Hof: Alljährlich zu Samhain, der Nacht auf den 1. November, wurden die Bewohner Taras in einen Schlaf versetzt und eine Feuersbrunst wütete in der Festung. Finn, in Besitz eines magischen Speers, gelang es, den Zauber zu brechen. Er stellte sich dem Dämon und bezwang ihn. Da soll Finn erst zehn Jahre alt gewesen sein! Aus Dank für seine Heldentat wurde er zum Anführer der Fianna erkoren.

Die Fianna waren niemandem untertan und besaßen kein Land, standen somit außerhalb der üblichen Hierarchie der Gesellschaft, waren aber immer zur Stelle, wenn es darum ging, die Freiheit Irlands zu verteidigen. Für die Aufnahme in diese Elitetruppe war nicht nur das Beherrschen der Kriegskunst nötig, sondern auch Verständnis der Dichtkunst. Zudem waren sie an zahlreiche Versprechen, sogenannte *gessi* (Einzahl: *geis*), gebunden, die sie peinlichst zu befolgen hatten. So durfte man beispielsweise niemandem Speisung ausschlagen und vor keiner Übermacht von weniger als neun Kriegern flüchten. Zudem hatte man stets zur Verteidigung der Heimat bereit zu sein. In der kalten Jahreszeit bekamen die Fianna Nahrung von der Bevölkerung, in der warmen Zeit versorgten sie sich selbst durch Jagd.

*Deidre hält den Kopf ihres Geliebten Naiose, den der eifersüchtige König Conchobar hinterrücks ermorden ließ.*

## Grainne – Tochter des Cormac mac Art

Grainne, Tochter des Hochkönigs Cormac mac Art, war dem alternden Finn mac Cool zur Frau versprochen, doch sie selbst wollte davon nichts wissen. Sie belegte den jungen und schönen Diarmuid von den Kriegern der legendären Fianna mit einer *geis*, das heißt einem Tabu, dem er zu folgen hatte: Er müsse sie noch vor der Hochzeit entführen. Diarmuid gehorchte und floh mit Grainne. Finn verfolgte das Paar und verwickelte sie immer wieder in Kämpfe. Zunächst hielt sich Diarmuid von Grainne fern, fühlte er sich doch Finn gegenüber moralisch verpflichtet. Doch in einem heiligen Hain erwachte die Liebe zur schönen Grainne und er schwängerte sie. Dort wurden sie jedoch von Finn entdeckt und nur durch das Eintreten von Aengus für seinen Ziehsohn Diarmuid kam es zu einem Waffenstillstand.

Diarmuid durfte mit Grainne zusammenleben und zeugte mit ihr fünf Kinder. Doch in Finn schwelten nach wie vor Rachegedanken. Er lockte den jungen Krieger in eine Falle und verwickelte Diarmuid in einen Kampf mit einem Eber, der ihn tödlich verletzte.

## Naoise – Krieger im Heer Conchobars

Naoise war ein hervorragender Krieger im Heer des Königs Conchobar mac Nessa von Ulster und lebte zusammen mit seinen beiden Brüdern Ardan und Ainnle, sie waren unzertrennlich. In der Schlacht kämpften die drei Brüder Rücken an Rücken und waren so unschlagbar. Es heißt, dass Naoises Stimme so schön war, dass die Kühe mehr Milch gaben, wenn sie seinen Gesang hörten. Und es war diese Stimme, die Deirdre, die eigentlich Conchobar versprochen war, dazu brachte, sich in Naoise zu verlieben. Sie brachte den Krieger dazu, sie zu entführen und mit ihr zu fliehen. Durch ein falsches Versprechen wurde das Paar von Conchobar wieder nach Irland gelockt, wo der König Naoise hinterrücks ermorden ließ. Deirdre beging daraufhin Selbstmord.

*Niamh, die Königin von Tirnanog, dem Land der ewigen Jugend, nahm ihren Geliebten Oisin mit in ihr Reich.*

## Niamh – Königin von Tirnanog

Niamh war die Tochter des Meeresgottes Manannan mac Lir und der Fand. Sie war Königin in Tirnanog, dem Land der ewigen Jugend, einem Reich in der Anderswelt. Niamh verliebte sich in Oisin, den Sohn des Finn mac Cool, und nahm ihn in ihr Zauberreich. Nach drei Jahren befiel Oisin Heimweh und er bat Niamh um die Erlaubnis, seiner Heimat einen Besuch abzustatten. Sie gewährte ihm diese Bitte unter der Voraussetzung, dass er nicht den Boden Irlands berühren dürfe. Dazu gab sie ihm ihr Pferd und warnte ihn davor, von diesem abzusteigen. Doch Oisin musste feststellen, dass in Irland nicht drei, sondern dreihundert Jahre vergangen waren. Er stürzte vom Pferd, berührte den Boden und verwandelte sich augenblicklich in einen Greis. Als Niamh Oisin in Irland suchte, musste sie feststellen, dass er mittlerweile verstorben war.

## Oisin – Mitglied der Fianna

Oisin ist ein Sohn des Finn mac Cool und einer Hirschkuh, der verwandelten Sadhbh, einer Königstochter von den Tuatha De Danann. Er war Mitglied der berühmten Fianna, der Söldnertruppe aus jungen Kriegern unter der Führung des Finn mac Cool. Oisin wird als strahlender junger Krieger von einnehmender Schönheit beschrieben. Als er im Auftrag von Finn um die Hand von Grainne anhielt, glaubte diese, dass er selbst sie zur Frau wolle, und willigte ein – ein Missverständnis, das in die tragische Liebesgeschichte von Diarmuid und Grainne mündet.

## Sadhbh – Gemahlin des Finn mac Cool

Sadhbh war die Tochter des Bodb Dearg von den Tuatah De Danann, Gemahlin des Finn mac Cool und die Mutter von Oisin. Der Sage nach erschien Sadhbh Finn bei der Jagd in Gestalt eines Rehs. Finn nahm dieses Reh zu sich in seine Burg. Dort zeigte sie sich schließlich dem Krieger in ihrer menschlichen Gestalt.

*Vom Heimweh getrieben besucht Oisin seine Heimat und verliert bei einem Sturz vom Pferd seine magische Jugend*

Finn verließ die Geliebte, weil er in den Krieg ziehen musste. Als er wiederkam, war sie verschwunden. Sieben Jahre später fand Finn seinen Sohn Oisin, der ihm offenbarte, was geschehen war: Sadhbh war vom Druiden Fear Doirche, dem „Schwarzen Mann", durch bösen Zauber entführt worden und in das Reh verwandelt worden. Nur im Schutz der Burg des Finn (Almhuin) hatte der Zauber keine Macht über sie. Als Finn sie verlassen hatte, kam der Druide an die Burg in Gestalt des Finn und lockte sie heraus. Kaum hatte sie die Burg verlassen, hatte der Bösewicht wieder Gewalt über sie und verwandelte sie in das Reh zurück.

## Auf den Spuren der Kelten – Wales

Das zentrale Werk der walisischen Überlieferung ist das mittelalterliche *Mabinogion*, das im Kern aus vier Geschichten besteht, den sogenannten „Vier Zweigen des Mabinogi". Was genau „mabinogi" und damit Mabinogion bedeutet, ist unklar. Möglicherweise leitet es sich von Maponos her, einem Gott der Jagd und der Jugend, vielleicht hat es etwas mit dem walisischen Wort *mab* für „Junge" zu tun und verweist auf den Lehrstoff eines angehenden Barden. Daneben umfasst diese Sammlung auch Sagen um andere Helden, in denen König Arthur bereits eine Rolle spielt, wie zum Beispiel in der Geschichte von Kulhwch und Olwen, aber auch in der Erzählung von Peredur, der walisischen Variante des Parzifal-Stoffes.

Die Sagenwelt um König Arthur kann aus Sicht der keltischen Mythologie daher am besten im Rahmen der walisischen Tradition betrachtet werden, denn dort ergeben sich die meisten literarischen Parallelen zu der bekannten höfischen Tradition. Viele Anklänge aus der älteren walisischen Mythologie sind dort zu finden, hauptsächlich aus volkstümlichen Sagen. Diese gelangten auf den Kontinent, wurden dort im höfischen Stile ausgeschmückt und kehrten dann in den walisischen Mythenkreis des späteren Mittelalters zurück.

Entsprechend kann man von den Geschichten um König Arthur (Artus) nicht im eigentlichen Sinne als einem Bestandteil der keltischen Mythologie sprechen, auch wenn sich viele Elemente der alten Sagen in den

*Möglicherweise verweist der walisische Begriff „mabinogi" auf den Stoff, den ein angehender Barde zu lernen hatte.*

*In vielen mittelalterlichen Rittersagen finden sich Anklänge aus der walisischen Mythologie, die entsprechend ausgeschmückt wurden.*

Ritterromanzen erhalten haben. Im Gegensatz zu den echten Mythen spielen diese jedoch nicht mehr in einer zeitlosen Sphäre, sondern sind fest in den Werten der höfischen Kultur verankert.

### Amaethon – Gott des Ackerbaus

Amaethon war der Gott des Ackerbaus und entsprechend bedeutet sein Name so viel wie „der, der pflügt". Seine Mutter war die Göttin Don (▶ Seite 226). Er stahl den Jagdhund, einen Hirschen und einen Vogel von Arawn, dem Fürsten der Unterwelt, und löste dadurch die große Schlacht der Bäume aus, den Cad Goddeu. In dieser Schlacht verwandelte Gwydion (▶ Seite 229 f.), sein Bruder, Bäume in Krieger. In der Geschichte um Kulhwch und Olwen war er als Einziger in der Lage, ein riesiges Feld zu pflügen, wobei ihm sein Bruder Govannon, der Schmied, die Pflugscharen schleifen musste.

### Arawn – Fürst der Unterwelt

Arawn war der Fürst der Unterwelt Annwn. Diese Unterwelt stellten sich die Waliser nicht als dunkle Hölle vor, sondern – wie allgemein bei den Kelten üblich – als ein herrliches Land, in dem immerwährender Frieden und Überfluss herrscht. In der Mitte dieses Paradieses befand sich eine Quelle, aus der süßer Wein strömte, und ein Zauberkessel, der die Toten wieder zum Leben erwecken und Krankheiten aller Art heilen konnte. Arawn selbst wurde auch als der Graue bezeichnet, denn er war stets ganz in Grau gekleidet. Er besaß eine Meute aus weißen Hunden, die menschliche Seelen jagten. Einmal tauschte Arawn mit Pwyll (▶ Seite 238), dem Fürsten von Dyfed, für ein Jahr die Identität, nachdem dieser die Hunde des Herrschers der Unterwelt von ihrer Beute verscheucht hatte, um seine eigenen darauf anzusetzen. Pwyll beschwichtigte Arawn, indem er ihm anbot, für ein Jahr in seiner

Gestalt und an seiner Stelle in der Unterwelt zu regieren und Arawns Feind Havgan zu töten. Die Sache hatte jedoch einen Haken: Pwyll musste Havgan mit einem Streich töten, denn müsste er ein zweites Mal ausholen, würde Havgan wieder aufstehen und stärker sein als zuvor. Pwyll meisterte diese Aufgabe und besiegte so den Feind des Fürsten der Unterwelt, der ihm von da an als Freund und Verbündeter zur Seite stand.

## Arianrhod – Tochter der Don

Arianrhod war die Tochter der Göttin Don (► Seite 226), Schwester des Gwydion (► Seite 229 f.) und die Nichte des Königs Math. Auf Letzterem lastete der Fluch, dass seine Füße immer im Schoße einer reinen Jungfrau ruhen mussten, es sei denn, er zöge in den Krieg. Als Goewin, die bisher diesen Dienst versah, eines Tages entehrt wurde, sollte Arianrhod diesen Platz einnehmen. Um ihre Keuschheit zu prüfen, musste sie über den Zauberstab des Math steigen. Kaum hatte sie dies getan, gebar sie Dylan (► Seite 226), den Meeresgott, und den Helden Llew. Entsetzt floh Arianrhod, wobei sie ihre Kinder zurückließ. Aus Wut über die ihr zugefügte Schande belegte sie Llew, der bei Gwydion aufwuchs, mit drei Tabus: Nur sie selbst dürfe ihm einen Namen geben, nur sie dürfe ihm Waffen geben und er solle niemals eine irdische Frau haben.

## Arthur – König von Britannien

Arthur (Artus) ist die wohl wichtigste Sagengestalt der britannischen Mythologie und geht möglicherweise auf eine oder mehrere historische Gestalten aus dem 5. Jahrhundert n. Chr. zurück, also auf die Zeit nach der römischen Besatzung, in der das Land von Sachsen und Pikten bedroht wurde.

Schon seine Geburt umgab ein Mysterium, denn er war der Spross des Uther Pendragon (► Seite 239) mit Igraine, der er mithilfe der Zauberkunst des Myrddin (Merlin) in Gestalt ihres Gatten begegnete. Merlin nahm sich des Knaben an und gab ihn in die Obhut eines Ritters, der ihn unerkannt großzog. Als Uther starb,

*Amatheon galt als Gott der Saat und der Ernte, sein Name bedeutet so viel wie „der, der pflügt".*

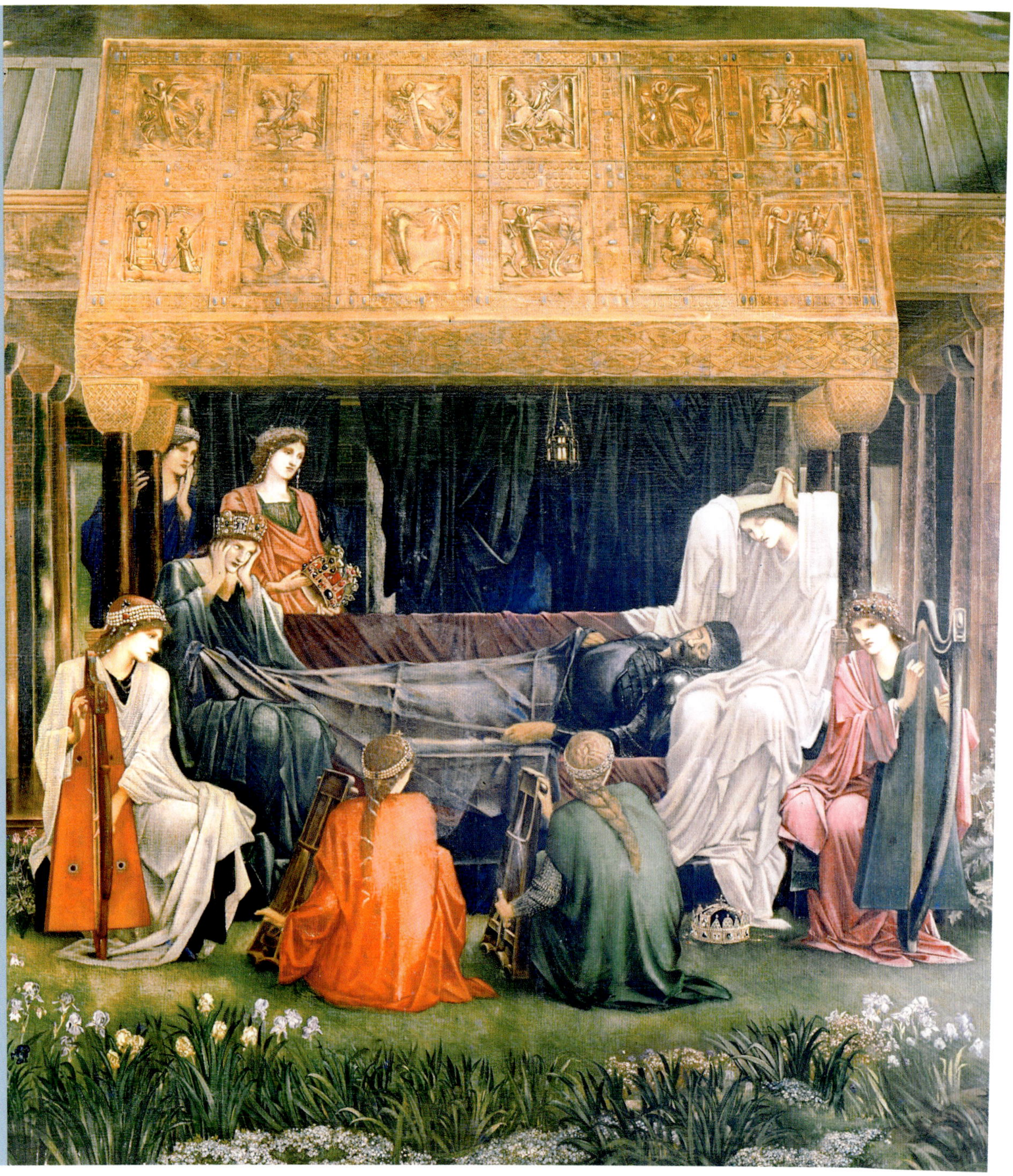

*Auf diesem Detailausschnitt eines Wandteppichs sieht man König Arthur auf der Insel Avalon, wohin er nach der Schlacht von Camlann gebracht wurde.*

entbrannte ein Streit um seine Nachfolge. Um diesen zu schlichten, trieb Merlin das von ihm geschmiedete Schwert Excalibur in einen Felsen und verkündete, dass nur der rechtmäßige König dieses Schwert aus dem Stein ziehen könne. Daraufhin kamen Ritter aus dem ganzen Lande herbei und versuchten ihr Glück. Der Zufall wollte es, dass Arthur, der als Knappe seines Ziehbruders Cei (Kay, ▶ Seite 225) unterwegs war, das Schwert herauszog und so seine wahre Identität offenbarte. Er wurde zum König über Britannien gekürt und heiratete Gwenhwyfar (Guinevere, ▶ Seite 228), die in die Ehe die berühmte Tafelrunde mitbrachte – ein runder Tisch, der fortan auf der neuen Burg Camelot das Zentrum des Geschehens bildete und um den herum Arthur die berühmtesten und tapfersten Recken seiner Zeit als Ritter versammelte.

Als Arthur gegen Rom zog, überantwortete er das Reich seinem Neffen Medrawd (Mordred, ► Seite 233 ff.). Dieser jedoch hinterging ihn, betrog ihn sogar mit seiner Ehefrau und riss die Macht an sich. Arthur kehrte zurück und besiegte in der Schlacht von Camlann seinen Neffen, wobei er eine tödlich Wunde davontrug. Daraufhin wurde er auf die geheimnisvolle Insel Avalon entrückt, wo er bis zum heutigen Tage auf seine Rückkehr wartet.

## **Bedwyr** – Ritter der Tafelrunde

Bedwyr (Bedivere) ist einer der zwölf Ritter der Tafelrunde des Arthur und der beste Freund von Cei (► Seite 225). Es heißt, er sei der schönste aller Ritter gewesen, hätte aber nur eine Hand gehabt.

*Dieses Bronzestandbild König Arthurs (nach einem Entwurf von Albrecht Dürer) schmückt das Grabmal Kaiser Maximilians I.*

*Die Eiche war eine der Pflanzen, aus denen Gwydion und Maths mithilfe eines Zaubers Blodeuwedd schufen.*

## **Blodeuwedd** – Gemahlin des Llew

Blodeuwedd war die Schöpfung des Zauberers Gwydion und Maths, des Königs von Gwynedd. Gemeinsam erschufen diese Blodeuwedd aus Eiche, Ginster und Mädesüß – wovon sich ihr Name ableitet, der so viel wie

*In der Artussage wirft Bedivere Excalibur zurück in den See, wo es die Herrin des Sees wieder an sich nimmt.*

„Blumengesicht" bedeutet – als Frau für Gwydions Ziehsohn Llew (▶ Seite 230). Llew stand nämlich unter dem von seiner Mutter Arianrhod verhängten Fluch, keine menschliche Frau heiraten zu dürfen.

Blodeuwedd erwies sich jedoch als treulose Gattin und beschloss zusammen mit ihrem Geliebten Goronwy, Llew zu töten. Der Plan misslang und Blodeuwedd wurde von Gwydion zur Strafe in eine Eule verwandelt.

### Bran – König von Britannien

Bran, auch Bendigeidfran, der Gesegnete, genannt, war ein Riese. Sein Name wird mit „Krähe" oder „Rabe" übersetzt. Er wurde als Sohn des Meeresgottes Llyr (▶ Seite 230 f.) und der Penarddun geboren. Seine Geschwister waren Manawydan (▶ Seite 232) und Branwen sowie Nissyen und Efnisien (▶ Seite 226), seine Halbbrüder. Bran herrschte über Britannien. Um den Frieden zwischen seinem Reich und Irland zu sichern, überließ Bran dessen Herrscher, König Matholwch (▶ Seite 232 f.), seine Schwester Branwen. Weil er diese Entscheidung ohne seinen Halbbruder Efnisien getroffen hatte, war dieser derart beleidigt, dass er die Pferde des irischen Königs verstümmelte. Bran musste darauf mit weiteren Geschenken aufwarten, um den König versöhnlich zu stimmen, darunter einen Kessel der Wiedergeburt, der Tote wieder zum Leben erwecken konnte, allerdings ohne deren Stimme.

Nach ihrer Hochzeit reisten Matholwch und Branwen gemeinsam nach Irland, wo ihr Sohn Gwern (▶ Seite 228 f.) geboren wurde. Doch das irische Volk verlangte von Matholwch, die Frau aus Britannien zu verstoßen und sie niedere Arbeit verrichten zu lassen. Als Bran durch einen Vogel von dieser Schmach erfuhr, brach er auf, sie zu retten. Es heißt, dass Bran wie ein wandernder Berg mit seiner Flotte durch die Irische See voranschritt. Eingeschüchtert dankte Matholwch ab und überließ seinem Sohn Gwern das Amt. Doch Efnisien sann nach wie vor auf Rache und tötete Gwern. Erneut kam es zu einem erbitterten Kampf, den die Iren dank des Zauberkessels zu gewinnen schienen. Im letzten Augenblick zerstörte Efnisien unter Einsatz seines Lebens den Kessel und die Briten gewannen – auch wenn nur eine Handvoll von ihnen überlebte. Bran wurde von einem vergifteten Speer so schwer verletzt, dass er seinen Männern befahl, seinen Kopf abzutrennen und ihn unter dem weißen Hügel zu begraben (dem ältesten Teil des heutigen Tower of London) – und zwar so, dass er mit dem Gesicht in Richtung Frankreich blickt. Auf diese Weise sollte Britannien vor Gefahr geschützt werden. Doch erst 80 Jahre später wurde dieser Wunsch erfüllt. Es heißt, dass König Arthur den Kopf wieder ausgraben ließ, weil er der Ansicht war, seine eigene Kraft genüge, um die Insel vor Unbill zu schützen.

*Drei Jahre dauerte es, bis Branwen den Staren soweit abgerichtet hatte, dass er ihrem Bruder ihre Nachricht überbrachte.*

### Branwen – Gemahlin des Matholwch

Branwen war die Schwester des Bran und wurde dem irischen König Matholwch (▶ Seite 232 f.) zur Frau gegeben, um das Bündnis zwischen den beiden Reichen zu festigen. Als ihr Halbbruder Efnisien (▶ Seite 226 f.) – erbost darüber, dass er bei dieser Entscheidung nicht gefragt wurde – die Pferde des irischen Königs verstümmelte, kam es fast zu einem Krieg, den

Bran durch weitere Geschenke gerade noch verhindern konnte. Branwen heiratete den irischen König und brachte einen Sohn zu Welt, Gwern (▶ Seite 228 f.). Doch in Irland erging es Branwen schlecht, denn die Verstümmelung der Pferde wurde vom irischen Volk als so heftige Beleidigung aufgefasst, dass Matholwch sich gezwungen sah, seine Gemahlin zu verstoßen und in niedere Küchendienste zu stellen. Nach drei Jahren gelang es Branwen, einen Star abzurichten, der nach Britannien flog und ihrem Bruder Bran die Botschaft von ihrer Schmach überbrachte. Bran zog daraufhin gegen Irland und Matholwch beschwichtigte den übermächtigen britannischen König durch den Bau eines Palastes und durch die Übergabe des Thrones an seinen Sohn Gwern. Ungeachtet dessen kam es doch noch zu einem Krieg zwischen den beiden Reichen, den lediglich sieben Waliser überlebten. Branwen kehrte nach Britannien zurück, starb aber an dem Kummer, dass wegen ihr zwei Länder völlig zerstört wurden.

*Genau wie Galahad, Bors und Parzifal (hier im Bild) war auch Cei ein Mitglied der Tafelrunde des sagenumwobenen König Arthur.*

## **Caradawc** – Sohn des Bran

Caradawc war ein Sohn des Bran. Als dieser nach Irland aufbrach, um seine Schwester Branwen zu befreien, überließ er die Amtsgeschäfte seinem Sohn. Doch Brans Vetter ermordete die Gefährten des Caradawc, um an die Macht zu kommen. Caradawc starb an gebrochenem Herzen über den Verlust seiner Freunde.

## **Cei** – Ritter der Tafelrunde

Cei war der Ziehbruder und einer der wichtigsten Gefährten von König Arthur. Er war zudem der beste Freund des Ritters Bedwyr, dem er immer zur Seite stand. Cei verfügte über ganz besondere Fähigkeiten: So konnte er neun Tage und Nächte unter Wasser verbringen und ohne Schlaf auskommen. Die Wunden, die er mit seinem Schwert schlug, konnte kein Arzt heilen. Überdies war er in der Lage, sich so groß wie ein Baum zu machen und eine Hitze von sich zu geben, bei der nur seine Hände und sein Herz kalt blieben, während er selbst gegen Hitze und Kälte immun war. Auch konnte er Gegenstände durch Berühren mit seinen Händen unsichtbar machen.

Da er sich während seiner Jugend gegenüber seinem Ziehbruder Arthur zurückgesetzt fühlte, entwickelte er sich zu einem miesepetrigen Außenseiter am Hofe, der mit seiner üblen Laune oft für schlechte Stimmung sorgte, obwohl ihn Arthur auf Lebzeiten zu seinem Seneschall gemacht hatte.

## **Ceridwen** – Zauberin

Ceridwen war eine Zauberin und hatte zwei Söhne: den schönen Creirwy und den hässlichen Morfran. Für Letzteren braute sie einen Zaubertrank, der ihm Schönheit und Klugheit verleihen sollte. Unbeabsichtigt nahm jedoch Gwion Bach, ihr Diener, den Trank zu sich und aller Zauber ging auf ihn über. Wutentbrannt jagte Ceridwen hinter Gwion her, der sich ihr durch ununterbrochenes Gestaltwandeln zu entziehen versuchte. Schließlich pickte sie ihn in Gestalt eines Huhns auf, wurde schwanger und gebar ihn als Taliesin wieder.

*Die Geschichte des Drystan taucht auch unabhängig von der Artussage auf (hier Tristan im Kampf gegen Palamedes).*

## Drystan – berühmter Krieger

Drystan (Tristan) war ein berühmter Krieger und Sohn des Tallwch. Seine Geschichte taucht unabhängig von den Geschichten um König Arthur auf, es wird aber von Begegnungen zwischen Drystan und dem König berichtet. Seine Liebe zu Essylt, der Frau seines Onkels March von Cornwall, war die Vorlage für die berühmte Geschichte von Tristan und Isolde. Möglicherweise haben die Figur des Tristan und seine Geschichte einen piktischen Hintergrund. Die Pikten waren ein geheimnisvolles Volk im heutigen Schottland, das durch die zunehmende Keltisierung verdrängt wurde und über das nur wenig gesichertes Wissen vorhanden ist.

## Don – Muttergottheit

Die alte walisische Muttergottheit Don entspricht der irischen Dana. Sie war die Mutter der Arianrhod, des Gilfaethwy, der Gwydion (► Seite 229 f.), des Amaethon sowie des Govannon (► Seite 227).

## Dylan – Sohn der Wellen

Dylan war der Sohn der Arianrhod und eines unbekannten Vaters. Als Arianrhod zum Beweis ihrer Jungfräulichkeit über die Zauberrute des König Math steigen musste, gebar sie spontan zwei Kinder: Dylan und Llew (► Seite 230). Dylan war der Erstgeborene, der schon bei seiner Geburt als voll entwickelt beschrieben wird. Kurz nach seiner Ankunft nahm er die Natur des Meeres an und wurde ein Wasserwesen/Meeresgott. Er wird auch „Sohn der Wellen" genannt.

## Efnisien – der Streitbare

Efnisien, dessen Name so viel wie „der Streitbare" bedeutet, war der Sohn von Penarddun, der Gemahlin des Llyr (► Seite 230 f.), mit Euroswydd. Neben seinem Bruder Nisien hatte er noch drei Halbgeschwister: Bran, Branwen und Manawydan (► Seite 232). Als Bran dem irischen König Matholwch (► Seite 232 f.) seine Schwester zur Frau versprach, war Efnisien so erbost darüber, dass er die Pferde des irischen Gastes verstümmelte. Um den Schaden wiedergutzumachen, schenkte Bran dem König unter anderem einen Zauberkessel, mit dem man Tote wieder zum Leben erwecken konnte. Matholwch heiratete Branwen, verstieß sie aufgrund des Drucks seiner Untertanen jedoch bald. Bran eilte seiner Schwester zu Hilfe und schüchterte allein durch sein Auftreten den König von Irland so ein, dass dieser versprach, Bran einen Palast zu bauen, der seine Größe angemessen sei, sowie zugunsten seines Sohnes Gwern (► Seite 228 f.) abzudanken. Zur

Einweihung des Palastes planten irische Adlige einen Hinterhalt, den Efnisien entdeckte. Er tötete alle Verräter, aber auch Gwern. Daraufhin brach ein Krieg aus, in dem die Iren aufgrund des Zauberkessels die Oberhand zu gewinnen drohten. Da opferte sich Efnisien, indem er in den Kessel sprang und ihn von innen heraus zerstörte.

## Gereint – Gefolgsmann König Arthurs

Gereint, ein Gefolgsmann König Arthurs, ist der Held einer walisischen Romanze. Fernab des Hofes wurden er und eine Jungfrau aus dem Gefolge der Gwenhwyfar (▶ Seite 228) von einem geheimnisvollen Ritter beleidigt. Gereint nahm die Verfolgung auf und lernte auf seinem Abenteuer die Tochter eines verarmten Adligen kennen. Der Besitz der Familie wurde von demselben Ritter, den er gerade verfolgte, geraubt. Durch den Sieg über den geheimnisvollen Ritter gewann er auch die Hand des Mädchens, die den Namen Enid trug. Er nahm sie mit an den Hof von Arthur und feierte dort eine prachtvolle Hochzeit. Bald warfen ihm die anderen Ritter jedoch vor, er kümmere sich nur noch um seine schöne Frau und vernachlässige seine Pflichten. Es kam zum Streit mit Enid, bei dem sich beide der Untreue bezichtigten. Daraufhin zwang Gereint Enid, ihm als Schildknappe zu dienen und mit ihm zahlreiche Abenteuer zu bestehen. Als Gereint bei einem dieser Abenteuer fast ums Leben kam, pflegte Enid ihn gesund. So erkannte er die wahre Treue seiner Frau und die beiden versöhnten sich.

## Govannon – Schmied

Govannon war der Sohn der Göttin Don und entspricht in der irischen Mythologie dem Schmiedegott Gobniu. Er taucht in einigen walisischen Sagen auf, in denen er handwerkliche Aufgaben übernimmt. Er soll auch für den Tod des Dylan verantwortlich sein.

## Gwalchmei – Ritter der Tafelrunde

Gwalchmei (Gawein), dessen Name sich vermutlich von dem walisischen Wort für „weißer Habicht" herleitet, war der älteste Sohn des König Lot von Orkney mit Morgause (▶ Seite 233) und damit der Neffe von König Arthur. Er hatte drei Brüder, Gareth, Gaheris und Agravain, sowie einen Ziehbruder, Mordred (▶ Seite 233 ff.), die alle Mitglieder der Tafelrunde wurden. Er besaß ein ausgesprochenes Redetalent und wurde deshalb auch „der mit der Goldzunge" genannt. Darüber hinaus war er der schnellste Läufer und der beste Reiter, der dem König stets zu Diensten war. Alles, was er begann, beendete

*Erst nach einem schweren Zerwürfnis fanden Gereint und seine Frau Enid schließlich wieder zueinander.*

*In der mittelalterlichen Artusepik wird die Rolle des Gawein gegenüber der des Gwalchmei noch einmal aufgewertet.*

er auch erfolgreich. Er gilt als eine Lichtgestalt, der treueste aller Ritter Arthurs, und fungiert als Gegenpol zum düsteren Mordred.

### Gwenhwyfar – Königin von Britannien

Gwenhwyfar (Guinevere) war die Frau von König Arthur. Nach der walisischen Überlieferung beging sie mit Arthurs Neffen Medrawd (▶ Seite 233 ff.) Ehebruch und verbrachte die letzten Tage ihres Lebens in einem Kloster. In der späteren höfischen Tradition übernimmt der Ritter Lanzelot die Rolle des Liebhabers der Guinevere. Lanzelot kommt in der walisischen Mythologie jedoch nicht vor. Der Name Gwenhwyfar kann mit „die weiße Fee" übersetzt werden. Sie war die Tochter des Königs Lleudd-Ogrfan (Leodegrance) und wurde von Melwas, dem König von Somerset, entführt. Arthur zog aus, um sie zu retten, und belagerte die Burg des Melwas ein Jahr lang. Am Ende einigte man sich auf einen Kompromiss, der Gwenhwyfar die Freiheit bescherte.

### Gwern – Prinz von Irland

Gwern war der Sohn der Branwen und des Königs Matholwch von Irland. Als Bran gegen Irland zog, um die seiner Schwester zugefügte Schmach zu rächen, versuchte Matholwch, den König von Britannien zu beschwichtigen, indem er ihm einen Palast errichtete und versprach,

zugunsten des gerade einmal drei Jahre alten Gwern abzudanken. Bei der Einweihung des Palastes legten irische Adlige einen Hinterhalt, doch Efnisien, der Halbbruder Branwens, kam dahinter und konnte den Anschlag vereiteln. Er tötete die Verräter und stieß anschließend zur Abschreckung seinen eigenen Neffen ins Feuer. Daraufhin kam es zu einem fürchterlichen Kampf, den kein Ire und lediglich sieben Waliser überlebten.

## Gwydion – zauberkräftiger Sohn der Don

Der Zauberer Gwydion war der Sohn von Beli Mawr und der Göttin Don. Er stahl die Schweine des Pryderi (► Seite 237 f.), der sie von seinem Vater Pwyll (► Seite 238) erhalten hatte, der sie wiederum einst vom Unterweltsherrscher Arawn geschenkt bekommen hatte. Daraufhin wollte Pryderi sich an Gwydion rächen und entsandte seine Armee. Am Ende kam es zu einem Zweikampf zwischen den beiden, in dem Pryderi getötet wurde. In Wirklichkeit aber waren der Krieg und der anschließende Kampf nur ein Vorwand, um Math, den König von Gwynedd, auf das Schlachtfeld zu locken. Denn dieser war mit dem Fluch belegt worden, dass seine Füße stets im Schoße einer Jungfrau ruhen müssen. Nur im Kampf war er davon befreit. Und in eben jene Jungfrau war Gwydions Bruder Gilfaethwy verliebt. Während der Abwesenheit des Königs vergewaltigte Gilfaethwy die Jungfrau. Als Math zurückkehrte, bestrafte er das Brüderpaar, indem er sie für je ein Jahr nacheinander in einen Hirschen und eine Hirschkuh, einen Eber und eine Sau sowie einen Wolf und eine Wölfin verwandelte. Nach diesen drei Jahren gab er den beiden schließlich wieder ihre menschliche Gestalt zurück zurück, verlangte aber, dass sie eine neue Jungfrau für ihn finden. Gwydion schlug daraufhin Arianrhod vor, die jedoch schwanger war und bei der Überprüfung ihrer Jungfräulichkeit zwei Kinder gebar: Dylan, einen Meeresgott, und den späteren Llew (► Seite 230). Des Letzteren nahm

*Sowohl in der walisischen Überlieferung als auch in der Artussage betrügt Gwenhwyfar ihren Mann Arthur.*

Gwydion sich an. Und weil Arianrhod Llew mit einem Fluch belegt hatte, schuf er zusammen mit Math aus Blüten und Pflanzen eine Frau für seinen Ziehsohn, Blodeuedd. Als diese Llew untreu wurde, verwandelte Gwydion sie in eine Eule.

### Gwyn ap Nudd – Sohn des Nudd

Gwyn ap Nudd war der Sohn von Nudd und gehörte zu den Gefolgsleuten von König Arthur.

### Kulhwch – Sohn der Goleudydd

Kulhwch war der Sohn der Goleudydd. Sie gebar ihren Sohn in einer Suhle, wodurch sich auch sein Name erklärt, der mit „Schweinekuhle" übersetzt werden kann. Kulhwch weigerte sich, die Tochter der zweiten Frau seines Vaters zu heiraten, und beschloss, an den Hof König Arthurs zu gehen. Prächtig gerüstet gelangte er bis vor den Thron des Königs und bat ihn, er möge ihm die Hand der schönen Olwen (▶ Seite 236) verschaffen. Arthur willigte ein und so gelangten sie zur Burg des Riesen Ysbaddaden, des Vaters der Olwen. Um herauszufinden, wie sie ihren Plan am geschicktesten in die Tat umsetzen könnten, besuchten sie Ysbaddadens Bruder Custenhin, der mit der Schwester von Goleudydd verheiratet war. Aufgrund dieser Verwandtschaft war Custenhin bereit, Kulhwch zu helfen, und lud Olwen zu sich ein. Als diese tatsächlich bei ihrem Onkel auftauchte, gestand Kulhwch ihr seine Liebe. Doch um Olwen heiraten zu können, musste Kulhwch 40 Aufgaben lösen, denn sobald seine Tochter sich verlobe, müsse Ysbaddaden sterben. Unter anderem musste er den Zauberkessel aus Irland holen sowie einen magischen Eber töten. Kulhwch gelang es mit der Unterstützung von Arthur, alle Aufgaben zu lösen. Wie prophezeit, starb Ysbadadden bei der Hochzeit.

### Llew – der Löwe mit der geschickten Hand

Llew Llaw Gyffes, „der Löwe mit der geschickten Hand", war der Sohn der Arianrhod mit einem unbekannten Vater. Er wurde geboren, als seine Mutter den Beweis für ihre Jungfräulichkeit antreten und über den Zauberstab des Math springen musste. Dabei kam heraus, dass sie schwanger war, und sofort gebar sie zwei Kinder: Dylan, einen Meeresgott, sowie einen Klumpen. Diesen Klumpen nahm Arianrhods Bruder Gwydion an sich und versteckte ihn in einer Kiste, wo er gewissermaßen ausgebrütet wurde. Nach einer Zeit stieg aus dieser Kiste ein Junge, dessen sich Gwydion wie eines Sohnes annahm. Doch Arinarhod belegte das Kind mit drei Flüchen: Er solle nur durch sie einen Namen bekommen, nur aus ihrer Hand Waffen empfangen und niemals eine irdische Frau heiraten können. Doch Gwydion gelang es, Arianrhod zu überlisten. So erhielt sein Ziehsohn den Namen Llew Llaw Gyffes. Um eine Partnerin für Llew zu bekommen, erschuf Gwydion zusammen mit seinem Onkel Math eine Frau aus Blüten und Pflanzen namens Blodeuwedd. Diese aber verliebte sich in einen anderen Mann und beschloss, Llew aus dem Weg zu schaffen. Dazu musste sie aber herausfinden, wie sie Llew töten könne. Unter anderem konnte er durch einen steinernen Speer getötet werden, an dem man ein ganzes Jahr gearbeitet hat, und zwar nur sonntags, während die Menschen bei der Messe sind. Außerdem brachte Blodeuedd in Erfahrung, dass Llaw mit einem Fuß auf einer Ziege und dem anderen auf dem Rand eines Badezubers stehen müsse. Als Llew ihr dies demonstrieren wollte, kam Blodeuwedds Liebhaber aus seinem Versteck hervor und schleuderte einen Speer auf Llew, den er nach Anweisung hergestellt hatte. Allerdings streifte dieser den Helden nur, woraufhin Llew sich in einen Adler verwandelte und floh. Nachdem er von seinem Ziehvater Gwydion wieder zurückverwandelt wurde und genesen war, tötete Llew seinen Nebenbuhler. Blodeuedd wurde von Gwydion zur Strafe in eine Eule verwandelt.

### Llyr – Meeresgott

Llyr entspricht dem irischen Meeresgott Lir. Er war mit Penarddun verheiratet und hatte zusammen mit ihr drei Kinder, Manawydan (▶ Seite 232), Bran und Branwen.

*Prächtig ausgerüstet kommt Kulhwch an der Pforte des Hofes von König Arthur an und gelangt am Türhüter vorbei bis in den Thronsaal.*

*Die Maus, die Manawydan fing, war keine gewöhnliche Maus, sondern die Frau eines bösen Zauberers.*

### Mabon – Sohn der Mordron

Mabon war der Sohn der Göttin Modron. Seine Befreiung war eine der Aufgaben, die der Riese Ysbaddaden Kulhwch stellte, bevor dieser die Tochter des Riesen zur Frau bekam. Dank der Hilfe von Arthur und der besonderen Fähigkeiten seiner Ritter gelang es, Mabon ausfindig zu machen und die Burg, in der er gefangen gehalten wurde, zu erobern.

### Manawydan – Zauberer

Manawydan, Sohn des Meeresgottes Llyr und der Penarddun, war ein Zauberer, der wie sein Vater als Gott des Meeres verehrt wurde. Manawydan war einer der sieben Überlebenden des Krieges gegen Irland, der um seine Schwester Branwen entbrannte. Später heiratete er Rhiannon (▶ Seite 238 f.).

Eines Tages verwandelte sich das gesamte Land Dyfed in eine Wüste. Um sich ihren Lebensunterhalt zu verdienen, wanderten Rhiannon und Manawydan sowie Rhiannons Sohn Pryderi (▶ Seite 237 f.) mit seiner Gemahlin Cigfa daraufhin nach England aus, um sich als Handwerker Geld zu verdienen. Ihre Arbeit war so vollkommen, dass sie den Neid der ortsansässigen Handwerker auf sich zogen, die beschlossen, die Konkurrenz aus dem Weg zu räumen. Auf Anraten Manawydans flohen die vier aber vor dem Komplott zurück nach Wales. Als Manawydan und Pryderi eines Tages auf der Jagd nach einem weißen Eber auf eine verlassene Burg stießen, in der eine goldene Schüssel stand, wurde Pryderie verzaubert: Er berührte die Schüssel und konnte sich nicht mehr von ihr lösen. Rhiannon versuchte, ihren Sohn zu befreien, doch auch sie wurde in den Bann des Kessels gezogen. Schließlich verschwand das Schloss mit den beiden. Manawydan und Cigfa kehrten daraufhin nach England zurück, um sich erneut als Handwerker zu verdingen. Und wieder kam es zu Querelen mit den anderen Handwerkern. Also kehrte Manawydan abermals nach Wales zurück, brachte dieses Mal aber Weizenkörner mit, die er dort aussäte. Doch Nacht für Nacht wurden die Getreidekörner von Mäusen gefressen. Manawydan erwischte schließlich eine besonders dicke Maus und wollte sie töten. Da erschienen drei Gestalten, die von ihm das Leben der Maus forderten. Manawydan willigte ein unter der Bedingung, dass er dafür den Zauberspruch erhalte, der sein Land wieder fruchtbar mache und Pryderi und Rhiannon befreie. Tatsächlich stellte sich heraus, dass die dicke Maus die schwangere Frau des Zauberers war, der das Land verhext hatte. So wurde alles wieder gut.

### Matholwch – König von Irland

Matholwch war der König von Irland, der um die Hand Branwens anhielt, der Schwester von Bran, dem König von Britannien. Weil Bran

Branwen ohne die Zustimmung seines Halbbruders Efnisien weggab, beleidigte Efnisien den irischen König, indem er dessen Pferde verstümmelte. In der Folge kam es zu mehreren Kämpfen und Friedensversuchen zwischen den Königreichen, die schließlich scheiterten. Schließlich wurden Matholwch und alle Iren in einem großen Krieg gegen die Waliser vernichtet.

## Modron – Muttergottheit

Modron war eine walisische Muttergottheit. Sie war die Tochter des Afallach und die Mutter des Mabon. Zusammen mit Urien, dem König von Rheged (▶ Seite 239), hatte sie einen Sohn, Owein (▶ Seite 236 f.).

## Medrawd – Ritter des Arthur

Medrawd (Mordred) war ursprünglich ein Krieger aus dem Gefolge von König Arthur und galt als Muster an Tapferkeit. In der höfischen Dichtung wurde er zum Neffen des Königs Arthur, nach einer anderen Überlieferung war er sein Sohn. In ersterem Fall wird er als Sohn des Königs von Orkney und der Morgause, einer Halbschwester Arthurs, gesehen. Andere wiederum sagen, er sei der Sohn der Morgause mit Arthur, der vom König von Orkney aufgezogen wurde. Und wieder andere sehen in ihm den Sohn aus der Verbindung zwischen den Geschwistern Morgan und Arthur, der von Morgause und ihrem Mann adoptiert wurde. Später verführte er in Abwesenheit des Königs

*In der Schlacht von Camlann tötete Arthur Medrawd im Zweikampf, wurde dabei aber tödlich verwundet.*

*Morgan, die Halbschwester von Arthur, versuchte, ihren Bruder mit bösem Zauber zu ermorden.*

Gwenhwyfar und bestieg unrechtmäßig den Thron Britanniens. In einem Zweikampf tötete Arthur Medrawd schließlich, wurde dabei aber selbst tödlich verwundet.

## Morgan – Halbschwester des Arthur

Morgan (Morgaine, auch Morgan Le Fay genannt) war die Halbschwester von König Arthur in der Artussage. Dort ist sie eine der neun Frauen, die auf der geheimnisvollen Insel Avalon als Heilerinnen leben. Modernen Interpretationen der Artussage zufolge hatte sie mit ihrem Bruder zusammen ein Kind, Medrawd (Mordred), der später zum Feind von Arthur wurde. In der walisischen Mythologie spielte sie jedoch noch keine Rolle, es wird aber vermutet, dass sie mit der irischen Göttin Morrigan gleichgesetzt werden kann.

## Myrddin – Zauberer

Myrddin ist der walisische Name des berühmten Zauberers Merlin, der als Ratgeber des Königs in der Artussage eine tragende Rolle spielt. In der walisischen Überlieferung ist er Dichter und Seher aus dem Gefolge des Königs Gwenddoleu. Als er in einer Schlacht den Verstand verlor, floh er in die Wälder Schottlands, um in der Einsamkeit die Gabe der Prophetie zu erlangen. Im höfischen Sagenkreis um Arthur war er der Lehrer und Mentor des Königs. Der Sage nach soll er die Megalithen von Stonehenge errichtet haben. Auch soll er Uther Pendragon durch Zauberei geholfen haben, sich der von ihm begehrten Igraine in Gestalt ihres Mannes zu nähern. Aus dieser Verbindung ging Arthur hervor. Merlin beherrschte die Kunst der Gestaltwandlung und war der Botschafter

*Diese Buchmalerei aus dem 13. Jahrhundert zeigt, wie Merlin dem Einsiedler Blaise seine Geschichte diktiert.*

des Königs. Später zog er sich in die Bretagne zurück, wo er der Fee Viviane verfiel, die ihn im Wald von Broceliande in einen ewigen Schlaf versetzte.

### **Nudd** – Gründer Londons

Nudd oder auch Lludd war der Sohn des Gründervaters der Waliser Beli Mawr und der Sage nach der Gründer Londons. Seine Geschwister waren Gwydion, Arianrhod und Afallach.

### **Olwen** – Gemahlin des Kulhwch

Olwen war die Tochter des Riesen Ysbaddaden, von dem es hieß, er müsse am Tage der Hochzeit seiner Tochter sterben. Als der Recke

*Bevor Kulhwch Olwen heiraten durfte, musste er zahlreiche Aufgaben bewältigen, was ihm schließlich auch gelang.*

*Owein diente ebenfalls am Hofe des König Arthur und musste zahlreiche Abenteuer bestehen, bis er sein Glück fand.*

Kulhwch auftauchte und um die Hand von Olwen anhielt, stellte deren Vater ihm 40 schier unlösbare Aufgaben. Doch zusammen mit Arthur und weiteren Gefährten vom Hofe des Königs gelang es Kulhwch, alle Aufgaben zu meistern. Er heiratete Olwen und tatsächlich starb Ysbaddaden an genau diesem Tag.

### **Owein** – Ritter des Arthur

Owein (Zwein) war der Sohn König Uriens und der Göttin Modron. Er diente als Ritter am Hof König Arthurs. Im Kampf gegen einen geheimnisvollen schwarzen Ritter verwundete Owein diesen, der daraufhin in seine Burg floh. Als Owein ihn verfolgte, wurde er gefangen genommen, aber schließlich von einer Frau namens Lund gerettet. Als der schwarze Ritter an seinen Verletzungen starb, hielt Owein um die Hand der Witwe an und wurde so zum neuen Burgherrn. Als Owein nicht zurückkehrte, sandte Arthur Ritter aus, um ihn zu suchen. Diese überredeten ihn, an den Hof zurückzukehren, wo er seine Gemahlin nach und nach vergaß. Als ihm dies bewusst wurde, floh er als Eremit in den Wald, wo er schwer erkrankte. Schließlich tauchte eine Frau auf, die ihn mithilfe eines Zaubertrankes rettete und ihn heilte. Wieder genesen, griff Owein zu den Waffen und zog hinaus in die Welt. Auf seiner Reise tötete er einen Drachen, der in einen Kampf mit einem Löwen verwickelt war, woraufhin dieser zu seinem freundschaftlichen Begleiter wurde, mit dem er zahlreiche Abenteuer bestand. Schließlich kehrte er in die Burg des schwarzen Ritters zurück und versöhnte sich mit seiner Frau.

## Peredur – Ritter der Tafelrunde

Peredur (Perceval) war Halbwaise, der nach dem Tod seines Vaters in der Wildnis des Waldes aufwuchs. Die Begegnung mit Owein weckte bei ihm den Wunsch, ebenfalls ein Ritter zu werden. So gelangte er an den Hof Arthurs, wo er sich zunächst dem Spott von Cei ausgesetzt sah, was ihn in seinem Bestreben, ein Ritter zu werden, zusätzlich anspornte. In Gwalchmei fand er einen Gönner, der ihn mit Waffen und einer Rüstung versah. Nach und nach erlernte er das Ritterhandwerk und bestand verschiedene Abenteuer. Dabei schickte er immer, wenn er einen Gegner überwunden hatte, diesen an den Hof des Arthur, um von seinem Sieg zu berichten. Die Geschichte von Peredur wurde in der höfischen Literatur zur berühmten Geschichte von Perceval und findet sich parallel in Parzifal auf der Suche nach dem Heiligen Gral von Wolfram von Eschenbach wieder.

## Pryderi – Sohn des Pwyll

Pryderi war der Sohn des Pwyll (▶ Seite 238) und der Göttin Rhiannon (▶ Seite 238 f.). Als er kurz nach seiner Geburt spurlos verschwand, wurde Rhiannon beschuldigt, ihn verspeist zu haben. Sie büßte ihre Strafe dafür geduldig ab: Sie musste jeden Besucher, der dies von ihr verlangte, auf ihrem Rücken ins Schloss tragen. In der Zwischenzeit entdeckte

*Die Geschichte von Peredur findet sich auch in von Eschenbachs „Parzifal" wieder – hier dessen Kampf gegen den roten Ritter.*

ein Gefolgsmann Pwylls vor seinem Haus einen Säugling und erkannte die Ähnlichkeit mit seinem Herrn. Daraufhin brachte er ihn an den Hof zurück, womit Rhiannons Unschuld bewiesen war. Nach Pwylls Tod wurde Pryderi König von Dyfed und zog mit Bran in den Krieg gegen die Iren. Er gehörte zu den sieben Überlebenden dieses entsetzlichen Krieges.

Pryderi besaß eine Schweineherde, die sein Vater einst von Arawn, dem Herrscher der Unterwelt, geschenkt bekommen hatte. Als Gwydion und sein Bruder die Herde stahlen, kam es zu einem Krieg und zu einem Zweikampf, in dem Pryderi von Gwydyon getötet wurde.

*Die Vögel der Göttin Rhiannon vermochten mit ihren Liedern Tote wieder zum Leben zu erwecken.*

## Pwyll – Fürst von Dyfed

Der erste Zweig des Mabinogi handelt von Pwyll, dem Fürsten von Dyfed. Dieser tauschte für ein Jahr und einen Tag mit Arawn, dem Fürsten von Annwn – der Anderswelt – die Gestalt und herrschte an seiner Stelle. Am Ende dieses Jahres hatte er Hafgan, den Gegner Arawns, besiegt und so für diesen die Herrschaft über ganz Annwn errungen.

Einige Zeit später beobachtete Pwyll mit seinen Gefolgsleuten die Ankunft der wunderschönen Rhiannon, die Pwyll offenbarte, dass sie ihn zu ihrem Bräutigam erkoren habe, obwohl sie einem anderen versprochen sei. Nach einigem Hin und Her, bei dem es Pwyll gelang, den fraglichen Rivalen auszuschalten, heirateten er und Rhiannon. Sie bekamen einen Sohn, der jedoch noch in der Nacht seiner Geburt auf mysteriöse Weise aus der Obhut der Dienerinnen der Fürstin verschwand. Weil diese eine Bestrafung fürchteten, gaben sie vor, Rhiannon hätte ihr eigenes Kind getötet. In der Zwischenzeit wurde das Kind von einem ehemaligen Vasallen Pwylls entdeckt und von ihm und seiner Frau großgezogen. Diese erkannten die Ähnlichkeit mit dem Fürsten und brachten den Jungen an den Hof zurück, wo er fortan Pryderi genannt wurde, der Verlorene. Als Pwyll starb, bestieg Pryderi dessen Thron.

## Rhiannon – Pferdegöttin

Rhiannon war eine walisische Göttin, die in Erzählungen auch als Zauberin aus dem Elfenreich auftaucht. Ihre Boten waren Singvögel, deren Lieder Tote wieder zum Leben erwecken und Lebende in einen tiefen Schlaf versetzen konnten. Rhiannon war gegen ihren Willen einem älteren Mann versprochen worden, doch sie wählte Pwyll als Ehemann für sich aus. Pwyll verfiel der schönen Göttin und schließlich heirateten beide. Seit dem war Rhiannon der Weg ins Reich der Elfen für immer versperrt, da sie sich für einen Sterblichen entschieden hatte.

Als sie endlich einem Thronfolger das Leben schenkte, verschwand dieser auf mysteriöse Weise aus dem Kindbett. Weil die Dienerinnen Angst hatten, dafür zur Verantwortung gezogen zu werden, töteten sie einen jungen Hund und beschmierten Rhiannons Mund mit dessen Blut – so sollte der Eindruck entstehen, sie habe ihr eigenes Kind gefressen. Als Strafe für dieses vermeintliche Vergehen musste sie am Schlosstor sitzen, jedem Vorbeikommenden ihre Geschichte erzählen und ihn auf Verlangen auf ihrem Rücken ins Schloss tragen. Obwohl sie ihre Unschuld stets beteuerte, ertrug Rhiannon diese Schmach geduldig. Eines Tages kam ein Adeliger mit seiner Frau und einem Jungen, bei dem es sich um ihren verloren geglaubten Sohn handelte, ans Schlosstor. Der Mann hatte den Säugling auf einem Feld gefunden und großgezogen, bis er schließlich erkannte, wen er da vor sich hatte. Rhiannons Ehre war wiederhergestellt und sie verzieh Pwyll und seinen Untertanen. Der Sohn wurde Pryderi genannt, was so viel wie „Kummer“ bedeutet.

Nach dem Tod von Pwyll heiratete Rhiannon Manawydan, den Sohn des Llyr.

*Diese englische Buchmalerei zeigt Uther Pendragon, den Vater König Arthurs, zusammen mit dem Zauberer Myrddin.*

## Taliesin – Barde

Taliesin ist eine halb historische, halb mythische Gestalt, die wahrscheinlich auf einen britannischen Barden aus dem 6. Jahrhundert zurückgeht. Er war der Pflegesohn eines Königs. Über seine Jugendzeit wird berichtet, dass er als Gwion Bach, als „kleiner Gwion“, in den Diensten der Zauberin Ceridwen stand. Er naschte von einem Zaubertrank, der eigentlich für den hässlichen Sohn der Ceridwen gedacht war, sodass alle Kräfte des Trankes auf Gwion übergingen, nämlich Dichtkunst und Prophetie. Ceridwen war wütend und verfolgte Gwion, der sich ihr aber entziehen konnte, indem er mehrmals seine Gestalt wechselte: einmal als Hase, dann als Windhund und schließlich sogar als Getreidekorn, das Ceridwen als Henne aufpickte. Dadurch wurde sie schwanger und brachte Gwion wieder zur Welt – in Gestalt des Taliesin.

## Urien – König von Rheged

Urien war der Vater des Owein und herrschte im Nordwesten Britanniens, dem Land Rheged. Er entspricht einer historischen Persönlichkeit, die im 6. Jahrhundert lebte. Der Barde Taliesin verfasste mehrere Lobgesänge auf diesen König.

## Uther – Vater des Arthur

Uther Pendragon war der Vater von König Arthur. Er drang in die Gemächer der Igraine ein, indem er sich mit einem Zauber umgab, der ihn wie deren Gemahl aussehen ließ. Aus dieser Verbindung geht einer Überlieferung nach Arthur hervor.

## Die Anderswelt

In der keltischen Überlieferung, vor allen Dingen in Irland, gibt es eine Unzahl von Märchen, Sagen und Mythen, die sich auf ein geheimnisvolles Land beziehen, das auf keiner Landkarte verzeichnet ist – die Anderswelt (englisch „Otherworld").

In der Tradition der Inselkelten wird von bestimmten Orten gesprochen, wie dem „Land der Ewigen Jugend", dem „Land hinter den Wellen", der „Insel der Seligen" oder dem „Land der Frauen". Wie in diesen Namen oft anklingt, befindet es sich jenseits des Horizontes, in der Regel im Westen, also dort, wo die Sonne im Meer versinkt. Doch gibt es auch eine Anderswelt, die sich in unmittelbarer Nachbarschaft zum Menschen befindet, eine Welt, die neben der unsrigen existiert und für das Auge des alltäglichen Bewusstseins unsichtbar ist.

Die Anderswelt ist die Welt der Feen – und damit sind nicht die niedlichen, engelhaften

*Der Tor von Glastonbury war der Sage nach der Eingang zum Land der Feen beziehungsweise zur Unterwelt.*

Figuren mit Schmetterlingsflügeln gemeint, sondern ein buntes Volk aus teils recht grotesken Gestalten, unheimlich, schattengleich, fürchterlich, aber auch gütig, milde und von atemberaubender Schönheit. Sie können winzig klein oder auch riesengroß sein.

Die Anderswelt ist nicht getrennt von der Welt der Menschen. Es ist nur so, dass wir sie normalerweise nicht sehen können. Allerdings stolpern wir gewissermaßen immer wieder über ihre Ausläufer. Und es gibt Orte, an denen die Barriere zwischen unserer Welt und der Anderswelt durchlässiger ist.

So wird immer wieder davon berichtet, dass Sterbliche in die Anderswelt gelangten, indem sie durch Tore schritten, die sich zu bestimmten Zeiten in den sogenannten *Sidhe*, den Feenhügeln, die oft mit Grabhügeln aus vorkeltischer Zeit gleichgesetzt werden, öffneten. Doch anders als in den Jenseitsvorstellungen anderer Kulturen ist diese Anderswelt keine Welt ohne Wiederkehr. Man kann sie als Gast

*Später wurde der Tor von Glastonbury mit der Artussage in Verbindung gebracht und man glaubte, er sei das dort beschriebene Avalon.*

besuchen, entweder weil man zufällig den Eingang findet oder weil man sogar von den Bewohnern eingeladen wird. Es ist auch kein Ort der Bestrafung, wie die Unterwelt der Antike oder das finstere Reich der Hel bei den Germanen. Vielmehr ist es eine Welt, in der ganz andere Gesetze von Raum und Zeit herrschen. So kann es passieren, dass ein Gast der Anderswelt glaubt, nur wenige Tage im Land der ewigen Jugend zu verbringen, in Wirklichkeit aber ist er Wochen oder gar Monate, wenn nicht Jahre unterwegs, um dann in ein Diesseits zurückzukehren, das sich bis zur Unkenntlichkeit verändert hat.

Es gibt nicht nur Orte, an denen die Grenze zwischen dieser und der Anderswelt fließend ist, sondern auch bestimmte Zeitpunkte im Jahreslauf, zu denen sich die Pforten der Anderswelt öffnen. Ein solcher Tag ist das sogenannte Samhain, das am 1. November gefeiert wurde. An diesem Tag konnten sich die Geister aus der Anderswelt mit den Lebenden vermischen und umgekehrt. Aus diesem Fest wurde über die Zeiten hinweg das heutige Halloween und aus den Wesen der Anderswelt, welche die Welt der Menschen besuchen, die unheimlichen Gespenster, die aus ihren Gräbern steigen. In der christlichen Tradition gilt der 1. November ebenfalls als ein Tag, an dem wir uns dem Gedenken an die von uns Gegangenen widmen und Friedhöfe besuchen: Allerheiligen. Auch zu anderen keltischen Hochfesten erachtete man die Grenze zwischen Diesseits und Jenseits als besonders durchlässig. Dazu gehört neben dem eben angesprochenen Samhain vor allen Dingen das Beltaine-Fest in der Nacht auf den 1. Mai. Dieses besondere Datum hat sich als Walpurgisnacht bis in unsere Zeit erhalten. In dieser Nacht gehen die Wesen der Anderswelt um, in der dämonisierten Variante sind es die Hexen, die auf den Blocksberg fliegen, um Luzifer zu huldigen.

*Diese Teufelsfigur auf dem Hexentanzplatz in Thale soll an die Hexenversammlungen zur Waldpurgisnacht im Harz erinnern.*

In den von der keltischen Mythologie inspirierten Artussagen taucht die Anderswelt ebenfalls wieder auf, und zwar als das sagenumwobene Avalon, die Insel der Apfelbäume. Nach seinem Tod soll Arthur selbst auf diese Insel, die im Diesseits dem heiligen Hügel von Glastonbury, dem Glastonbury Tor, entspricht, entrückt worden sein.

Die sehr reichhaltige irische Mythologie zeigt in ihrer bis weit ins Mittelalter hinein lebendig gebliebenen Erzähltradition, die sich in der Kunst des Geschichtenerzählens in Irland bis in die heutige Zeit erhalten hat, besonders deutlich den Unterschied zu den übrigen mythologischen Systemen Europas.

## Die keltische Mythologie heute

Während die Götter in der Antike die meiste Zeit in fernen Gefilden residieren und von dort über das Schicksal der Welt entscheiden, aber sich nur selten für die Belange der Menschen interessieren, gleichen die überirdischen Wesen der keltischen Mythologie Irlands Menschen, die lediglich mit besonderen Kräften ausgestattet sind. Sie dienen weitaus deutlicher als Vorbilder für das diesseitige Leben und zeichnen in ihren heldenhaften Erfolgen wie auch in ihrem völligen Scheitern durchwegs das Leben des gewöhnlichen Menschen nach – wenn auch dramatisch überhöht und an manchen Stellen sogar das menschliche Leben eher karikierend.

Die Mythologie der irischen Kelten lebt von der Nähe zur Lebenswirklichkeit der Menschen, sodass die einstigen Götter auch heute noch ihren festen Platz in der Welt besitzen. Als Feen und Elfen bewohnen sie alte Kultstätten und Hügel und besitzen eine Realität, wie wir sie nur noch selten im europäischen

*Noch heute gilt es in Irland als Frevel, einen Weißdornbusch – eine mögliche Wohnstätte der Elfen – zu fällen.*

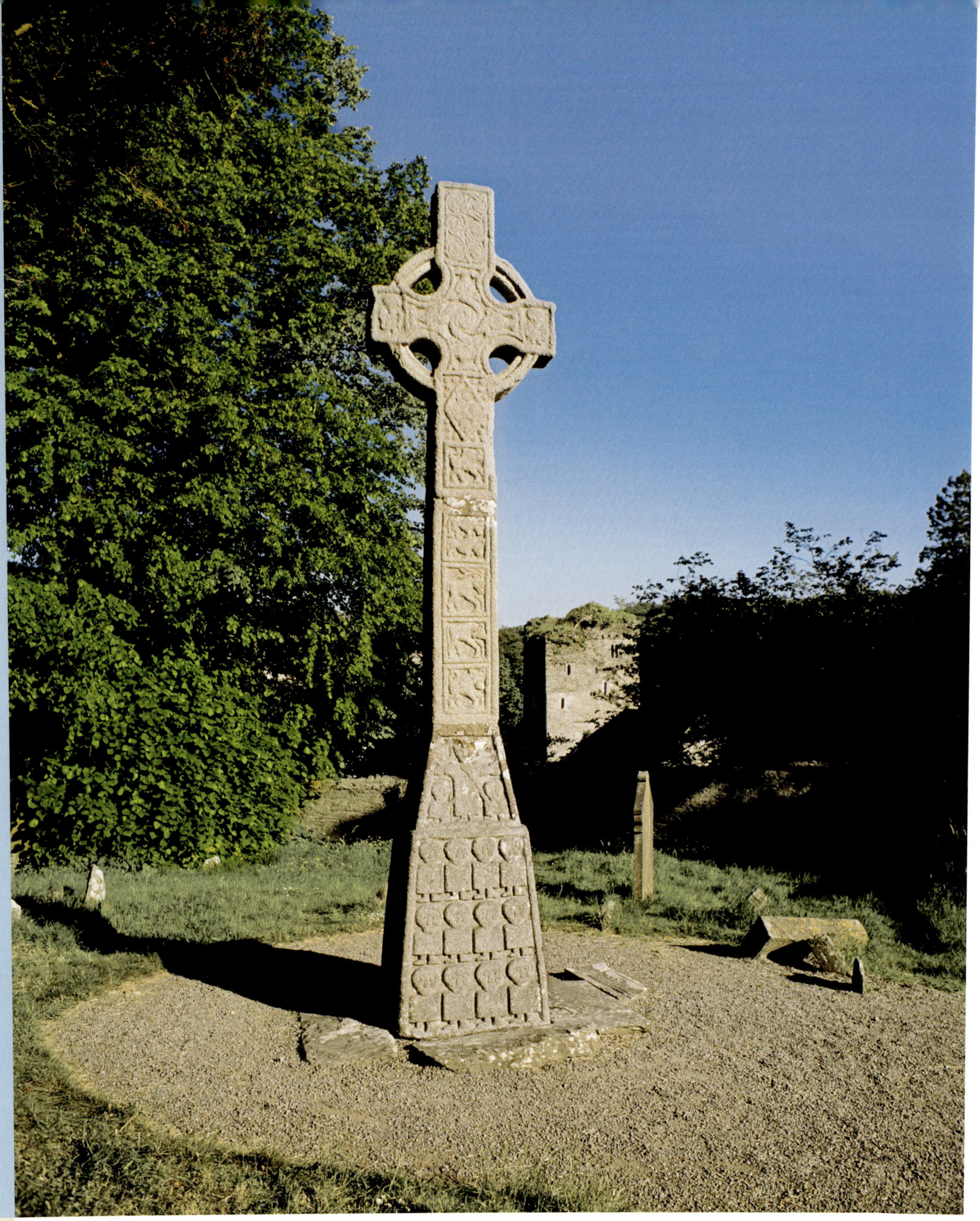

*Die Mythologie der irischen Kelten hat auch heute noch einen festen Platz im Leben der Menschen und wird von ihnen lebendig gehalten.*

Raum finden. Sie sind eben nicht nur ins Märchenhafte entrückte Fantasiegestalten, sondern werden weiterhin als lebendiger Teil der Welt wahrgenommen, selbst wenn ihre große Glanzzeit vorbei sein mag. Noch heute begegnen die Menschen in Irland, wenn auch nicht immer offensichtlich zur Schau getragen, den Wesen aus der Anderswelt mit großem Respekt, und wo immer es möglich ist, wird ihr Lebensraum geschützt. So gilt es nach wie vor als großer Frevel, einen Weißdornbusch zu fällen, denn er könnte die Wohnstätte von Elfen sein.

Die irischen Götter sind trotz der Christianisierung nicht verschwunden. Sie führen ihr Dasein als „das gute Volk" einfach weiter, als Nachbarn der Menschen. Der Glaube an die *Sidhe*, das Volk der Feen, das in den Grabhügeln der vorchristlichen Zeit lebt, ist noch heute in weiten Teilen Irlands sehr lebendig. Ihnen wird mit großem Respekt begegnet und in vielen Märchen und Geschichten ist von der Begegnung mit den Bewohnern der geheimnisvollen Anderswelt die Rede. Den Feen heilige Bäume und Pflanzen werden noch heute nicht angerührt, um das Gute Volk nicht zu verärgern (▶ Seite 244).

Auch das christliche Fest Allerheiligen und das heute eher unter kommerziellen Zeichen stehende Halloween tragen deutliche Merkmale des keltischen Samhain-Festes (Seite 242). Überhaupt hat der christliche Glaube viele Gestalten der keltischen Götterwelt aufgesogen, wie Brigid, die Göttin der Heilkunst, die in der Heiligen Brigida von Kildare weiterlebt, die ein Kloster genau an der Stelle gegründet hat, an der sich einst das Feuerheiligtum der gleichnamigen irischen Göttin befand.

So setzen einige Götter der Kelten in den christlichen Heiligen ihre Existenz fort, während andere in den Märchen der Geschichtenerzähler immer noch in lebendiger Erinnerung bleiben. Große Mythen entstanden aus der keltischen Tradition auch im Mittelalter, die in der abendländischen Kultur klingende Namen hinterlassen haben wie König Arthur, Tristan und Isolde und Parzifal. Viele der höfischen Geschichten, die sich um die Ritter auf der Suche nach dem Heiligen Gral ranken, zeigen deutliche Züge alter keltischer Mythen, manchmal so deutlich, dass sie von vielen als fester Teil der keltischen Mythologie betrachtet werden, obwohl sich in Arthur und seiner Tafelrunde mindestens ebenso viele angelsächsische wie germanische Anteile finden lassen. Doch das, was heute als das Keltische so viele Freunde findet, lebt von einem Grundgefühl, das diese Sagen und Legenden vermitteln. Wir sollten jedoch nicht vergessen, dass die Wurzeln für die von den mittelalterlichen Autoren nach dem höfischen Ideal geformten Geschichten viel weiter in die Vergangenheit reichen.

*Viele der Geschichten, die sich um die Suche nach dem legendären Heiligen Gral ranken, wurzeln in alten keltischen Mythen.*

# Register

## Götter, Wesen und Helden der Griechen

## Götter, Wesen und Helden der Germanen

## Götter, Wesen und Helden der Kelten

# Genealogie der Griechen

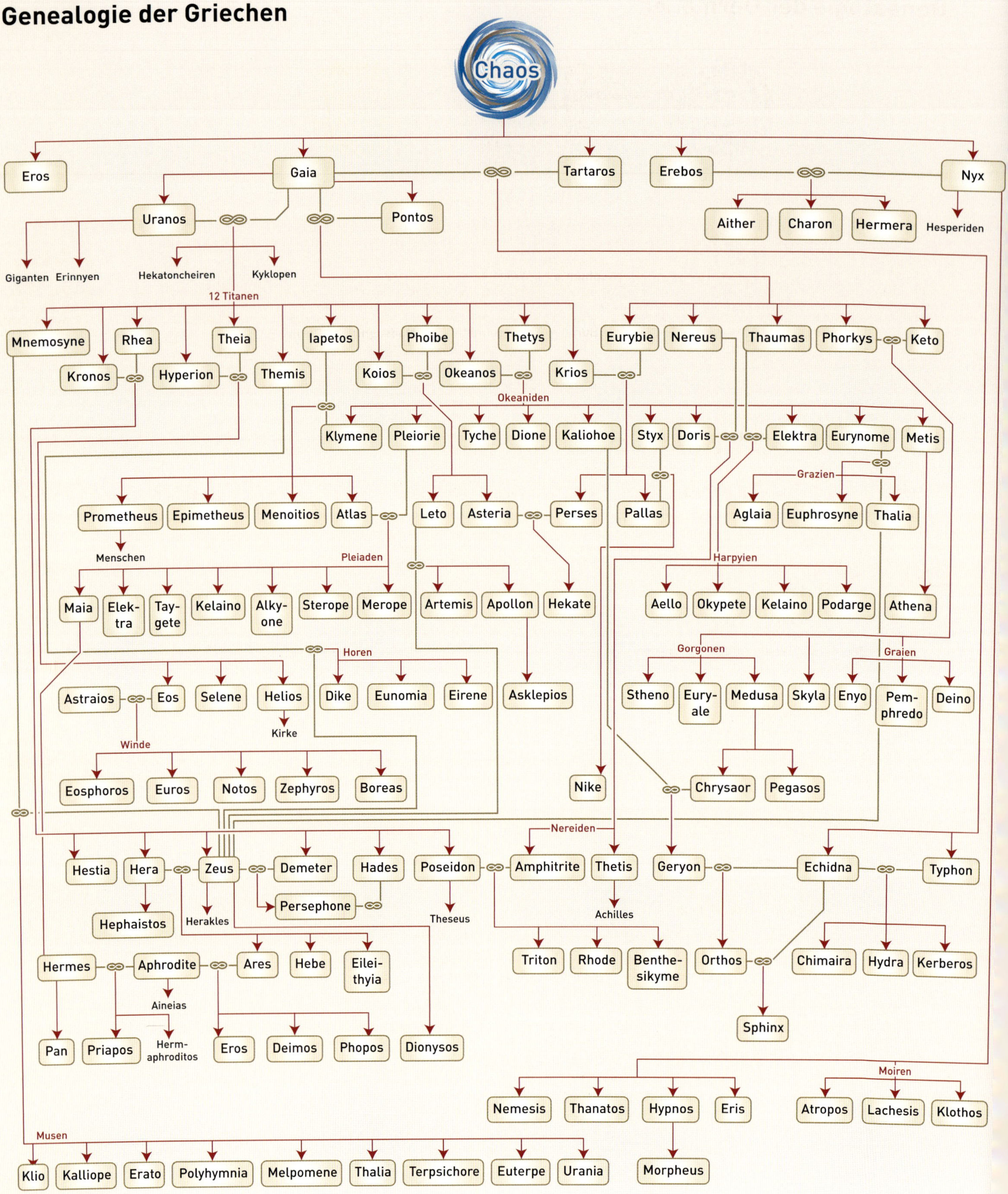

# Genealogie der Germanen

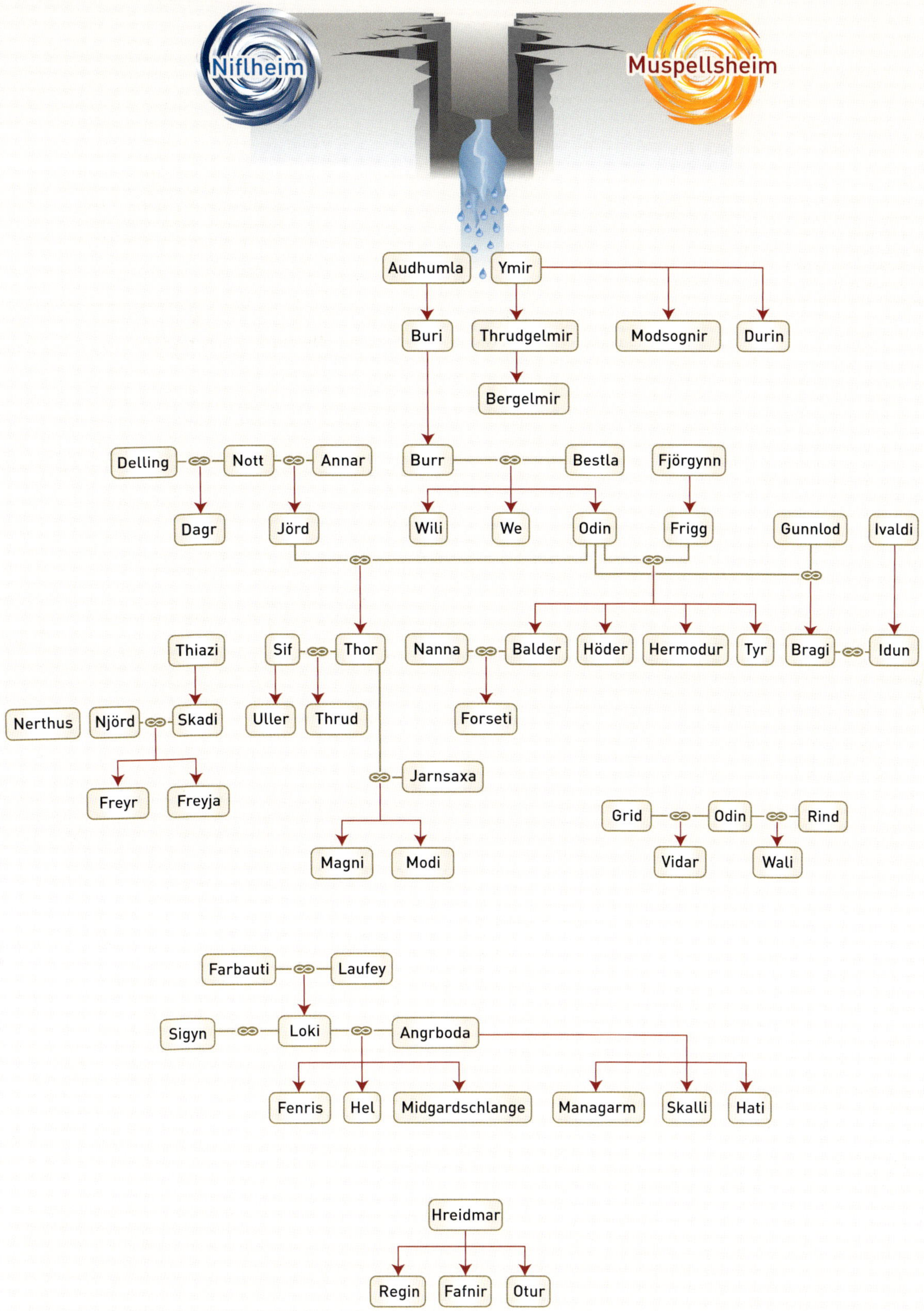

## Verbreitung der Griechen, Germanen und Kelten

**Das antike Griechenland**
bis etwa 360 v. Chr.

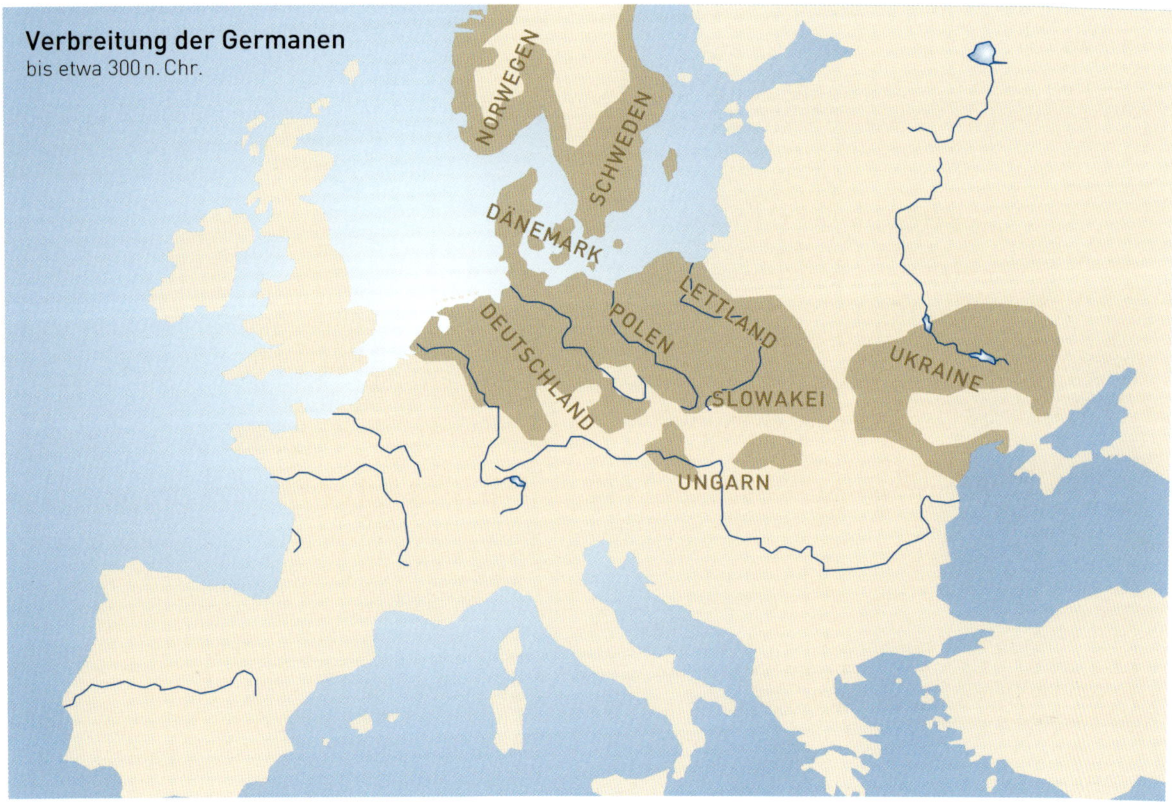


**Verbreitung der Germanen**
bis etwa 300 n. Chr.

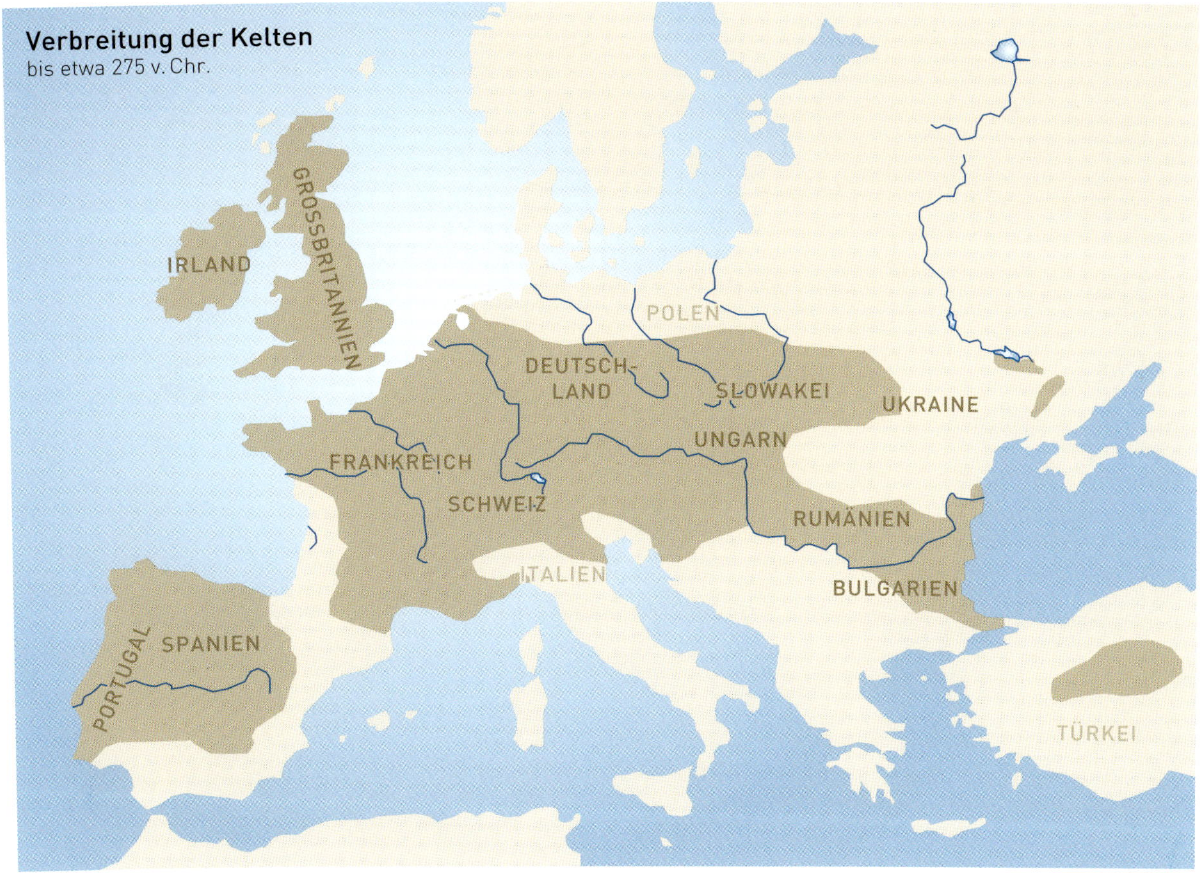

*Um den Besuchern ein möglichst authentisches Bild von Newgrange, einem jungsteinzeitlichen Hügelgrab am Fluss Boyne, zu ermöglichen, wurde es aufwendig rekonstruiert.*

**Bildnachweis:**

**picture-alliance:** picture-alliance: akg 24, 108–109, 226; akg// Elizabeth Disney 87; akg/akg-images 8, 9, 19, 21, 30, 31, 36, 38, 41, 47, 48, 49, 52, 53, 59, 60, 65, 67, 68, 73, 74, 75, 79, 86, 88, 89, 92, 95, 96–97, 98, 103, 133, 170, 171, 181, 219, 234, 235, 237; akg// akg-images 18, 22, 45, 69; akg/akg-images / André Held 29; akg/akg-images / Jean-Claude Varga 176; akg/akg-images / Joseph Martin 100; akg/akg-images / Jürgen Raible 50, 53; akg/akg-images / Leo G. Linder 12; akg/akg-images / Maurice Babey 28; akg/akg-images / Michael Teller 106, 199; akg// Orsi Battaglin 23, 82; akg// Rodemann 177; akg// Tristan Lafranchis 77; akg-images Cover Back, 15, 27, 35, 39, 91, 104, 115, 129, 138–139, 144, 158, 159, 161, 166, 167, 172, 181; ANE/Andreas Neumeier 107; Arcaid/David Clapp 242; Arco Images/B. Lamm 224; Arco Images/Gary K. Smith 238; Arco Images GmbH/G. Lenz 121; Arco Images GmbH/P. Wegner 210; Arco Images GmbH/Usher, D. 223; Artcolor/A. Koch 151; Artcolor/Bildarchiv Hansmann 17, 32, 164–165, 197, 245; Artcolor/Toni Schneiders Cover Back, 6–7, 66, 150, 178; botanikfoto/Steffen Hauser 190; British Library 233; C3473_thorsten_lang/Thorsten Lang 240–241; Cameraphoto 13, 94; CTK_Photo/CTK 194; DEA / G. DAGLI ORTI 44, 180; Design Pics 184–185, 186, 187, 190–191, 193, 197, 200, 204–205, 208–209, 244; Design Pics / Pacific Stock/Greg Vaughn 137; dieKLEINERT.de / Bruce Emmett/Bruce Emmett 40; dieKLEINERT.de / Claudia Engelen/Claudia Engelen 130; dpa 17; dpa/Hans-Joachim Rech 29; dpa/Julian Stratenschulte 204; dpa/Uwe Zucchi 173; dpa-Zentralbild/Matthias Bein 243; dpa-Zentralbild/Peter Förster 150; Erich Lessing 14, 20, 33, 58, 61, 81, 85, 176, 178, 223; IBL Bildbyra / Mary Evans 122, 145, 152; IBL Schweden/IBL Bildbyrå 123; Judaica-Sammlung Richter 116, 118, 127, 148, 155; Mary Evans/ILN/The Estate of Cha 77; Mary Evans Picture Library 10, 14, 55, 63, 111, 113, 116–117, 120, 124, 125, 131, 132, 135, 136, 140, 141, 142, 143, 146, 154, 157, 163, 169, 201, 203, 207, 211, 212, 213, 215, 216, 217, 218, 227, 229, 231, 236; Mary Evans Picture Library/Rights Managed 214; Photocuisine.de/Hussenot 206; Picture-Alliance/Rainer Hackenberg 56; Picture-Alliance/Paul Mayall 243; picture alliance/ 119; picture alliance/Eibner-Pressefoto 209; picture alliance / Photoshot 186; picture alliance/Prismaarchivo 82, 101; picture alliance/Uwe S. Meschede 185; picture-alliance / ©Bianchetti/Leemage 43; picture-alliance / ©Costa/Leemage/Costa 160; picture-alliance / ©Jean Bernard/Leemage/Jean Bernard 71; Presse-Bild-Poss/Uta Poss 25; Prisma Archivo/Prismaarchivo 83; Quagga Illustrations/Quagga Illustrations 37, 65, 76; Rabatti – Domingie Cover Front, Cover Back 50–51, 70, 83; ReLaXimages/MONK 46; Robert Harding World Imagery/Ann & Steve Toon 232; Robert Harding World Imagery/David Lomax 192; Robert Harding World Imagery/Peter Barritt 220; Robert Harding World Imagery/Roy Rainford 189; Robert Harding World Imagery/Sheila Terry Cover Back, 182; United Archives/91050/United_Archives/TopFoto 110, 222, 223, 225, 228–229; united archives / WHA/91020 57; Werner Forman 87, 177, 179, 184, 195; www.bildagentur-online.com 196, 198, 221; www.bildarchiv-monheim.de/Florian Monheim / 86; Zentralbild/Bernd Wüstneck 128

**shutterstock:** america365 252, 253 / Artemiy Bogdanoff 173 / ChaosMaker 175 / Denis Cristo 253 / Eky Studio 2 – 5, 8 – 107, 110 – 173, 176 – 256 / javarman Cover Back / Kachalkina Veronika 134 / leoks 5 / mahout 122 / Matt Gibson 5 / Mattia Mazzucchelli 12 / Mikhail Pogosov 5 / Nella Front-/Endpages / Nejron Photo 174 / Sergejus Lamanosovas 255 / volk65 2 / Zbynek Burival 183



Genehmigte Lizenzausgabe
tosa GmbH
Industriestraße 19
64407 Fränkisch-Crumbach 2019
www.tosa-verlag.de

Idee und Projektleitung: Sonja Sammüller
Layout, Satz und Umschlaggestaltung:
design cat GmbH

ISBN 978-3-86313-303-0